Zur Problematik der Bildung sogenannter schwarzer Kassen in Kapitalgesellschaften

Europäische Hochschulschriften

European University Studies

Publications Universitaires Européennes

Reihe II **Rechtswissenschaft**

Series II Law

Série II Droit

Band/Volume 5816

Isabell Kollenberg-Ahrens

Zur Problematik der Bildung sogenannter schwarzer Kassen in Kapitalgesellschaften

PL ACADEMIC RESEARCH

Bibliografische Information der Deutschen Nationalbibliothek
Die Deutsche Nationalbibliothek verzeichnet diese Publikation in der Deutschen Nationalbibliografie; detaillierte bibliografische Daten sind im Internet über http://dnb.d-nb.de abrufbar.

Zugl.: Bochum, Univ., Diss., 2015

D 294
ISSN 0531-7312
ISBN 978-3-631-67040-8 (Print)
E-ISBN 978-3-653-06251-9 (E-Book)
DOI 10.3726/978-3-653-06251-9

PL Academic Research ist ein Imprint der Peter Lang GmbH.
Peter Lang – Frankfurt am Main · Bern · Bruxelles · New York · Oxford · Warszawa · Wien

Diese Publikation wurde begutachtet.

www.peterlang.com

Meinen Eltern

Vorwort

Die vorliegende Arbeit wurde im Januar 2015 von der juristischen Fakultät der Ruhr-Universität Bochum als Dissertation angenommen. Rechtsprechung und Literatur sind bis September 2014 berücksichtigt.

Mein erster Dank gilt meinem sehr geschätzten Doktorvater, Herrn Professor Dr. Klaus Bernsmann. Er hat die Arbeit wissenschaftlich betreut, war allzeit ein Ansprechpartner und hat mir die nötige wissenschaftliche Freiheit gelassen.

Bedanken möchte ich mich bei Herrn Professor Dr. Gereon Wolters für die äußerst zügige Zweitkorrektur der Dissertation.

Mein besonderer Dank gilt meinen Eltern, die sowohl mein Studium als auch die Promotion immer großzügig und mit vollem Vertrauen unterstützt haben.

Meinem Vater, Dr. Reiner Kollenberg, möchte ich dafür danken, dass er jederzeit für eine wissenschaftliche Diskussion bereit war, die nötigen Impulse bei mir gesetzt und mit Hingabe und Leidenschaft das Fortkommen der Dissertation gefördert hat.

Meiner Mutter, Karin Kollenberg, danke ich für die redaktionelle Überprüfung und Korrektur der Dissertation, sowie ihrer stetigen liebevollen Motivation.

Zuletzt danke ich meinem geliebten Ehemann Christoph Ahrens, der insbesondere in den letzten Zügen der Dissertation, mit unbändiger Energie und Glauben den Abschluss der Arbeit begleitet hat.

Inhaltsverzeichnis

I. Einführung

Die Behandlung schwarzer Kassen stellt seit jeher ein Problem in der strafrechtlichen Praxis und Theorie dar. Bis zu den Entscheidungen des Zweiten Strafsenats des Bundesgerichtshofs[1] und daran anschließend des Bundesverfassungsgerichts[2] in der sogenannten „Siemens-Affäre", die im November 2006 ihren Anfang nahm, in der es um ein System schwarzer Kassen, dunkler Verbindungen und illegaler Geschäfte in der Wirtschaft ging, haben sich die obergerichtlichen Entscheidungen und die strafrechtswissenschaftliche Literatur weitestgehend auf die Untersuchung schwarzer Kassen im Bereich der öffentlichen Verwaltung und der politischen Parteien beschränkt. Die dabei gewonnenen Erkenntnisse können jedoch nicht einfach auf die Untersuchung schwarzer Kassen in der Privatwirtschaft übertragen werden. Denn es besteht ein kategorialer Unterschied zwischen der Verwendung von öffentlichen Geldern – auf die sich rein wirtschaftliche Gesichtspunkte kaum übertragen lassen – und der Anlegung von Kapital in der Wirtschaft.

Durch die „Siemens-Affäre" steht die Frage der Strafbarkeit schwarzer Kassen nach § 266 StGB in Kapitalgesellschaften im Fokus der Öffentlichkeit und der Strafrechtswissenschaft[3].

Diese Arbeit untersucht die Ansätze von Literatur und Rechtsprechung zur Lösung der Problematik unter dem Gesichtspunkt der Untreuestrafbarkeit, die sich speziell bei der Bildung und Unterhaltung schwarzer Kassen in der Wirtschaft stellt.

II. Problemaufriss und Gang der Untersuchung

Da schwarze Kassen in der Regel im wirtschaftlichen Interesse der Gesellschaften selbst eingerichtet werden, etwa zur Verheimlichung bestimmter Geschäftsaktivitäten, zur äußeren Minderung von steuerpflichtigen Gewinnen oder um geheime Gelder vorzuhalten, mit denen etwa zur Kundenakquise und Förderung erhoffter, lukrativer Aufträge in der Regel gesetzwidrige, auf alle Fälle aber anrüchige Schmiergeldzahlungen geleistet werden können, ist die Strafbarkeit der Bildung einer solchen Kasse und ihrer späteren Verwendung höchst zweifelhaft.

---

1 BGHSt 52, 323.

2 BVerfGE 126, 170.

3 Bezeichnend ist die Anmerkung Eidams, der einen „Wildwuchs an Meinungen" zum Problemkreis „schwarze Kassen" konstatiert, vgl. Eidam, Unternehmen und Strafe, Rn 1928.

Als möglicher Straftatbestand kommt in solchen Fällen insbesondere der der Untreue nach § 266 StGB in Betracht. Wegen der häufig kritisierten – vermeintlichen – Unschärfe dieses Tatbestandes stellen sich die dazu ergangene Rechtsprechung und Literatur als eine Art Case Law dar: Problemfelder werden einzeln untersucht und isoliert bewertet.

Ziel der Untersuchung ist es, einen Weg zu einer dogmatisch vertretbaren Lösung des strafrechtlichen Problems schwarzer Kassen in Kapitalgesellschaften aufzuzeigen, die sich an den allgemeinen Grundsätzen zur Untreue orientiert.

Zunächst erfolgt eine systematische Sammlung, Bewertung und Fortbildung der vorhandenen Beiträge zum Thema der strafrechtlichen Problematik „schwarze Kassen". Die Erscheinungsformen der schwarzen Kassen werden in den Teilbereichen öffentliche Verwaltung, politische Parteien sowie Privatwirtschaft beschrieben und voneinander abgegrenzt.

Anschließend werden die möglichen strafbaren Tatbegehungen, die bei der Bildung schwarzer Kassen in Kapitalgesellschaften vorliegen können, näher bestimmt. Aufgrund ihrer Rechtsform als juristische Personen sind Kapitalgesellschaften im Einzelnen oder als Eingliederungen in einen Konzern im besonderen Maße „prädisponiert" für eigenmächtige Vorgehensweisen ihrer sie vertretenden Geschäftsführer, Vorstände oder ihrer sonstigen leitenden Angestellten. Die Bestimmung des Täterkreises des Sonderdelikts der Untreue nach § 266 StGB in Wirtschaftsunternehmen ist nötig und die Strukturierung der in Frage kommenden Tathandlungen erforderlich.

Wegen der gerade durch die „Siemensaffäre" ausgelösten aktuellen juristischen Auseinandersetzungen, soll darüber hinaus der Untersuchungsgegenstand eingegrenzt werden. Die schwarze Kasse taucht in der Rechtsprechung und Literatur in vielen Bereichen auf. Das Augenmerk der hiesigen Untersuchung liegt hingegen bei schwarzen Kassen in Kapitalgesellschaften, namentlich im sog. privaten Bereich[4].

Dabei sollen mögliche Fallkonstellationen aufgezeigt und auf ihre Strafbarkeit untersucht werden. Die Entscheidung, in welchen Fällen eine Strafbarkeit durch die Bildung oder die anschließende Verwendung einer schwarzen Kasse im Bereich von Kapitalgesellschaften in Frage kommt, setzt voraus, sowohl Grundzüge des Aufbaus von Kapitalgesellschaften zu verdeutlichen als auch Grundfragen der in Frage kommenden Vermögensdelikte zu klären.

---

4 Der Begriff „privater Bereich" wurde von der Literatur geformt und ständig verwendet; auf diese Begrifflichkeit wird im Folgenden unter A. II. eingegangen.

1. Kapitel: Grundlagen zu schwarzen Kassen

Vor der rechtlichen Untersuchung erfolgt ein Überblick über schwarze Kassen im Allgemeinen. Zum einen soll der Begriff „schwarze Kasse" näher beleuchtet werden und zum anderen ein Blick auf die Motive zur Einrichtung schwarzer Kassen erfolgen.

I. Die schwarze Kasse – Definition

Unter sog. schwarzen Kassen werden gemeinhin vor der Öffentlichkeit, vor dem Vermögensinhaber selbst oder vor zuständigen Stellen geheim gehaltene Konten oder auch Bar-Depots verstanden, in denen Gelder des jeweiligen Vermögensträgers angesammelt werden, um im Anschluss im wirklichen oder vermeintlichen Interesse des Vermögensinhabers verwendet zu werden[5].

In der Rechtswissenschaft werden unterschiedliche Anforderungen an das Vorliegen einer schwarzen Kasse gestellt.

So bestimmt Saliger das Vorliegen einer schwarzen Kasse anhand folgender drei Kriterien: Erstens verstoße die durch die Einrichtung einer schwarzen Kasse geschaffene Vermögenslage gegen Pflichten des Handelnden[6]. Zweitens werde die schwarze Kasse vor dem Geschäftsherrn/Dienstherrn/Vermögensinhaber bzw. den ihn vertretenden zuständigen Stellen geheim gehalten. Und drittens bleibe die beabsichtigte Mittelverwendung im Aufgabenbereich des Schwarzkassenverwalters und damit im Verwendungszweckbereich des Geschäftsherrn.

Während die beiden letztgenannten Kriterien uneingeschränkt Zustimmung erfahren können, ist das erste von Saliger aufgestellte Kriterium zur Bestimmung schwarzer Kassen erläuterungsbedürftig. Saliger spricht als erste Voraussetzung

---

5 RGSt 71 155 (157); 75 227 (228); RG HHR 1936 1601; BGHSt 40 287 (296); BGH GA 1956 121 (122); 154 (155); wistra 1985 69 (70); NStZ 1986 455 (456); BayObLG 1958 12 (13); LG Wiesbaden NJW 2002 1510; *Perron*, in Schönke/Schröder § 266 Rn 45 c; *Fischer* § 266 Rn 74 ff.; *Lackner/Kühl*, § 266 Rn 17 a; MünchKommStGB/*Dierlamm* § 266 Rn 244; *Schünemann* in LK, § 266 Rn 180; *Weimann*, Schwarze Kassen, S. 10 ff.; *Neye*, Untreue im öffentlichen Dienst, S. 73 ff.; *ders.* NStZ 1981 369 (372); *Kohlmann/Brauns*, Fehlleitung, S. 34; *Bernsmann* GA 2007 219 (231); *ders.* GA 2009 296 (300); *Saliger*, Parteiengesetz, S. 397; SSW-StGB/*Saliger*, § 266 Rn 76; *Bienek* wistra 1998 249; *Maier* NJW 2000 1006; *Strelczyk*, Schwarze Kassen, S. 15, spricht vereinfacht von schwarzen Kassen, wenn Gelder unter Missachtung bestimmter Pflichten verborgen gehalten werden.

6 *Saliger*, Parteiengesetz, S. 397, dort auch zum folgenden Text.

für das Vorliegen einer schwarzen Kasse von einem „*Pflichtverstoß*" des Handelnden bei ihrer Einrichtung.

Für seine Definition unterstellt er vorab, dass die Vermögensverlagerung pflichtwidrig erfolgt. Dieses Merkmal des Untreuetatbestandes des § 266 StGB ist jedoch gerade wesentliches Problem bei der Beurteilung der Strafbarkeit im Problembereich schwarzer Kassen. Die Frage, ob es sich im zu beurteilenden Fall überhaupt um eine Konstellation schwarzer Kassen handelt, muss jedoch vor der Feststellung des Vorliegens bestimmter Tatbestandsmerkmale beantwortet werden.

Die Definition der schwarzen Kasse ist eine der Beurteilung der Strafbarkeit oder des Vorliegens einzelner Tatbestandsmerkmale voranzustellende Frage.

Möglicherweise geht Saliger bei dem Kriterium des Pflichtenverstoßes von der Verletzung irgendeiner Pflicht aus, wie etwa von einem Verstoß gegen gesellschaftsrechtliche oder öffentliche Bestimmungen, nicht aber von einer untreuespezifischen Pflichtverletzung.

Ähnlich sieht es auch Weimann, wenn er die schwarze Kasse als einen aus solchen Geldern bestehenden Sonderfonds definiert, der unter Missachtung bestimmter Pflichten verborgen gehalten wird und dessen beabsichtigte Verwendung in Beziehung zur beruflichen oder sonst aufgabenbezogenen Tätigkeit desjenigen steht, der die Gelder verbirgt[7].

Ob und gegen welche Pflichten die Bildung schwarzer Kassen verstoßen kann, ist jedoch erheblich vom Einzelfall abhängig, gerade davon, in welchem Bereich oder zu welchem Zweck die vermeintliche schwarze Kasse angelegt wird. Das Merkmal „bestimmte" Pflichten ist insoweit ungenau und erklärungsbedürftig.

Zum einen kann es ausschließlich darum gehen, die Kasse vor der Öffentlichkeit geheim zu halten, etwa um Steuerverpflichtungen zu entgehen, zum anderen kann es dem Schwarzkassenverwalter auf die unkontrollierte und freie Verwendung des Geldes, die durch die Schaffung einer schwarzen Kasse ermöglicht wird, ankommen.

Im ersteren Fall kommt ein Verstoß gegen öffentliche Bestimmungen in Frage – z.B. Verstöße gegen die Abgabenordnung – und im letzteren Fall etwa gesellschaftsrechtliche Verstöße gegen Buchführungsvorschriften. All dies sind aber Fragen des Einzelfalls und ist daher für eine generelle, abstrakte voranzustellende Definition zwar nicht falsch, aber ungenau.

---

7 *Weimann*, Schwarze Kassen, S. 2 ff, 10 ff.

Das Kriterium des Pflichtenverstoßes als Bestandteil der Definition der schwarzen Kasse ist daher abzulehnen – es ist auch nicht erforderlich.

Entscheidend für die Feststellung, ob abstrakt eine „schwarze Kasse" vorliegt, das heißt ohne eine Wertung im strafrechtlichen Sinne, sind die drei Kriterien „Vermögensverschiebung", „Geheimhaltung" und „Uneigennützigkeit"[8].

Das Kriterium „Uneigennützigkeit" grenzt den problematischen Fall schwarzer Kassen von den strafrechtlich leicht zu bewertenden verheimlichten Sondervermögen in der Wirtschaft ab, bei denen die Täter die Gelder zur Eigenbereicherung anlegen oder abzweigen. Die Täter wollen sich in derartigen Fällen aus einem heimlichen Fonds unbemerkt bedienen, indem sie durch Umbuchung oder Umleitungen auf geheime Konten Gelder verschleiern, um sich von diesen Konten zu eigenen, unternehmensfremden Zwecken zu bedienen. Eine Untreue gem. § 266 StGB liegt dann unproblematisch vor, wenn der Täter die Gelder zu eigenen Zwecken und daraus folgend zum Schaden der vermögensinhabenden Gesellschaft verwendet.

Zu diesen – problemlos als Untreue einzuordnenden – Fällen zählen auch die in der Öffentlichkeit immer wieder bekannt gewordenen Sonderfonds, die z. B. von leitenden Angestellten von Gesellschaften eingerichtet werden, um sog. Lustreisen, Luxusurlaube oder exklusive Geschenke für sich und andere zu finanzieren[9].

Zwar lässt sich nicht gänzlich von der Hand weisen, dass derartige Aktivitäten auch zur allgemeinen Verbesserung der Arbeitsatmosphäre und zur Steigerung

---

8 Ähnlich *Hefendehl*, Vermögensgefährdung, S. 287, der unter schwarzen Kassen Konstellationen subsumiert, in denen der potenzielle Täter Vermögensgegenstände (in der Regel Geld) dem Einflussbereich Dritter durch Aufnahme in eine sog. schwarze Kasse entzieht, sie aber gleichwohl letztlich bestimmungsgemäß verwenden will; a. A. *Strelczyk*, Schwarze Kassen, S. 14, der das Kriterium der Uneigennützigkeit zur Definition der schwarzen Kasse ablehnt, um das Phänomen der schwarzen Kasse breit zu erfassen.

9 So im Falle der sog. Volkswagen-Affäre: Seit 1994 wurden die Mitglieder des Gesamtbetriebsausschusses auf Weisung des Personalvorstands Dr. h. c. H. von dem für die Betreuung der Betriebsräte zuständigen, als Abteilungsleiter tätigen Angeklagten K. J. G. „großzügig" behandelt. Von Februar 2001 bis März 2005 buchte G. private Reisen für Dr. h. c. V., dessen Geliebte, aber auch für sich selbst, seine Lebensgefährtin und weitere Nichtbetriebsratsmitglieder und rechnete mittels nicht kontrollierbarer Eigenbelege verauslagte Bargeldzuwendungen an Betriebsratsmitglieder, Kosten für Bordellbesuche und Prostituierte, für Maßanzüge, Mobiltelefone und eine Mietwohnung für Prostituiertenbesuche in Gesamthöhe von etwa 1,2 Mio. € ab. Diese Zuwendungen sollen zum Teil über ein Schwarze-Kassen-System finanziert worden sein.

der Arbeitskraft und Motivation der Wohltatenempfänger beitragen können und damit mittelbar dem Arbeitgeber zugutekommen können; ein kompensationsfähiger unmittelbarer Vermögensvorteil für die Gesellschaft an sich ist allerdings eher fernliegend.

Das Kriterium „Uneigennützigkeit", mit anderen Worten „Fremdnützigkeit" (zugunsten der Kapitalgesellschaft), ist daher wesentlich, um die schwarze Kasse als Untersuchungsgegenstand von anderen Untreuefällen abzugrenzen.

Neben dieser allgemeinen Definition erkennen Saliger/Gaede noch den Spezialfall der sog. Schattenkasse als Unterart einer schwarzen Kasse an[10]. Schattenkassen sind demnach gesetzwidrige, aber mit Kenntnis (Geheiß, Billigung, Duldung) des Geschäftsherrn bzw. der zuständigen Stelle gebildete Geheimkonten. Das Erfordernis eines selbstständigen Begriffs hinsichtlich solcher schwarzer Kassen, die mit Billigung, Duldung oder Geheiß des Geschäftsherrn gebildet werden, ergebe sich daraus, dass bei diesen Schattenkassen bei den Merkmalen „Pflichtverletzung" und „Vermögensnachteil" das Einverständnis des Geschäftsherrn berücksichtigt werden müsse[11].

Richtig ist, dass die Billigung, Duldung bzw. das Geheiß des Geschäftsherrn zu der Bildung eines Schwarzkassensystems bei der Bewertung der Untreuestrafbarkeit Bedeutung hat. Schließlich bestraft § 266 StGB die „Untreue" zum Geschäftsherrn, die in der Regel nicht vorliegen kann, wenn der Treugeber mit der bestimmten Verwendung seiner Gelder einverstanden ist.

Ob sich daraus eine Notwendigkeit zur Bildung eines begrifflichen Unterfalls der schwarzen Kasse ergibt, mag diskutierbar sein. Jedenfalls gehen Saliger/Gaede davon aus, dass auch solche Schattenkassen schwarze Kassen im eigentlichen Sinne sind[12]. Daher ist die Erschaffung einer eigenen Begrifflichkeit für diese Fallvariante nicht notwendig und verkompliziert das Problemfeld unnötig.

10 *Saliger/Gaede* HRRS 2008 57 (67), ebenso *Rönnau* in Tiedemann-FS, 713 (718), der aber schwarze Kassen, die mit Einverständnis des Geschäftsherrn gebildet werden, bereits begrifflich grundsätzlich nicht als „schwarze" Kasse verstehen will. Dies steht aber im Widerspruch zum allgemeinen Verständnis in der Öffentlichkeit.

11 *Saliger/Gaede* HRRS 2008 57 (67).

12 *Saliger/Gaede* HRRS 2008 57 (67).

II. Begriffliche Abgrenzung „öffentlicher Bereich“ und „privater Bereich“

Der Erscheinungsbereich der schwarzen Kassen lässt sich vereinfacht in zwei große Bereiche einteilen: zum einen in schwarze Kassen im öffentlichen Bereich und zum anderen in schwarze Kassen im privaten Bereich.

Diese zunächst rein begriffliche Trennung wird vornehmlich von der einschlägigen Literatur vorgenommen[13]. Ob diese Trennung auch eine rechtlich unterschiedliche Einordnung erforderlich macht, wird die weitere Untersuchung zeigen.

1. Die schwarze Kasse im öffentlichen Bereich

Wird Geld, das dem Staat gehört, in einer schwarzen Kasse z. B. von einem Beamten oder einem sonstigen Staatsangestellten angelegt, ist von einer schwarzen Kasse im öffentlichen Bereich die Rede.

Die Literatur zählt zu solchen „schwarzen Kassen im öffentlichen Bereich“ zum Beispiel die nachfolgenden, von der Rechtsprechung entschiedenen Fälle:

Beispiele:

1. Der Angeklagte verzichtete in seiner Eigenschaft als Bürgermeister gegen Zahlung von Geldbußen darauf, Anzeigen wegen Beleidigung städtischer Beamter zu erstatten. Das eingenommene Geld verwahrte er in einer Zigarrenkiste auf und verwandte es für die Armen[14].
2. Der Leiter einer Strafanstalt hatte u. a. aus amtlichen Geldern, die er an eine andere Behörde hätte abführen müssen, eine schwarze Kasse gebildet, die er für eigene dienstliche Zwecke benutzte (das Geld stammte aus Schrottverkäufen und stand dem Fiskus und nicht der Strafanstalt zu)[15].
3. Ein Polizeiobermeister legte zur Reisekostenerstattung gefälschte Flugscheine vor und verwahrte die so erschwindelten Gelder in einer extra Blechbüchse neben der Gebührenkasse in einem Stahlschrank[16]. Das so eingenommene Geld verwendete er für die Anschaffung von Büromaterial für die polizeiliche Dienststelle.

---

13 *Kohlmann*, GmbH-Geschäftsführer, 148 Rn 286; *Fischer* § 266 Rn 74.

14 BGH GA 1956 121 (122).

15 BGH GA 1956 154 (155).

16 BayObLG 1958 12 (13).

4. Der Leiter eines Kulturamtes transferierte als Verwalter und Organisator einer städtischen Veranstaltungshalle durch fingierte Rechnungen nicht erschöpfte Haushaltsmittel in eine schwarze Kasse, um davon kostspielige Künstlerauftritte zu finanzieren[17].
5. Ein Schulleiter manipulierte Quittungen über den Ankauf von Briefmarken; er quittierte mehr, als er tatsächlich gekauft hatte. Das so „erwirtschaftete" Geld verwendete er für andere Zwecke der Schule[18].

Gemeinsam ist allen Entscheidungen, dass das in die schwarzen Kassen geflossene Geld, das dem Fiskus in Gestalt einer bestimmten Behörde aufgrund gesetzlicher Vorgaben zustand, durch die Beteiligten dem offiziellem Rechnungswerk entzogen wurde und vor diesem geheim gehalten wurde.

Der sog. öffentliche Bereich der schwarzen Kassen ist demnach zunächst dadurch gekennzeichnet, dass der Eigentümer des Geldes, welches in einer Sonderkasse angelegt und bestimmungsfremd verwendet wird, Hoheitsträger des öffentlichen Rechts ist: der Staat.

Tatmittel ist demnach „öffentliches Geld", der Vermögensinhaber der Staat.

Hinzu kommt, dass die Täter eine besondere öffentliche Stellung innehatten, die ihnen den Zugriff auf diese Gelder möglich machte. Dabei kommt es nicht darauf an, ob der Täter nach öffentlichem Recht als Beamter oder als zivilrechtlicher Angestellter beim Staat tätig ist. Sowohl Angestellte als auch Beamte des öffentlichen Dienstes sind taugliche Täter bei der Veruntreuung staatlicher Gelder durch schwarze Kassen im öffentlichen Bereich.

Verschleiert hingegen ein nicht beim Staat angestellter Bürger Gelder, die dem Staat anzuzeigen sind (etwa bei der Steuererklärung), sind diese Fälle nicht in die strafrechtliche Problematik der schwarzen Kasse im öffentlichen Bereich einzuordnen.

Der Grund dafür wird schnell klar:

Zum einen verlangt der die Untreue regelnde § 266 StGB, dass der handelnde Täter eine besondere Position gegenüber dem Vermögensinhaber innehat, die über das gewöhnliche Über- und Unterordnungsverhältnis zwischen Staat und Bürger weit hinausgeht. Sowohl der Treubruch als auch der Missbrauchstatbestand setzen nach der herrschenden Meinung in Rechtsprechung und Literatur voraus, dass der Befugnisinhaber die Pflicht hat, die Vermögensinteressen desjenigen zu betreuen, über dessen Vermögen ihm Rechtsmacht eingeräumt ist – die

17 BGH wistra 1985 69 (70).
18 BGH NStZ 1986 455.

sog. Vermögensbetreuungspflicht[19]. Unstreitig muss der Täter jedenfalls eine besondere (Rechts-)Macht innehaben, um auf das Vermögen eines Dritten zugreifen zu können (Missbrauchsalternative), oder es muss ihn eine besonders herausgehobene Pflicht treffen, Vermögensinteressen eines Dritten zu betreuen (Treubruchalternative). Die rein tatsächliche Möglichkeit, wie sie z.B. ein Bürger als Dieb oder Steuerhinterzieher haben könnte, auf das Geld und das Vermögen des Staates zuzugreifen, reicht dazu nicht aus. Es fehlt an der Täterqualität beim „einfachen" Bürger.

Zum anderen fehlt dem Bürger regelmäßig schon die tatsächliche Möglichkeit, Gelder des Staates zu verschleiern.

Im Falle einer Steuerhinterziehung durch einen Bürger wird zwar Geld aus Einkommen verschleiert, auf welches der Staat einen gesetzlichen Anspruch hat. Solange das Geld aber noch nicht aus dem Vermögen des Bürgers ausgesondert ist (z. B. durch Zahlung, Pfändung und Verwertung), steht es noch im Eigentum des Bürgers, der Bürger hantiert – wenn auch strafbar nach der Abgabenordnung – mit eigenem Geld[20].

Zur Konstellation „schwarze Kassen im öffentlichen Bereich" zählen daher ausschließlich solche Fälle, in denen der Täter aufgrund seiner besonderen amtlichen Position in der Lage ist, auf Gelder des Fiskus zuzugreifen, sie abzuzweigen und zu verbergen.

2. Die schwarze Kasse im privaten Bereich

Ist der Eigentümer der Gelder in schwarzen Kassen eine natürliche oder juristische Person des Privatrechts, ist von „schwarzen Kassen im privaten Bereich" die Rede.

Beispiele aus Rechtsprechung und Literatur:

1. Der Angeklagte hat als Angestellter der privaten Firma T fingierte Dienstleistungsrechnungen von Drittfirmen akzeptiert, noch nicht fällige Leistungen an diese Firmen veranlasst, dafür Barrückzahlungen der genannten Firmen

19 BGHSt 24 386 (387); 33 244 (250); 35 224 (227); *Lackner/Kühl* § 266 Rn 4; *Fischer* § 266 Rn 6 ff.; *Wessels/Hillenkamp* Rn 750; *Schünemann,* in LK § 266 Rn 48 ff. m. w. N. zu abw. Ansichten.

20 Die Finanzbehörden vollstrecken dabei die Steuerschulden entweder im Verwaltungsvollstreckungsverfahren (§§ 249 ff. AO) oder Zivilvollstreckungsverfahren.

erhalten und diese als schwarze Kassen u. a. auf Schweizer Konten angelegt und für sich verwendet[21].

2. Der Geschäftsführer der A-GmbH unterhielt ein größeres Bargeldkonto für die Gesellschaft, das jedoch nicht in der Buchführung der A-GmbH erwähnt war. Dieses Konto diente der Finanzierung bzw. Vorbereitung solcher Vorhaben, die nicht über die publizitätspflichtige Bilanz in die Öffentlichkeit dringen sollten (z. B. zur verdeckten Parteienfinanzierung oder zu Schmiergeldzahlungen etc.)[22].
3. Leitende Mitarbeiter von Kapitalgesellschaften, Vereinen und Handelsunternehmen errichteten außerhalb der offiziellen Buchführung der eigenen Unternehmen Konten für Schmiergeldzahlungen oder verdeckte Sonderfonds für „besondere Ausgaben"[23].

Vermögensinhaber der verschleierten Gelder sind in den vorstehenden Beispielsfällen immer natürliche oder juristische Personen des Privatrechts gewesen. Dies ist charakteristisch für die Bewertung der Sonderdepots als schwarze Kassen im Privatbereich.

Zu den schwarzen Kassen im privaten Bereich werden auch die Fälle verdeckter Parteienfinanzierung durch Privatpersonen und Privatfirmen gezählt. Grundsätzlich finanzieren sich die politischen Parteien in Deutschland, die in der Regel als rechtsfähige oder nichtrechtsfähige Vereine privaten Rechts organisiert sind[24], gem. Artikel 21 I GG in Verbindung mit dem Parteiengesetz im Wesentlichen aus staatlichen Mitteln, Mitgliedsbeiträgen und zu offenbarenden Spenden Dritter. Sowohl natürliche als auch juristische Personen dürfen dabei in unbegrenzter Höhe spenden. Nach § 25 III Parteiengesetz sind durch die Parteien in einem jährlichen, öffentlich einsehbaren Rechenschaftsbericht Spender von Beträgen von über 10.000 € pro Jahr mit Namen und Anschrift zu nennen. Um mögliche Abhängigkeiten von Großspendern zu verschleiern, wurden in der Vergangenheit von einigen Parteien Großspenden nicht offenbart, sondern auf parteiexterne Konten, zum Teil ins Ausland, verbracht.

Die wohl bekanntesten Fälle bilden die Vorfälle um den ehemaligen Bundeskanzler und CDU-Vorsitzenden Helmut Kohl sowie um den ehemaligen hessischen Landesvorsitzenden der CDU Manfred Kanther:

---

21 BGH wistra 1992 266.

22 *Kohlmann/Löffeler*, GmbH-Geschäftsführer, 148 Rn 286.

23 *Fischer* § 266 Rn 75.

24 *Maurer*, Staatsrecht § 11 Rn 21.

4. Der damalige CDU-Vorsitzende Kohl nahm zwischen 1993 und 1998 von namentlich bis heute nicht genannten Personen für die CDU Barspenden in Höhe von insgesamt ca. 2,1 Millionen DM in Empfang. Diese Gelder wandte er nicht der offiziellen Parteikasse zu, sondern veranlasste den Finanzberater der CDU Weyrauch, die Gelder auf sog. Treuhandanderkonten einzuzahlen. Später wurden sie u. a. auf Anweisung Kohls als „Sonderzuweisungen" an Parteigliederungen und parteinahe Vereinigungen verteilt, die die Gelder für ihre politische Arbeit verwendeten. Begünstigte waren u. a. der Ortsverband Ludwigshafen und der Landesverband Schleswig-Holstein. Die Mittel wurden als „sonstige Einnahmen" verbucht oder die Verbände bezahlten davon Wahlkampfrechnungen. Einen Teil der Gelder wandten die Beteiligen der Bundes-CDU zu. Auch dort wurden die Gelder unter falscher Bezeichnung ihrer Herkunft als Einnahmen verbucht. In den Rechenschaftsberichten der Partei erwähnte Kohl die Spenden nicht[25]. Auch den zuständigen Gremien der CDU verheimlichte Kohl den Erhalt und die eigenmächtige Verwendung der Spenden.
5. Im Zusammenhang mit der sog. Spendenaffäre um die hessische CDU wurde Manfred Kanther, Landesparteivorsitzender der CDU Hessen, vom Landgericht Wiesbaden[26] wegen Untreue verurteilt. Gegenstand der Anklage war die von ihm gebilligte, jahrelange Verschiebung von Spendengeldern der hessischen CDU auf Schweizer Konten, so dass insgesamt über 20 Millionen DM ins Ausland transferiert wurden, ohne dass diese Gelder in den Rechenschaftsberichten der hessischen CDU erwähnt wurden[27]. Auch er verschwieg gegenüber den zuständigen Gremien der Hessen-CDU dieses Verhalten und den konkreten Verbleib des Geldes. Die Gelder wurden nach und nach für Interessen der Hessen-CDU verwandt.

In all diesen Beispielen ist der Inhaber der in den schwarzen Kassen versteckten Gelder eine Privatperson, eine privatrechtlich organisierte Vereinigung oder Gesellschaft des Privatrechts.

Natürlich muss der handelnde Täter auch in den Fällen der schwarzen Kasse im privaten Bereich die besondere Stellung innehaben, die Vermögensinteressen des Vermögensinhabers zu betreuen, damit überhaupt der begründete Anfangsverdacht einer strafbaren Untreuehandlung gegeben sein kann.

25 LG Bonn NStZ 2001 375 (376).
26 LG Wiesbaden NJW 2002 1510.
27 BGHSt 51 100.

Die begriffliche Abgrenzung von Fällen von schwarzen Kassen im öffentlichen und privaten Bereich lässt sich demnach wie folgt vornehmen:

Werden Gelder des Staates von Staatsdienern in schwarzen Kassen angelegt, ist von schwarzen Kassen im öffentlichen Bereich die Rede.

Werden Gelder, die natürlichen oder juristischen Personen oder Vereinigungen des Privatrechts gehören, von im Lager der Vermögensinhaber stehenden Personen in schwarzen Kassen angelegt, spricht man von schwarzen Kassen im privaten Bereich.

III. Der Zweck schwarzer Kassen

Für diese Untersuchung strafrechtlicher Verantwortung des Schwarzkassenverwalters sind die unproblematischen Fälle zu vernachlässigen, in denen der Täter durch die Einrichtung und Verwaltung der schwarzen Kasse sich oder einen Dritten zu Unrecht bereichern will.

Genau zu untersuchen sind jedoch die Fälle, in denen der Schwarzkassenverwalter – wie in den Beispielsfällen dargestellt – die Mittel dem Vermögensinhaber lediglich entzieht, um zwar über sie eigenmächtig verfügen zu können, sie aber ausschließlich im tatsächlichen oder vermeintlichen Interesse des Geschäftsherrn verwenden will[28].

Dieser Täter will sich nicht durch die Bildung einer schwarzen Kasse bereichern, sondern versucht, durch sein Verhalten z.B. Vorgaben von Gesetzen wie der Abgabenordnung, der Buchführung oder des Vorstandes oder des Aufsichtsrates zu umgehen, um die so verschleierten Gelder nach seiner Einschätzung sinnvoll(er) im Interesse des Unternehmens zu verwenden[29]. Die schwarze Kasse stellt dabei einen Geldfonds dar, auf den der Täter unbürokratisch und schnell zugreifen kann, um so von ihm ausgewählte Projekte und Vorhaben im echten oder vermeintlichen Interesse des Vermögensinhabers zu finanzieren und zu fördern.

Der konkrete Verwendungszweck einer solchen Kasse ist dabei unterschiedlich, insbesondere davon abhängig, aus welchem Bereich der Eigentümer der Gelder der schwarzen Kasse stammt und welche Unternehmensziele er anstrebt.

---

28 *Saliger*, Parteiengesetz S. 397.

29 Beispiele von Motiven zu schwarzen Kassen ausführlich bei: *Strelczyk*, Schwarze Kassen, S. 6–9; *Weimann*, Schwarze Kassen, S. 18 ff., 24 f.

1. Die schwarze Kasse in der öffentlichen Verwaltung

Haushaltsmittel werden grundsätzlich für einen bestimmten Zweck bewilligt[30]. Die jeweiligen Träger der Verwaltung erhalten Geldmittel, die für bestimmte Zwecke verwendet werden sollen und müssen. Werden die zweckgebundenen Haushaltsmittel nicht voll erschöpft, verfallen sie regelmäßig zum Jahresende. Es ist haushaltsrechtlich weder vorgesehen noch zulässig, nicht erschöpfte Mittel etwa für andere frei gewählte öffentliche Bereiche zu verwenden, in denen Geld fehlt[31].

In der öffentlichen Verwaltung geht es dem Anleger der schwarzen Kasse meist darum, Haushaltsmittel nicht verfallen zu lassen oder Mittel für nach dem Haushalt nicht ausgewiesene Zwecke bzw. im nicht ausgewiesenen Umfang bereitzustellen. Immer werden die Mittel ihrer etatmäßigen Bestimmung entzogen[32].

Beispiel:
In einem dem Urteil des Zweiten Strafsenats des BGH aus dem Jahre 1984 zugrunde liegenden Fall hatte der Leiter des städtischen Kulturamtes der Stadt X eine schwarze Kasse eingerichtet und deren Gelder schließlich verwendet[33]. Er war unter anderem für die Organisation von Veranstaltungen für die H-Halle zuständig. Nach seinem Veranstaltungskonzept wurde jährlich ein bestimmter

---

30 Exemplarisch Vorschriften aus der Bundeshaushaltsordnung: § *45 I 1 BHO: Ausgaben und Verpflichtungsermächtigungen dürfen nur zu dem im Haushaltsplan bezeichneten Zweck, soweit und solange er fortdauert, und nur bis zum Ende des Haushaltsjahres geleistet oder in Anspruch genommen werden.*
§ 34 I 1 BHO: *Ausgaben dürfen nur soweit und nicht eher geleistet werden, als sie zur wirtschaftlichen und sparsamen Verwaltung erforderlich sind. Die Ausgabemittel sind so zu bewirtschaften, dass sie zur Deckung aller Ausgaben ausreichen, die unter die* einzelne *Zweckbestimmung fallen.*

31 § 25 II 1 BHO: *Ein Überschuss ist insbesondere zur Verminderung des Kreditbedarfs oder zur Tilgung von Schulden zu verwenden oder der Konjunkturausgleichsrücklage zuzuführen.*
Entsprechend engere Zweckbindung findet sich in der Landeshaushaltsordnung NRW in der Fassung von November 2007:
§ 25 II 1 und 2 LHO NRW: *Ein Überschuss ist zur Verminderung des Kreditbedarfs oder zur Tilgung von Schulden zu verwenden oder einer Rücklage nach § 62 zuzuführen. Ein danach noch verbleibender Überschuss ist in den nächsten festzustellenden Haushaltsplan als Einnahme einzustellen.*

32 RGSt 71 155 (157); BGH GA 1956 121 (122); 154 (155); BGH wistra 1985 69 (70); BGH NStZ 1986 455; BGHSt 40 287 (296); BayObLG 1958 12 (13); *Saliger*, Parteiengesetz, 397.

33 BGH wistra 1985 69 (70).

Etat für die H-Halle und die übrigen Veranstaltungsstätten der Gemeinde festgesetzt. Oftmals waren bestimmte Künstler bzw. Veranstaltungen im Haushalt mit einer vorab festgelegten Gagensumme eingeplant. Da jedoch zwischen der Festsetzung der Gagen und dem tatsächlichen Auftritt der Künstler häufig ein längerer Zeitraum lag, kam es in einigen Fällen dazu, dass die anfallenden Gagen etwa aufgrund gestiegener Popularität der Künstler plötzlich höher lagen als im Haushalt ausgewiesen. Da der Leiter auch in diesen Fällen nicht auf die Auftritte und Veranstaltungen verzichten wollte, weil es unter anderem schon zu kostenreichen Werbeaktionen gekommen war, nutzte er für die Mehrfinanzierung dieser Auftritte Gelder aus anderen Haushaltstiteln, die er ebenfalls zu verwalten hatte und die noch nicht erschöpft waren. Da eine einfache Umbuchung aufgefallen wäre, fingierte er Rechnungen, die einen nicht erschöpften Haushaltsposten betrafen, ließ dann diesen Betrag in bar abheben oder verbuchte das Geld über eine Fremdfirma, die das Geld dem Leiter des Kulturamtes zurücküberwies. Das so erhaltene Geld verwendete der Leiter dann für die besagten Veranstaltungen, insbesondere die höheren Gagen der Künstler.

2. Die schwarze Kasse in der Partei

Im Bereich der politischen Parteien geht es bei der Anlegung schwarzer Kassen in der Regel darum, unbemerkt vom politischen Gegner und der Öffentlichkeit Mittel der Partei unbürokratisch und schnell für unterschiedliche Parteiziele zu verwenden, mehr aber noch darum, Spendengelder vor der Öffentlichkeit verborgen zu halten.[34].

Aus diesen Bereichen stammen die bereits oben ausführlich dargestellten Beispiele um Altbundeskanzler Kohl und Manfred Kanther.

3. Die schwarze Kasse in Kapitalgesellschaften

In der privaten Wirtschaft sind die Ziele, die mit der Bildung einer schwarzen Kasse verfolgt werden, ebenso komplex und zahlreich wie die Möglichkeiten, eine schwarze Kasse einzurichten[35].

34 RG HHR 1936 1601; LG Bonn NStZ 2001 375 (376); LG Wiesbaden NJW 2002 1510; OLG Frankfurt NJW 2004 2028 (2029); BGHSt 51 100 (102).

35 RGSt 75 227 (228); BGH wistra 1992 266; OLG Frankfurt NStZ-RR 2004 244; *Bruns* ZAdR 1941 268; *Schmid,* Wirtschaftsstrafrecht, § 40 Rn 5; *Strelczyk*, Schwarze Kassen, S. 7; *Weimann*, Schwarze Kassen, S. 24 f.; *Bernsmann* GA 2007 219 (231).

Häufig werden schwarze Kassen zum Zwecke der Schmiergeldzahlungen im Inland, mehr aber noch in korruptionsträchtigen Drittstaaten gebildet. Diese sollen vielfach die Geschäftsentwicklung des „eigenen" Unternehmens fördern, die Unternehmensgewinne steigern helfen und dadurch das Fortbestehen der Firma sichern.

Zwecke können auch die sog. verdeckte Gewinnausschüttung[36], eine geplante Steuerhinterziehung oder die eigenmächtige Durchsetzung von Unternehmenszielen – entgegen den Anweisungen der Entscheidungsträger oder Vorgaben des Gesellschaftsvertrags- sein.

Zur Verdeutlichung soll der nachfolgende Fall dienen[37].

Beispiel:
In der sog. „Kölner Spenden- bzw. Müllaffäre" ging es um die Annahme von nicht ordnungsgemäß verbuchten und verschwiegenen Spenden in Höhe von nahezu 500.000 DM durch die Kölner SPD zwischen 1994 und 1999, die von Unternehmen aus der Müllwirtschaft wohl als Bestechungsgelder geleistet wurden, um die damals den Rat der Stadt Köln dominierende SPD zum Bau der politisch umstrittenen Müllverbrennungsanlage Köln-Niehl zu bewegen[38].

Einer der „heimlichen" Spender war der Müllunternehmer Helmut Trienekens, der zu jener Zeit mit seinem Konzern die gewerbliche Müllentsorgung im Rheinland und andernorts dominierte.

Auf diese Weise ins Visier der Öffentlichkeit und der Strafverfolgungsbehörden gelangt, brachten die Ermittlungen zutage, dass Trienekens seit Anfang der 1990er Jahre in der Schweiz mit Geldern seiner Firmen eine schwarze Kasse aufgebaut hatte, die er selbst als „Kriegskasse" bezeichnete. Daraus zahlte er nach eigenem Gutdünken und ohne Kenntnis seiner Mitgesellschafterin, einer Tochtergesellschaft der RWE, „nützliche Aufwendungen" an Politiker und Geschäftspartner im In- und Ausland, um sie für seine Geschäfte günstig zu stimmen.

---

36 Eine verdeckte Gewinnausschüttung ist eine Vermögensminderung oder verhinderte Vermögensmehrung, die durch das Gesellschaftsverhältnis veranlasst ist, sich auf die Höhe des Einkommens auswirkt und die nicht auf einem Gewinnverteilungsbeschluss der Gesellschaft beruht. Kommt es zu einer verdeckten Gewinnausschüttung, wird diese Vermögensminderung bei der Kapitalgesellschaft steuerrechtlich nicht anerkannt (§ 8 Abs. 3 S. 2 Körperschaftsteuergesetz). In der Folge erhöht sich der steuerrechtliche Gewinn der Kapitalgesellschaft um die verdeckte Gewinnausschüttung.

37 BGHSt 55 266 und NJW 2010 3458, dort auch zum folgenden Text.

38 BGHSt 55 266 und NJW 2010 3458, dort auch zum folgenden Text.

In den Fokus der Ermittlungen gerieten dabei auch zwei Geschäftsführer von Tochtergesellschaften des Trienekens-Unternehmens, die Angeklagten in dem vom BGH als Revisionsgericht am 27.08.2010 entschiedenen Fall, die Trienekens in Kenntnis aller Umstände bei der Ausstattung der schwarzen Kasse mit Firmengeldern unterstützt hatten[39].

Während das Verfahren gegen Trienekens wegen zeitweiliger Verhandlungsunfähigkeit zunächst abgetrennt und ausgesetzt war, wurden die beiden Angeklagten F. und M. am 26. Mai 2008 vom Landgericht Köln wegen Beihilfe zur Untreue in 14 bzw. in 3 Fällen zu Freiheitsstrafen von 3 Jahren bzw. 2 Jahren und 10 Monaten verurteilt.

Dabei stellte das Landgericht fest, dass Trienekens ab Anfang der 1990er Jahre als alleinvertretungsberechtigter Geschäftsführer der Trienekens GmbH und ab 1998 als alleiniger Vorstand der in die Trienekens AG umgewandelten Gesellschaft bis 2001 aus diesen beiden Unternehmen etwa 30 Millionen DM abgezogen und auf ein Schweizer Konto transferiert hatte, das auf eine von ihm initiierte und von einem Schweizer Makler betreute Briefkastenfirma eingerichtet worden war.

Von diesen Transaktionen wusste seine Mitgesellschafterin sowohl während der Zeit der T-GmbH als auch nach der Umwandlung in die T-AG nichts.

Die Geldabflüsse wurden dadurch von Trienekens verdeckt, dass er angebliche, für sein Unternehmen erbrachte Gutachter- und Beratungsleistungen der Schweizer Briefkastenfirma, die nie erfolgt waren, seinem Unternehmen in Rechnung stellen und bezahlen ließ.

Um wegen der doch enormen Höhe der abfließenden Gelder keinen Verdacht bei seiner Mitgesellschafterin aufkommen zu lassen, ließ er einige der fingierten Rechnungen der Briefkastenfirma zudem über die Konten seiner Tochtergesellschaften laufen, bei denen die beiden Angeklagten als Geschäftsführer eingesetzt waren.

In Kenntnis dieser Manipulationen veranlasste der Angeklagte F. von 1997 bis 2001 auf Weisung von Trienekens in 14 Fällen Zahlungen in einer Gesamthöhe von 3 Millionen DM auf Scheinrechnungen der Briefkastenfirma in die Schweiz.

In gleicher Weise ging der Angeklagte M. in den Jahren 1997 und 1998 vor und überwies in drei Fällen insgesamt 6 Millionen DM auf das Schweizer Konto der Scheinfirma.

Das Geld ließ sich Trienekens sodann nach und nach unter Abzug einer erheblichen Entlohnung seines Schweizer Strohmanns und zur Deckung der

---

39 BGHSt 55 266.

durch die angeblichen Beratungsaufträge der Briefkastenfirma entstandenen Steuerschuld in der Schweiz jeweils per Bote nach Deutschland bringen, um es nach eigenem Gutdünken im Wesentlichen im Interesse seines Müllunternehmens einzusetzen.

4. Zwischenergebnis

Deutlich wird, dass sowohl die Vorgehensweise als auch die Beweggründe zur Bildung einer schwarzen Kasse stark von dem Lebens- und Wirtschaftsbereich abhängig sind, in dem die schwarze Kasse angelegt wird. Bei der weiteren Untersuchung soll auf diese Unterschiede, die sich auf die strafrechtliche Bewertung durchaus niederschlagen können, eingegangen werden.

Andererseits besteht in allen Fällen die Gemeinsamkeit, dass der Täter die schwarze Kasse einrichtet, um interne Vorgaben des Vermögensträgers oder gesetzliche Pflichten zu umgehen, um die angesammelten Gelder nach der Einschätzung des Täters „sinnvoll" im Interesse des Geschäftsherrn zu verwenden bzw. zu verwalten. Eine direkte Selbstbereicherungsabsicht ist bei dem Anleger nicht vorhanden.

2. Kapitel: Die Strafbarkeit der Bildung und Verwendung schwarzer Kassen in Kapitalgesellschaften

In diesem Kapitel wird die Strafbarkeit der Bildung und Verwendung schwarzer Kassen untersucht. Nach Eingrenzung der in Frage kommenden Straftatbestände werden die einzelnen Tatbestandsmerkmale der Untreue unter Auswertung von Rechtsprechung und Literatur näher beleuchtet und die einschlägigen Fallkonstellationen unter die Norm des § 266 StGB subsumiert.

I. In Frage kommende Straftatbestände

Fraglich ist, welche Tatbestände im Zusammenhang mit der Bildung schwarzer Kassen relevant sind. Da es Wesen der schwarzen Kasse ist, dass sie im Interesse des Vermögensinhabers eingerichtet wird, das heißt, dem Vermögensinhaber – zumindest nach Ansicht des Einrichters der schwarzen Kasse – wirtschaftliche Vorteile bringen bzw. ihn vor wirtschaftlichen Nachteilen schützen soll, ist die Strafbarkeit eines solchen Verhaltens problematisch.

1. Untreue, § 266 StGB

Einrichtung und Verwendung einer schwarzen Kasse könnten den Tatbestand der Untreue erfüllen.

Untreue ist die vorsätzliche Verletzung der Pflicht zur Betreuung fremder Vermögensinteressen durch Beeinträchtigung des Vermögens des zu Betreuenden und damit ein Vermögensdelikt[40]. Während der Missbrauchstatbestand – 1. Alt. des § 266 StGB – vor dem Missbrauch einer rechtlichen Befugnis, über fremdes Vermögen zu verfügen, schützt, knüpft der Treubruchtatbestand – 2. Alt. des § 266 StGB – an die tatsächliche Verfügungsmacht des Täters über das betroffene Vermögen an[41].

Die Untreue ist nur in der Vollendung strafbar.

---

40 RGSt 71 155 (158); BGHSt 43 293 (297); *Fischer* § 266 Rn 2; *Perron* in Schönke/Schröder § 266 Rn 1; *Schünemann* in LK § 266 Rn 23; *Krey/Hellmann*, BT/2, § 17 Rn 541; *Wessels/Hillenkamp*, Rn 747.

41 *Fischer* § 266 Rn 9, 50; *Perron* in Schönke/Schröder § 266 Rn 2; *Wessels/Hillenkamp* Rn 751, 769.

Als Vermögensdelikt soll dieser Tatbestand den Vermögensinhaber vor dem pflichtwidrigen Umgang mit dessen Vermögen schützen, um Vermögensnachteile zu verhindern.

Die Strafbarkeit nach § 266 StGB durch die Bildung oder auch durch die tatsächliche Verwendung der Gelder aus der schwarzen Kasse ist an zwei Stellen zweifelhaft:

Zum einen stellt sich die Frage, ob bereits allein Einrichtung und Verwendung einer schwarzen Kasse ohne das Wissen des Vermögensinhabers pflichtwidrig im Sinne der Untreue sind, selbst wenn beides ihm im Tagesgeschäft wirtschaftlich nicht schadet oder gar förderlich ist.

Dabei ist zu bedenken, dass bei Bekanntwerden des Bestehens einer schwarzen Kasse in einem Unternehmen ein sogenannter "Imageschaden" für das Unternehmen eintreten kann, der sich mittelbar auch wirtschaftlich nachteilig für das Unternehmen auswirken kann.

Denn mit schwarzen Kassen verbinden die Mehrheit der Gesellschaft bzw. Öffentlichkeit und Presse wegen ihrer Geheimhaltung vor den Aktionären und Gesellschaftern und den häufig immensen Summen, die da fließen, etwas „Unredliches". Auch wenn erwiesenermaßen kein effektiver Vermögensschaden durch eine schwarze Kasse eintritt, bleibt häufig der Anschein der Unredlichkeit in der Öffentlichkeit zurück nach dem Motto: „Wer etwas verbirgt, hat etwas zu verbergen".

In der Zeit der sozialen Marktwirtschaft ist ein rein profitorientiertes Denken und Handeln im deutschen Wirtschaftsverkehr nicht mehr akzeptabel.

Dies zeigt u. a der Deutsche Corporate Governance Kodex des Bundesministeriums der Justiz (DCGK), der die Gesamtheit aller internationalen und nationalen Werte und Grundsätze für eine gute und verantwortungsvolle sowie gesetzestreue Unternehmensführung festgelegt hat, die sowohl für die Mitarbeiter als auch für die Unternehmensführung von Unternehmen gelten soll[42]. Der

---

42 Auszug aus der Präambel des Deutschen Corporate Governance Kodex in der Fassung vom 18. Juni 2009, abrufbar unter www.corporate-governance-code.de: *„Der vorliegende Deutsche Corporate Governance Kodex (der „Kodex") stellt wesentliche gesetzliche Vorschriften zur Leitung und Überwachung deutscher börsennotierter Gesellschaften (Unternehmensführung) dar und enthält international und national anerkannte Standards guter und verantwortungsvoller Unternehmensführung. Der Kodex soll das deutsche Corporate Governance System transparent und nachvollziehbar machen. Er will das Vertrauen der internationalen und nationalen Anleger, der Kunden, der Mitarbeiter und der Öffentlichkeit in die Leitung und Überwachung deutscher börsennotierter Gesellschaften fördern."*

Grundsatz „Profit über alles, auch unter Verwendung schwarzer Kassen“ gehört nicht dazu.

Der DCGK hat gleichwohl keine Gesetzesqualität[43].

Auf der anderen Seite stellt sich die Frage, ob sich aus dieser Wertvorstellung einer gesetzes- und gesellschaftskonformen Betriebsführung bei einem Verstoß das Erfordernis der strafrechtlichen Sanktion herleiten lässt.

Selbst wenn man ein solches Erfordernis annehmen will, kann ein Verhalten nur unter Strafe gestellt sein, wenn es das Strafgesetzbuch zulässt. Dafür steht der Verfassungsgrundsatz „nulla poena sine lege“, der sich aus Artikel 103 II GG ergibt.

Daher sind die Grenzen des Tatbestandes der Untreue zwingend zu beachten.

Der Umfang und die Grenzen der untreuespezifischen Pflichten des Täters richten sich nach dem zugrunde liegenden Rechtsverhältnis, das heißt nach dem jeweiligen Zuschnitt des Unternehmens[44]. Gerade deswegen bedeutet eine „unlautere Vorgehensweise“ – wie sie die Bildung einer schwarzen Kasse im Urteil der öffentlichen Mehrheit darstellt – wiederum nicht zwangsläufig eine Pflichtwidrigkeit im Sinne des § 266 StGB.

So hat der BGH z. B. im Zusammenhang mit Schmiergeldzahlungen bereits angemerkt, dass allein der Umstand, dass die Schmiergeldzahlung nicht im Gesellschaftsvertrag ausdrücklich erlaubt wurde, diese Zahlung nicht pflichtwidrig macht[45].

Insoweit gilt es daher zu untersuchen, ob die Bildung einer schwarzen Kasse, unabhängig von der ihr zugrundeliegenden Motivation, grundsätzlich pflichtwidrig ist oder ob Beweggründe des Einrichters der schwarzen Kasse und verfolgte Ziele bei der Beurteilung der strafrechtlich relevanten Pflichtwidrigkeit berücksichtigt werden müssen.

Im Bereich von Kapitalgesellschaften, die zwar als juristische Personen über eigenes Vermögen verfügen, selbst jedoch handlungs- und willensbildungsunfähig sind, könnte dem Vermögensverwalter (z. B. dem Geschäftsführer einer GmbH oder dem Vorstandsvorsitzenden einer Aktiengesellschaft) ein derart großer Handlungs- und Entscheidungsspielraum zugestanden werden, der bereits eine strafrechtliche Pflichtwidrigkeit bei Einrichtung und Verwendung einer schwarzen Kasse ausschließt.

---

43 *Schlösser/Dörfler* wistra 2007 326.

44 BGHSt 47 295 (297); *Fischer* § 266 Rn 58; SSW-StGB/*Saliger* § 266 Rn 31; *Dierlamm* StraFo 05 397; *Brammsen* wistra 2009 85 (86).

45 BGH wistra 1984 226.

Inwieweit Pflichten außerhalb des Strafrechts – wie z. B. gesellschaftsrechtliche Vorgaben oder auch die des Deutschen Corporate Governance Kodex[46] – die Pflichtwidrigkeit der schwarzen Kassen im Rahmen der Untreue bestimmen können, wird zu untersuchen sein.

Zum anderen ist die Frage zu beantworten, ob durch die Einrichtung und Verwendung von schwarzen Kassen ein Vermögensnachteil für das betreute Vermögen eintritt.

Die Feststellung des Vermögensnachteils erweist sich deshalb oft als kompliziert, weil es dem Einrichter der schwarzen Kasse in der Regel nicht darum geht, sich oder einen Dritten zu bereichern, das heißt, dem Vermögensinhaber auf diese Weise Vermögen zu entziehen, sondern durch die Bildung der schwarzen Kasse dem – vermeintlichen – Interesse des Vermögensinhabers zu dienen. Die schwarze Kasse soll dem Geschäftsherrn vorteilhaft sein bzw. ihn vor Nachteilen bewahren.

Dabei muss untersucht werden, ob bereits in der bloßen buchungsmäßigen Einrichtung oder in dem Vorhalten einer schwarzen Kasse ein Vermögensnachteil für das betreute Vermögen liegt. Diese Frage ist deshalb relevant, weil es in vielen Fällen gar nicht zu einer Verwendung der Gelder aus der schwarzen Kasse kommt. Zum einen kann es dem Einrichter der schwarzen Kasse bspw. lediglich darum gehen, Unternehmensgelder vor dem Staat geheim zu halten, um Steueransprüchen des Staates gegenüber dem Unternehmen zu entgehen, zum anderen könnte die schwarze Kasse vor ihrer Nutzung entdeckt werden.

Problematisch ist hier die Frage, ob das bloße Verschieben und Geheimhalten von Geldern einen Vermögensnachteil zu Lasten des Inhabers darstellt.

Dabei kann es relevant sein, wie und wo die Kasse eingerichtet wird. Möglicherweise macht es einen Unterschied, ob die Kasse in der Gesellschaft verbleibt, z. B. auf einem der offiziellen Buchhaltung unbekannten Firmenkonto oder eingerichtet bei einer im Unternehmen eingegliederten Tochtergesellschaft, oder ob

---

46 Der DCGK entfaltet keine gesetzliche Wirkung, sondern beinhaltet lediglich Ansprüche an die sog. Best Practice. Dennoch hat der DCGK im Jahre 2002 Einzug in das Aktiengesetz gefunden. Gem. § 161 AktG müssen Vorstand und Aufsichtsrat einer jeden börsennotierten Gesellschaft jährlich eine Erklärung abgeben, dass den Empfehlungen des Kodex entsprochen wurde und wird oder welche Empfehlungen nicht angewendet wurden oder werden (sog. Entsprechenserklärung). Der DCGK hat nach herrschender Meinung keine Rechtsnormqualität: *Schlösser/Dörfler* wistra 2007 326; *Heintzen* ZIP 2004 1933 (1936); *Borges* ZGR 2003 508 (515); *Schüppen* ZIP 2002 1269 (1278); MünchKommAktG/*Hefermehl/Spindler* § 93 Rn 36; *Ringleb* in DCGK, Vorb. 34 ff., 55; *Hüffer* AktG § 161 Rn 3.

die Kasse in einen der – rechtlichen – Verfügung des Unternehmens entzogenen Bereich ausgelagert wird, bspw. in einem von der vermögensinhabenden Gesellschaft unabhängigen Fremdunternehmen im Ausland.

Ein weiterer Aspekt bei der Beurteilung der Strafbarkeit durch die Bildung einer schwarzen Kasse könnte die Verwendungsabsicht des Einrichters sein. Will der Täter durch die schwarze Kasse lediglich Vorgaben von Vorgesetzten oder gesetzliche Vorschriften für die Vorgehensweise bei einem Geschäft umgehen, um so auf unkonventionelle Weise der Gesellschaft in der Zukunft Vorteile zu sichern, könnte es an einem Vermögensnachteil im Sinne des §266 StGB fehlen.

All diese Aspekte gilt es zu untersuchen, insbesondere mit Blick auf die vom Gesetzgeber vorgesehene Straflosigkeit des Versuchs der Untreue.

Sollte es schließlich zu einer Verwendung der Gelder aus der schwarzen Kasse gekommen sein, ist fraglich, ob darin eine neue Tathandlung zu erblicken ist oder ob die Bildung und die Verwendung der schwarzen Kasse eine einheitliche Tat bilden, so dass eine Gesamtbewertung der Strafbarkeit vorgenommen werden muss.

Zudem könnte der Treugeber im Ergebnis durch die Nutzung der Kasse durchaus ein Äquivalent erhalten haben, das einen durch die Bildung der Kasse eingetretenen Vermögensschaden kompensiert haben könnte.

2. Betrug, § 263 StGB

Fraglich ist, ob neben der Strafbarkeit nach § 266 StGB auch eine Strafbarkeit wegen Betruges nach § 263 StGB durch Bildung oder Verwendung einer schwarzen Kasse in Betracht kommt.

Der Betrugstatbestand setzt eine Täuschung, eine Irrtumserregung, eine Vermögensverfügung und einen Schaden oder eine schadensgleiche Vermögensgefährdung voraus, wobei zwischen dem erstrebten Vermögensvorteil und dem Schaden/Vermögensgefährdung des Opfers Stoffgleichheit bestehen muss.

Abgesehen davon, dass sich beim „Vermögensschaden" im Sinne des §263 StGB dieselben Fragen stellen wie bei der Beurteilung der Untreuestrafbarkeit, sind Fallkonstellationen bei der Einrichtung und Verwendung schwarzer Kassen, in denen sich die Frage einer Betrugsstrafbarkeit stellt, die Ausnahme. In den meisten Fällen fehlt es bereits an einer betrugsrelevanten Täuschung des Vermögensinhabers oder eines in seinem Lager stehenden Dritten. Für eine Betrugsstrafbarkeit ist es erforderlich, dass jemand aufgrund einer Täuschung über Vermögen verfügt. Die hier in Betracht kommenden Vermögensverfügungen (z. B. Transfer von Firmengeldern ins Ausland) werden in der Regel bei der Einrichtung der schwarzen Kassen nicht von einem über den Verbleib der Gelder nichts ahnenden Vermögensinhaber aufgrund einer Täuschung vorgenommen, sondern von Geschäftsführern oder Vorstandsmitgliedern als Vermögensverwalter selbst.

Es mag zwar Konstellationen geben, in denen z. B. ein im Lager des Vermögensinhabers stehender Dritter zu einer täuschungsbedingten Vermögensverfügung gebracht wird, aber auch dann ist eine Betrugsstrafbarkeit in der Regel ausgeschlossen – denn Fallkonstellationen um schwarze Kassen sind nach der hier vertretenen Definition nur solche, in denen der Einrichter und Verwalter der schwarzen Kasse im Interesse des Vermögensinhabers handelt, demnach keine Bereicherung für sich oder einen außerhalb des Unternehmens stehenden Dritten erstrebt. Auch beabsichtigt er gerade nicht die Schädigung des Treugebers.

Eine Betrugsstrafbarkeit kommt für die hier zu untersuchenden Fälle daher nicht in Betracht.

3. Unterschlagung, § 246 StGB

Auch eine Strafbarkeit wegen Unterschlagung nach § 246 StGB kommt bei Einrichtung und Verwendung schwarzer Kassen nicht unmittelbar in Betracht.

Unterschlagung verlangt Zueignung einer Sache für sich oder einen Dritten. Der Schwarzkassenverwalter handelt jedoch uneigennützig, im zumindest wirtschaftlichen Interesse des Vermögensinhabers, und dieser kann naturgemäß nicht Dritter im Sinne der Unterschlagung sein. Der Verwalter will sich das in der schwarzen Kasse angesammelte Geld gerade nicht in sein Vermögen einverleiben und auch keinem unberechtigten Dritten zuwenden, so dass eine Zueignung in der Regel abzulehnen ist.

In einer vereinzelt gebliebenen Entscheidung des Bayrischen Obersten Landesgerichts aus dem Jahre 1958 sah der Senat dennoch in der Einrichtung einer schwarzen Kasse eine rechtswidrige Zueignung, wie es Diebstahl und Unterschlagung voraussetzen[47]. Dieser Entscheidung lag der Fall zu Grunde, dass der Täter die schwarze Kasse in Form von Geldmünzen und Scheinen in einer Blechbüchse im Schrank seines Büros anlegte und daraus unter anderem Büromaterial anschaffte.

Zum einen habe der Angeklagte seinem Dienstherrn die Verfügungsmöglichkeiten an dem beiseite geschafften Geld entzogen und an sich gerissen. Zum anderen sollten die Mittel aus der schwarzen Kasse nicht dazu dienen, dienstliche Zwecke zu erreichen, die anders nicht oder nicht sicher zu erreichen gewesen

---

47 BayObLG 1958 12 ff.

wären, sondern dazu, dem Angeklagten selbst bei der Verrichtung seiner dienstlichen Obliegenheiten Annehmlichkeiten und höheres Ansehen nach außen, insbesondere bei seinen Vorgesetzten, zu verschaffen. Er habe damit mittelbare Vorteile für sich erstrebt, so dass eine rechtswidrige Zueignung des Geldes vorlag[48]. Der Senat konnte aber mangels ausreichender Feststellung der Vorinstanz nicht feststellen, ob durch die Einrichtung der schwarzen Kasse Gewahrsam gebrochen wurde, oder ob der Angeklagte, als möglicher Alleingewahrsamsinhaber, wegen Unterschlagung zu verurteilen war, so dass er wahlweise wegen Diebstahls oder Unterschlagung verurteilte[49].

Diese Entscheidung betrifft zwar unmittelbar die Strafbarkeit der Bildung einer schwarzen Kasse. Der Angeklagte hatte aber zumindest auch zu eigenen Zwecken gehandelt, sich also selbst durch die Kasse bereichern wollen. Dieser doch unproblematische Bereich schwarzer Kassen fällt nicht in den Untersuchungsgegenstand[50], denn eine zu eigenen Zwecken errichtete Kasse stellt auch unter dem Blickwinkel der Untreue in der Regel eine strafbare Handlung dar.

4. Korruptions- und Steuerdelikte, §§ 299 ff. StGB, §§ 331 ff. StGB, §§ 370 ff. AO

Neben der Untreue können durch die Bildung schwarzer Kassen und die anschließende Verwendung der in ihnen angelegten Gelder Korruptions- oder Steuerdelikte in Frage kommen.

Wird eine schwarze Kasse in Zeiten einer finanziellen Krise angelegt, könnte es zu Strafbarkeiten von Geschäftsführern und Vorständen nach den Bankrottdelikten, §§ 283 ff. StGB, kommen.

Denkbar sind solche Konstellationen insbesondere dann, wenn Gelder in eine schwarze Kasse transferiert werden, um sie etwa der Insolvenzmasse zu entziehen.

Korruptionsdelikte gem. den §§ 299 ff., 331 ff. StGB können immer dann relevant werden, wenn ein Schwarzkassensystem dafür genutzt wird, Schmiergelder für Bestechungen von Geschäftspartnern oder Amtsträgern zu verwalten und an den Empfänger weiterzuleiten.

Geht es dem Errichter einer schwarzen Kasse darum, Steueransprüchen des Staates zu entgehen, indem Gelder auf geheimen Konten aufbewahrt werden, sind zudem Delikte nach der Abgabenordnung einschlägig.

---

48 BayObLG 1958 12 (13).

49 BayObLG 1958 12 (13).

50 siehe oben zur Definition schwarzer Kassen A. I.

Die Beurteilung der Strafbarkeiten nach den Insolvenz-, Korruptions- oder Steuerdelikten wirft in den jeweiligen Konstellationen in der Regel keine Schwierigkeiten in der rechtlichen Würdigung auf. Daher bedarf es keiner gesonderten Untersuchung dieser Delikte im Zusammenhang mit schwarzen Kassen.

Entscheidend für diese Untersuchung ist die Frage, ob abgesehen von den benannten Delikten eine davon unabhängige grundsätzliche Strafbarkeit durch die Bildung schwarzer Kassen in Frage kommt.

Eine solche Strafbarkeit kommt aber unmittelbar nur über die Regelung zur Untreue in § 266 StGB in Frage. In zahlreichen Konstellationen um schwarze Kassen kommt eine andere als die Vorschrift der Untreue von vornherein nicht in Betracht. Daher ist die Bewertung der Untreuestrafbarkeit durch Bildung einer schwarzen Kasse von zentraler Bedeutung.

5. Zwischenergebnis

Die Untreue ist die zentrale Vorschrift für die Frage, ob die Bildung oder Verwendung schwarzer Kassen eine selbstständige Strafbarkeit begründet. Andere Straftatbestände stellen lediglich einen Nebenschauplatz dar. Mit Rücksicht auf die Fragestellung der Arbeit sollen im Folgenden Grundfragen zum Untreuetatbestand erläutert werden, die sich explizit im Zusammenhang mit der Thematik stellen. Ferner erfolgt unter dem jeweiligen Deliktsmerkmal eine Bewertung der schwarzen Kassen unter Berücksichtigung der einschlägigen Rechtsprechung und Literatur.

II. Die Untreue – Konturlosigkeit und verfassungsrechtliche Bedenken?

Angesichts der jedenfalls in der Treubruchvariante sehr allgemeinen Formulierung der Tathandlung[51] wird der Untreue von der Literatur zunehmend Konturlosigkeit vorgeworfen[52]. Dies sei beispielhaft an dem noch heute häufig zitierten Satz von Hellmuth Mayer aus dem Jahre 1954 verdeutlicht: *„Sofern nicht einer*

51 Der Treubruchstatbestand verlangt seinem Wortlaut nach neben der Zufügung eines Vermögensnachteils lediglich die Verletzung der Pflicht zur Wahrnehmung fremder Vermögensinteressen.

52 *Jakobs*, AT 4/29; *Arzt* in Bruns-FS, 365 (383); *Gribbhom* Jus 1965, 389 (391); *Labsch*, Untreue, 177 ff.; *Seier* in: Symposium für Geilen, 143 (153); *Hamm* NJW 2005 1993; *Boetticher* jurisPR – StrafR 7/2011 3; *Safferling* NStZ 2011 376; a. A. *Wolf* KJ (33) 2000 531, 555.

der klassischen Fälle der Untreue vorliegt, weiß kein Gericht und keine Anklagebehörde, ob § 266 StGB vorliegt oder nicht"[53].

Während einige Stimmen in der Literatur in der weiten Fassung der Untreue einen Verstoß gegen das Bestimmtheitsgebot aus Art. 103 II GG und damit die Verfassungswidrigkeit der Norm sehen bzw. die Verfassungsmäßigkeit zumindest bezweifeln[54], versuchen andere den bestehenden Unsicherheiten mit restriktiver Auslegung zu begegnen[55]. Die Reformbedürftigkeit der Norm wird kaum bezweifelt[56].

Obwohl Rechtsprechung und herrschende Meinung eine dem Bestimmtheitsgebot genügende Auslegung für möglich halten[57], wie gerade das Bundesverfassungsgericht zuletzt im Jahre 2010 in einer umfassenden Entscheidung deutlich gemacht hat[58], hat die Praxis immer wieder Probleme mit der Handhabung der Untreuevorschrift, sofern nicht einer der klassischen Untreuefälle vorliegt. In der aktuellen Untreue-Diskussion sind es spektakuläre Wirtschaftsstrafverfahren, die aufgrund der Prominenz der Beteiligten nicht nur die Aufmerksamkeit der Rechtswissenschaft auf sich gezogen haben. Hervorzuheben sind hierbei die CDU-Parteispendenaffären um H. Kohl und M. Kanther, aber auch das Mannesmann-Verfahren um Josef Ackermann und die einschlägige „Siemens-Affäre"[59].

Bezeichnend in diesem Zusammenhang ist die Begründung des LG Bonn, das das Strafverfahren gegen Altbundeskanzler Kohl aufgrund ungewisser rechtlicher Bewertung nach § 153 a StPO eingestellt hat, weil bisher ungeklärte Rechtsfragen bestünden, so dass mit einem langwierigen Verfahren über mehrere Instanzen mit ungewissem Ausgang zu rechnen sei[60].

---

53 *Mayer*, Untreue, 337; u. a. zitiert von: *Seier* in: Symposion für Geilen, 143 (153); *Schünemann* NStZ 2006 196 (197); *Kempf* in Hamm-FS, 255.

54 *Jakobs*, AT 4/29; *Arzt* in Bruns-FS, 365 (383); *Gribbhom* Jus 1965, 389 (391); *Labsch*, Untreue, 177; *Seier* in: Symposium für Geilen, 143 (153).

55 So die Rechtsprechung und h. M. aufgrund der vorgenommenen Einschränkungen des Reichsgerichts (RGSt 69, 58); *Saliger* HRRS 2006 10; Boetticher, jurisPR – StrafR 7/2011 1, 5.

56 *Fischer* § 266 Rn 5; *Maurach/Schroeder/Maiwald*, BT I § 45 II Rn 39; a. A.: *Englisch* NJW 2005 2974 ff.

57 BVerfG Beschl. v. 10. März 2009 – 2 BvR – 1980/07; zuletzt: BVerfGE 126 170.

58 BVerfGE 126 170.

59 BGHSt 50 331; 51 100; 52 323; LG Bonn NStZ 2001 375; LG Wiesbaden NJW 2002 1510; OLG Frankfurt NJW 2004 2028.

60 LG Bonn NStZ 2001 375 (377). Abgesehen von der rechtlichen Unsicherheit, hebt das LG Bonn den nicht zu vergessenden Aufwand an Kosten, Personal und Zeit hervor, der gerade im Hinblick auf umfangreiche Wirtschaftsstrafverfahren gemessen an der

Die weite Fassung des Tatbestandes hat eine Kasuistik im deutschen Untreuestrafrecht eröffnet, wobei zahlreiche Fallkategorien nach bestimmten von Rechtsprechung und Literatur entwickelten Kriterien gelöst werden. Als Beispiele sind die Anwaltsuntreue, Bankenuntreue, Gesellschaftsuntreue und Haushaltsuntreue genannt[61].

Die in der Literatur erhobenen Bedenken hinsichtlich der weiten Fassung der Untreue sind nachzuvollziehen, führt man sich die Fülle an Rechtsprechung und wissenschaftlichen Beiträgen zur Untreue vor Augen.

Bezeichnend und unter Umständen erklärend in diesem Zusammenhang ist eine Grundsatzentscheidung des Reichsgerichts aus dem Jahre 1934[62]. In dieser Entscheidung setzte sich das Reichsgericht mit der damals noch neuen weiten Fassung des § 266 StGB auseinander und versuchte klare Abgrenzungskriterien im Zusammenhang mit der Treubruchalternative herauszuarbeiten. Noch heute gebräuchliche Passagen zur Vermögensbetreuungspflicht, wie der „gewisse Entscheidungsspielraum" oder die „gewisse Bewegungsfreiheit oder Selbstständigkeit" als Kriterium für die Vermögensbetreuungspflicht, werden zur Bestimmung der Täterqualität herangezogen.

Interessant an dieser Entscheidung sind jedoch nicht die entwickelten Abgrenzungskriterien, sondern das Resümee des Reichsgerichts:

Eine eindeutige, alle Fälle treffende Grenze zu ziehen, was unter den § 266 StGB, was über ihn hinaus fällt, sei in Anbetracht der Unbestimmtheit des Gesetzesausdrucks nicht möglich; ihm müsse vielmehr entnommen werden, dass der Gesetzgeber darauf hat verzichten wollen, die Rechtsprechung an starre Rechtsbegriffe zu binden, und ihr stattdessen eine Art Rahmenvorschrift zur Ausfüllung hat einräumen wollen[63].

Mit einer solchen Vorgabe ist einer Strafbarkeit nach § 266 StGB Tür und Tor geöffnet. Eine Rahmenvorschrift ist ausfüllungsbedürftig und wird zum Beispiel im öffentlichen Recht durch weitere Gesetze und Verwaltungsvorschriften konkretisiert. Dies ist im Strafrecht wegen des Bestimmtheitsgebotes nicht möglich.

Nach Vorschlag des Reichsgerichts soll die Rechtsprechung die Rahmenvorschrift des § 266 StGB ausfüllen. Dass ein solches Vorgehen im Strafrecht unzulässig und verfassungswidrig ist, ist offensichtlich. Der Gesetzgeber ist wegen des

---

zu erwartenden Strafe häufig unverhältnismäßig erscheint; dieser Aspekt mag noch mehr die fehlende Rechtsprechung im Zusammenhang mit schwarzen Kassen in Kapitalgesellschaften erklären als die „Konturlosigkeit" der Norm.

61 *Seier* in: Symposion für Geilen, 143 (147).

62 RGSt 69 58.

63 RGSt 69 58 (62).

Bestimmtheitsgebots verpflichtet, Straftatbestände so konkret zu formulieren, dass es dem Adressaten der Strafnorm möglich ist, das verbotene Verhalten vorab eindeutig zu erkennen und es auf die Rechtslage einzurichten[64].

Hamm hat dazu den sich auf den ersten Blick aufdrängenden Vergleich mit § 242 BGB – Verstoß gegen Treu und Glauben – gezogen und die Behauptung aufgestellt, dass die Konturen- und Uferlosigkeit von § 266 StGB gefährlich nahe an die Unbestimmtheit einer Generalklausel heranreicht[65].

Jedoch bedeutet das verfassungsrechtliche Bestimmtheitsgebot nicht ein Verbot der Verwendung von generalklauselartigen Strafrechtsnormen, da ohne allgemeine, normative und wertausfüllungsbedürftige Begriffe der Gesetzgeber nicht in der Lage ist, „der Vielgestaltigkeit des Lebens Herr zu werden“[66]. Wegen der Allgemeinheit und Abstraktheit von Strafnormen ist es deshalb unvermeidlich, dass es in Grenzfällen zweifelhaft sein kann, ob ein Verhalten tatbestandsmäßig ist[67]. Selbst durch eine Häufung auslegungsbedürftiger Tatbestandsmerkmale – wie bei der Untreue[68] – wird eine Vorschrift noch nicht zu unbestimmt, wenn die interpretationsbedürftigen Merkmale mit Mitteln der herkömmlichen Gesetzesanwendung verfassungskonform ausgelegt werden können[69].

Der vom Reichsgericht verwendete Begriff „Rahmenvorschrift“ ist deswegen unglücklich gewählt und vielleicht ist die Ausfüllung der Untreuevorschrift durch weitest mögliche Auslegung gemeint gewesen.

Dabei muss berücksichtigt werden, dass bei der Anwendung des Vermögensdelikts der Untreue, die man auch als die „allgemeine Wirtschaftsstrafrechtsnorm“ bezeichnen könnte[70], wie bei kaum einem anderen Delikt, den dynamischen ökonomischen und wirtschaftspolitischen Entwicklungen und den immer komplizierter und undurchsichtiger werdenden Unternehmenskonzeptionen begegnet werden muss. Das Strafrecht muss hier, wie so häufig, der gesellschaftlichen Entwicklung in Wirtschaft und Politik hinterherlaufen[71].

---

64 BVerfGE 14 174; 25 269 (285) 28 175 (183); 47 109 (120); 87 209 (224).

65 *Hamm* NJW 2005 1993; a. A.: Englisch NJW 2005 2974, mit vehementer Kritik gegen die behauptete Unbestimmtheit der Untreue.

66 BVerfGE 11 234 (237).

67 BVerfGE 71 108 (115).

68 Die Merkmale der „Vermögensbetreuungspflicht“, der „Pflichtwidrigkeit“ sowie des „Vermögensnachteils“ bedürfen seit jeher einer Auslegung durch die Gerichte.

69 BVerfGE 78 374 (389); 87 209 (225).

70 *Ransiek* ZStW 116 2004 634; *Matt* NJW 2005 389 (390): „Untreue passt immer“.

71 Ebenso: Boetticher, jurisPR – StrafR 7/2011 1, 3.

Immerhin stammt die heutige Fassung des ersten Absatzes der Untreue aus dem Jahre 1933.

Das Bundesverfassungsgericht hat jedoch zuletzt gerade in Bezug auf Untreuehandlungen in der Wirtschaft klar in seiner Entscheidung vom 23.06.2010 bestätigt, dass der Untreuetatbestand noch mit dem Bestimmheitsgebot des Art. 103 Abs. 2 GG zu vereinbaren sei[72].

In diesem Beschluss vom 23.06.2010[73] beschäftigte sich das Bundesverfassungsgericht mit den Verfassungsbeschwerden dreier Wirtschaftsmanager, die – unabhängig voneinander – von der Strafjustiz bis hinauf zum BGH jeweils wegen Untreue zur Freiheitsstrafen verurteilt worden waren.

Der Beschwerdeführer zu 1 war ein in die „Siemens-Affäre" verstrickter, leitender Angestellter der Siemens AG, der schwarze, dem Gesamtvorstand unbekannte und unter Deckbezeichnungen geführte Konten verwaltet hatte, aus dem Bestechungsgelder für ausländische Anleger bestritten wurden.

Bei der „letztinstanzlichen" Verurteilung dieses Managers handelt es sich um die bereits in der Einleitung angesprochenen Entscheidung des zweiten Strafsenats des BGH (BGHSt 52 323) in der „Siemens – Affäre", in der der BGH die Verursachung eines tatbestandsmäßigen, untreuespezifischen Vermögensnachteils in Höhe der vom Manager übernommenen, auf schwarzen Kassen im Ausland lagernden Gelder darin gesehen hat, dass der Manager diese Gelder nicht an die Siemens AG herausgegeben, sondern auf Dauer weiter verborgen hat, nachdem er den Zugriff hierauf erhalten hatte.

Seine Zuständigkeit für die Überprüfung der Entscheidungen der strafrechtlichen Fachjustiz begründete das Bundesverfassungsgericht u. a. mit der seit jeher in der Rechtswissenschaft kritisierten weiten Fassung des Untreuetatbestandes, die Unsicherheiten über den Anwendungsbereich der Norm und Zweifel an der Vereinbarkeit mit dem Bestimmtheitsgebot des Artikel 103 II GG mit sich gebracht habe.

Nach Darlegung eines umfangreichen, bei der inhaltlichen Bewertung anzuwendenden Prüfprogrammes kommt das Verfassungsgericht zu dem Ergebnis, dass der Untreuetatbestand in seiner geltenden Fassung mit dem Bestimmtheitsgebot des Art. 103 II GG noch zu vereinbaren sei[74].

Sowohl die von der Untreue geforderte Pflichtverletzung als auch das Nachteilsmerkmal seien unter Berücksichtigung der langjährigen Auslegung durch

---

72 BVerfGE 126 170.

73 BVerfGE 126 170.

74 BVerfGE 126 170 (200); zustimmend *Kudlich* JA 2011 66 (69); *Safferling* NStZ 2011 376 (378).

die Rechtsprechung des BGH ausreichend präzise, um das Untreueunrecht erkennen zu können[75].

Die „Verurteilung" des Siemens-Managers durch den 2. Strafsenat des BGH erklärte das Verfassungsgericht für verfassungsrechtlich unbedenklich.

Es sei sowohl mit dem Wortlaut des § 266 StGB als auch mit dem Gebot restriktiver und präzisierender Auslegung des Tatbestandes zu vereinbaren, dass der Bundesgerichtshof im Verhalten des Managers dem Grunde nach die Zufügung eines eigenständigen Nachteils erkannt hat.

Dies entspreche der verfassungsrechtlich unbedenklichen ständigen Rechtsprechung des Bundesgerichtshofs zur Schadensberechnung bei der Vereitelung von Gewinnaussichten[76].

Das Bundesverfassungsgericht hat damit klargestellt, dass weder die Summe an auslegungsbedürftigen Tatbestandsmerkmalen, noch die Schwierigkeit bei der Anwendung des Tatbestandes selbst eine Verfassungswidrigkeit begründen.

Der vom Reichsgericht verwendete Begriff „Rahmenvorschrift" ist deswegen unglücklich gewählt und vielleicht ist auch damals die Ausfüllung der Untreuevorschrift durch weitest mögliche Auslegung gemeint gewesen.

Denn es muss berücksichtigt werden, dass bei der Anwendung des Vermögensdelikts der Untreue, die man auch als die „allgemeine Wirtschaftsstrafrechtsnorm" bezeichnen könnte[77], wie bei kaum einem anderen Delikt, den dynamischen ökonomischen und wirtschaftspolitischen Entwicklungen und den immer komplizierter und undurchsichtiger werdenden Unternehmenskonzeptionen begegnet werden muss. Das Strafrecht muss hier, wie so häufig, der gesellschaftlichen Entwicklung in Wirtschaft und Politik hinterherlaufen. Immerhin stammt die heutige Fassung des ersten Absatzes der Untreue aus dem Jahre 1933.

Mit der Untreuekategorie „schwarze Kassen in Kapitalgesellschaften" ist ein weiteres Kapitel im Untreuestrafrecht aufgeschlagen. Wegen der Überzeugung der Rechtsprechung, der Unbestimmtheit der Norm mit Auslegung begegnen zu können, ist eine Reformierung des Gesetzestextes nicht zu erwarten. Es bleibt daher zu zeigen, wann die Grenze zur strafbaren Untreuehandlung durch die Bildung schwarzer Kassen klar überschritten wird, so dass eine Verurteilung erfolgen kann.

75 BVerfGE 126 170 (201).

76 BVerfGE 126 170 (201).

77 *Ransiek* ZStW 116 2004 634; *Matt* NJW 2005 389 (390): „Untreue passt immer".

III. Das geschützte Rechtsgut von § 266 StGB: Nur das Vermögen?

Von entscheidender Bedeutung für die Bewertung von schwarzen Kassen in Kapitalgesellschaften ist die Bestimmung des von § 266 StGB geschützten Rechtsguts.

Nur wenn feststeht, was von § 266 StGB geschützt wird, kann erarbeitet werden, welche Handlungen in Kapitalgesellschaften im Zusammenhang mit der Bildung schwarzer Kassen strafbar sein können.

Die Problematik der Bildung schwarzer Kassen überschneidet sich mit dem im Untreuerecht bekannten Themenfeld der „eigenmächtigen Mittelverwendung“[78]. Diese untreuerelevante eigenmächtige Mittelverwendung betrifft in erster Linie Fälle der öffentlichen Verwaltung. Hier geht es vornehmlich um pflichtwidrige Missachtung von haushaltsrechtlicher Zwecksetzung, insbesondere durch eigenmächtige Umleitung von Haushaltsmitteln.

Problematisch in diesem Bereich ist die strafrechtliche Bewertung dann, wenn der pflichtwidrige Einsatz von Haushaltsmitteln zwar im Widerspruch zum konkreten, vorgegebenen Verwendungszweck steht, der Einsatz der Mittel aber noch im allgemeinen Interesse des jeweiligen Vermögensträgers steht und den Zufluss eines wirtschaftlichen Äquivalents bewirkt hat.

Gerade im Bereich dieser sog. Haushaltsuntreue wird diskutiert, ob bloße Verstöße gegen haushaltsrechtliche Grundsätze ohne Vermögensschaden eine Untreuestrafbarkeit auslösen[79]. Voraussetzung hierfür wäre aber, dass die Untreue vor Angriffen auf die Dispositionsfreiheit schützt.

Der gleiche Gedankengang kommt auch bei der Bildung schwarzer Kassen zum Tragen, die nicht im Einverständnis des Vermögensinhabers errichtet wurden, wobei im Bereich der Kapitalgesellschaften wirtschaftliche Erwägungen weit mehr im Vordergrund stehen als in der öffentlichen Verwaltung. Wenn es durch die eigenmächtige Bildung einer schwarzen Kasse nicht zu einem feststellbaren wirtschaftlichen Schaden bzw. zu einer konkreten Vermögensgefährdung kommt, ist eine Strafbarkeit eines solchen Verhaltens nur denkbar, wenn die Untreue auch die Dispositionsfreiheit des Vermögensinhabers schützt.

Daher ist die Bestimmung des von § 266 StGB umfassten Schutzbereiches eine vorab zu klärende, weichenstellende Frage.

---

78 *Fischer* § 266 Rn 74.

79 BGHSt 40 287 (294); 6 455; wistra 1985 69 (71); *Schünemann* in LK § 266 Rn 230 f, 142; *Perron* in Schönke/Schröder § 266 Rn 44; *Kohlmann/Brauns*, Fehlleitung, 34; *Neye* NStZ 1981, 369; *Bienek* wistra 1998 249.

1. Geschichtlicher Hintergrund

Als *Untreue* wird das Verhalten einer Person bezeichnet, die einer moralischen und/oder rechtlichen Verpflichtung gegenüber jemandem zuwiderhandelt, ihm „die Treue bricht". Man kann nicht nur anderen gegenüber untreu werden, beispielsweise einem Liebhaber, der eigenen Firma, seinem Stammgeschäft oder Stammlokal, sondern auch sich selbst, seinen Prinzipien und Grundsätzen gegenüber[80].

Dieses allgemeine Verständnis von Untreue lag der früher von Teilen der Literatur vertretenen Rechtsauffassung zugrunde, die den Tatbestand der Untreue nach dem Strafgesetzbuch auch als Untreue gegen die Person verstand[81].

Diese Ansicht knüpfte an die Fassung der Untreue in § 266 StGB vom 15.05.1871 an, die Vormünder, Kuratoren, Güterpfleger, Sequester etc. mit Gefängnis bestrafte, wenn sie absichtlich zum Nachteil der ihrer Aufsicht anvertrauten Personen oder Sachen handelten[82].

Das Reichsgericht betonte allerdings bereits in einer Entscheidung aus dem Jahre 1887, dass unter dem Begriff „Nachteil" nur der vermögensrechtliche Nachteil zu verstehen sei und der Begriff nicht auf die Verletzung rein persönlicher Rechte und Interessen ausgedehnt werden könne[83].

Wegen der systematischen Stellung des Tatbestands – zwischen Betrug und Unterschlagung – bestand schon zu damaliger Zeit die allgemeine Ansicht, dass die Untreue allein dem Vermögensschutz diene[84].

Die Gegenansicht hat letztlich mit der Neufassung des Tatbestandes vom 26.05.1933 (RGBl. I 295) ihre Grundlage verloren, als die Norm ihren heutigen Wortlaut fand[85]. Der Kern dieser Fassung gilt bis heute.

Zur Zeit des Nationalsozialismus keimte der Gedanke wieder auf, die Untreue als „Verratstatbestand" zu begreifen. Dies sei der ausschlaggebende Gesichtspunkt, der Gedanke des Treubruchs. Es sei gerade eine Aufgabe einer nationalsozialistischen Strafrechtserneuerung, diesen einfachen und volkstümlichen Gedanken zur Geltung zu bringen[86].

---

80 Duden, Bedeutungswörterbuch, Stichwort: „untreu"; vgl. dazu auch das Verständnis in der Online-Enzyklopädie Wikipedia – Wortbedeutung „Untreue".

81 *Meyer, H.*, 724; *Rubo* § 266 Rn 4.

82 *Meyer, H.*, 724; *Rubo* § 266 Rn 4.

83 RGSt 16 77 (79).

84 *v. Liszt*, 472; *Berner*, 574; *Allfeld*, 486; *Binding*, BT I 396.

85 *Schünemann* in LK Einf. zu § 266.

86 *Dahm* in Gürtner BT S. 445, 449.

Dennoch vertrat die herrschende Meinung in Literatur und Rechtsprechung auch zu jener Zeit, dass die Untreue lediglich vor Vermögensschädigungen schütze und nicht auch andere Nachteile erfasse[87].

2. Das Schutzgut des § 266 in der heutigen Fassung

Nach heute absolut herrschender Auffassung in Rechtsprechung und Literatur schützt § 266 StGB allein das Vermögen[88].

Allerdings scheint diese Rechtsprechung durch die Entscheidung des Zweiten Strafsenats des BGH in der jüngsten Entscheidung zur „Siemens-Affäre" aus dem Jahre 2008 einen Rückschritt erfahren zu haben. Denn der Zweite Senat postulierte gerade im Zusammenhang mit der – bloßen – Bildung bzw. Aufrechterhaltung schwarzer Kassen im wirtschaftlichen Bereich, ohne nähere Begründung, dass zum Kern der geschützten Rechtsposition der Untreue die Möglichkeit gehöre, über das eigene Vermögen zu disponieren[89].

Zu Recht ist dieser Passus der Entscheidung in der Literatur kritisch aufgenommen worden[90]. Dass die wirtschaftliche Dispositionsfreiheit Schutzgut des § 266 StGB ist, ergibt sich weder aus dem Wortlaut der Norm noch aus den dazu ergangenen Gesetzesmaterialien. Die Konsequenz der Einbeziehung der Dispositionsfreiheit in den Schutzbereich der Untreue wäre, dass der bloße Verstoß gegen Treuepflichten eine Strafbarkeit nach § 266 StGB auslösen würde.

Vereinzelt findet diese Einschätzung auch in der Literatur Unterstützung.

So begründet zum Beispiel Hillenkamp, der ebenfalls der in Untreuefällen gefährdeten Dispositionsfreiheit des Vermögensinhabers Rechnung tragen will, seine Auffassung damit, dass das Opfer der Untreue durch die Auslieferung der Dispositionsmacht an den Täter in seiner Freiheit ungeschützter sei als

87 *Dahm* in Gürtner BT S. 445, 454.

88 RGSt 71 155 (158); BGHSt 47 293 (297); BVerfGE 126 170 (200); *Fischer* § 266 Rn 2; *Perron* in Schönke/Schröder § 266 Rn 1; *Schünemann* in LK § 266 Rn 23; *Krey/Hellmann* § 17 Rn 541; *Joecks* Studienkommentar § 266 Rn 2.

89 BGHSt 52 323 (326): *Reinhold* HRRS 2009 107 (109); *Lindemann* SR 2009 119 (120); *Hillenkamp* NStZ 1981, 161 (166); ähnlich bereits *Luthmann* NJW 1960, 419 (420), der das besondere Vertrauensverhältnis zwischen Täter und Rechtsgutsinhaber als Schutzobjekt des § 266 StGB ansieht.

90 *Bernsmann* GA 2009 296 (303); *Bosch* JA 2009 233 (235); *Knauer* NStZ 2009 151 (153); *Jahn* JuS 2009 173 (1759; *Marxen/Andrzejewski/Tegtmeier* Famos 02 2009 Nr. 107; a. A. *Schlösser* HRRS 2009 24, der der Dispositionsmöglichkeit einen wirtschaftlichen Wert beimisst und damit auch in der Beeinträchtigung der Dispositionsmöglichkeit einen Vermögensnachteil sieht.

beispielsweise beim Betrug und deshalb die im Innenverhältnis auferlegten Bindungen den Schadensbegriff auch stärker mitbestimmen sollten[91]. Durch § 266 StGB solle vor jeder eigenmächtigen Riskierung von Vermögenswerten Schutz gewährleistet werden, unabhängig vom Wert der entgegen der risikopolitischen Entscheidung aufgedrängten Gewinnchance. Damit solle bei der Untreue nicht nur das Vermögen, sondern auch zu einem größeren Stück als beim Betrug die Dispositionsfreiheit geschützt werden.

Zuzustimmen ist Hillenkamp insoweit, dass durch die Einschaltung eines Dritten, der auf das fremde Vermögen Zugriff und dieses Vermögen zu betreuen hat, die Gefahr der eigenmächtigen Mittelverwendung hoch ist und dies eine größere Gefahr darstellt als in Betrugsfällen.

Betrug und Untreue unterscheiden sich aber gerade dadurch voneinander. Der Betrug ist ein Selbstschädigungsdelikt, bei dem der Vermögensinhaber selbst oder ein in seinem Lager stehender Dritter über sein Vermögen verfügt. Dagegen ist die Untreue typischerweise ein Fremdschädigungsdelikt. Der Täter verfügt hier über fremdes Vermögen. Aufgrund der eingeräumten Macht über das fremde Vermögen besteht zweifelsohne das hohe Risiko der eigenmächtigen Verwendung des fremden Geldes.

Allerdings kann von dem Bestehen einer besonderen Gefahr nicht auf das geschützte Rechtsgut einer Norm geschlossen werden. Welches Rechtsgut von einem Tatbestand geschützt werden soll, wird vom Gesetzgeber bestimmt. Dass das Vermögen alleiniges geschütztes Rechtsgut von § 266 StGB ist, wird durch den Gesetzeswortlaut klar belegt, auch wenn das Gesetz expressis verbis den Ausdruck „Vermögensschaden" nicht verwendet, sondern nur einen „Nachteil" als Folge der Tathandlung postuliert. Dies ergibt sich gerade aus der Stellung des Täters des § 266 StGB, der eine besondere Vermögensbetreuungspflicht für das fremde Vermögen haben muss. Eine Einbeziehung der Dispositionsfreiheit des Treugebers in den Schutzbereich der Untreue muss daher abgelehnt werden. Eine derartige Ausuferung des Tatbestandes des § 266 StGB ist mit der ultima-ratio-Funktion des Strafrechts nicht zu vereinbaren.

Neben der Pflichtverletzung des Täters muss daher dem Vermögensinhaber ein konkreter Vermögensnachteil entstehen.

Ohne Vermögensnachteil gibt es keine Strafbarkeit nach § 266 StGB.

Bleibt z. B. durch die Riskierung des fremden Vermögens ein Vermögensnachteil aus, etwa weil dem Vermögensinhaber unmittelbar ein Vermögensvorteil zugeflossen ist, kommt eine Strafbarkeit wegen Untreue nicht in Betracht,

91 *Hillenkamp* NStZ 1981 161 (166), dort auch zum folgenden Text.

auch wenn der Täter eigenmächtig gegen Vorgaben des Treugebers verstoßen hat.

Im Ergebnis mag auch nach der hier vertretenen Ansicht die Dispositionsfreiheit des Vermögensinhabers durch die Untreue durchaus mitgeschützt werden. Die von Hillenkamp verwandte Denkweise – vom Ergebnis auf das geschützte Rechtsgut zu schließen – ist jedoch verquer. Die Bestimmung des geschützten Rechtsguts muss vor der strafrechtlichen Bewertung eines Sachverhalts erfolgen. Denn das Rechtsgut einer Strafrechtsnorm bestimmt ja gerade, ob ein Verhalten strafrechtlich relevant ist oder nicht.

Zum anderen überzeugt der Ansatz deshalb nicht, weil er in Übertragung auf andere Normen des Strafgesetzbuches versagt. Im Ergebnis wird auch in den meisten Fällen das Vermögen des Eigentümers durch den Diebstahlstatbestand des § 242 StGB „geschützt", dennoch bezweifelt niemand ernsthaft, dass § 242 StGB allein das Eigentum und nicht das Vermögen schützt[92].

Teilweise wird zudem im juristischen Schrifttum die Auffassung vertreten, dass neben dem Vermögen auch das Vertrauen in die Redlichkeit des Rechts- und Wirtschaftsverkehrs durch § 266 StGB geschützt wird[93].

Dagegen spricht jedoch, dass die Untreue eine Verletzung der Vermögensbetreuungspflicht gegenüber dem Geschäftsherrn verlangt. Es geht bei der Untreue um Schädigungen im Innenverhältnis zwischen Vermögensbetreuungspflichtigen und Vermögensinhaber, nicht aber um Pflichtverletzungen außerhalb dieser Beziehung. Geschütztes Rechtsgut der Untreue ist daher allein das fremder Hand anvertraute Vermögen.

Da § 266 StGB ein reines Vermögensdelikt ist, ist bei der Bewertung der Bildung schwarzer Kassen in Kapitalgesellschaften darauf zu achten, dass nur solche Handlungen für die Strafbarkeit relevant sind, die einen schädigenden Vermögensbezug aufweisen. Der bloße Verstoß gegen gesellschaftsrechtliche oder vertragliche Vorgaben durch Geschäftsführer oder Vorstandsmitglieder kann und darf keine Untreuestrafbarkeit auslösen. Bewirkt die Bildung einer schwarzen Kasse keinen Vermögensnachteil, kommt eine Strafbarkeit nach § 266 StGB nicht in Frage.

---

92 BGHSt 10 400 (401); 29 319 (323); *Eser/Bosch* in Schönke/Schröder § 242 Rn 1/ 2; *Hoyer* in SK § 242 Rn 1; *Kindhäuser* in NK § 242 Rn 1; *Rengier* BT 1, § 2 Rn 1; *Fischer* § 242 Rn 2; *Hamm* NJW 1964 1427.

93 *Dunkel*, Vermögensbetreuungspflicht, 41, 109, 169; *ders.* GA 1977 329 (334); *D. Meyer* MDR 1971 893 (894).

IV. Die Tathandlung der Untreue: Die Pflichtverletzung

Obwohl die Untreue zwei Tatbestandsalternativen enthält, kann man Untreue gemeinhin als die Schädigung fremden Vermögens von innen heraus bezeichnen, sei es durch rechtswidrigen Gebrauch einer rechtsgeschäftlichen Machtstellung, sei es durch zweckwidrigen Gebrauch einer fremdnützig anvertrauten Obhutsherrschaft[94].

1. Einordnung der schwarzen Kassen in eine Tatbestandsalternative des § 266 StGB – Missbrauch oder Treubruch?

Im ersten Absatz des § 266 StGB sind die zwei Tatbestandsalternativen normiert: der Missbrauchstatbestand und der Treubruchtatbestand.

Während die 1. Alternative das Vermögen vor den Gefahren schützt, die sich aus der Einräumung von Dispositionsbefugnissen im Außenverhältnis ergeben, betrifft die 2. Alternative die Risiken, die aus der Gewährung von Dispositionsbefugnissen im Innenverhältnis resultieren[95].

Nach der Tatbestandsvariante des Missbrauchs macht sich strafbar, wer seine durch Gesetz, behördlichen Auftrag oder Rechtsgeschäft eingeräumte Befugnis, über fremdes Vermögen zu verfügen oder einen anderen zu verpflichten, missbraucht. Der Missbrauchstatbestand dient dem Schutz des Vermögens in Rechtsbeziehungen, die dem Täter ein rechtliches Können gewähren, das über das rechtliche Dürfen hinausgeht[96]. Tathandlung des Missbrauchstatbestandes ist daher der Missbrauch einer Verpflichtungs- oder Verfügungsbefugnis. Diese Befugnis ist die Rechtsmacht, in wirksamer Weise über Vermögensrechte eines anderen durch Übertragung, Aufhebung, Belastung oder Änderung zu verfügen oder ihn gegenüber Dritten wirksam zu solchen Verfügungen zu verpflichten[97]. Tatbestandlich sind deshalb der Abschluss solcher Rechtsgeschäfte oder die Vornahme hoheitlicher Handlungen, die gerade aufgrund der dem Täter eingeräumten Befugnis im Außenverhältnis gegenüber dem Vollmachtgeber Wirksamkeit erlangt haben, die dem Täter aber im Innenverhältnis nicht erlaubt waren.

---

94 *Schünemann* in LK § 266 Rn 1.

95 BGH NJW 1984 2539; *Perron* in Schönke/Schröder § 266 Rn 2; *Thomas* in Anwaltshandbuch § 17 Rn 8.

96 BGHSt 5 60 (63); *Fischer* § 266 Rn 9; *Perron* in Schönke/Schröder § 266 Rn 18; MünchKommStGB/*Dierlamm* § 266 Rn 23; *Schünemann* in LK § 266 Rn 46.

97 *Fischer* § 266 Rn 10; *Perron* in Schönke/Schröder § 266 Rn 18; MünchKomm StGB/*Dierlamm* § 266 Rn 23.

Der Treubruchtatbestand bildet die 2. Alternative des § 266 StGB. Danach macht sich derjenige strafbar, der die ihm kraft Gesetzes, behördlichen Auftrags, Rechtsgeschäfts oder eines sonstigen Treueverhältnisses obliegende Pflicht, fremde Vermögensinteressen wahrzunehmen, verletzt.

Soweit die Treubruchvariante des § 266 StGB auf eine Rechtsbeziehung kraft Gesetzes, behördlichen Auftrags oder Rechtsgeschäfts Bezug nimmt, ergeben sich im Verhältnis zur Missbrauchsvariante, die diese Rechtsbeziehungen ebenfalls aufzählt, keine Unterschiede[98]. Allerdings erfasst der Treubruchtatbestand auch alle Personen, die keine Rechtsmacht nach außen besitzen, sowie rein tatsächlich zur Vermögensfürsorge verpflichtete Personen[99]. Damit knüpft die zweite Variante des Tatbestandes nicht an die formale Stellung des Täters zu dem betroffenen Vermögen, sondern an seine tatsächliche Einwirkungsmacht an, wenn dieser ein besonders schützenswertes Vertrauen in die Wahrnehmung fremder Vermögensinteressen zugrunde liegt.

Seit jeher ist das Verhältnis der beiden Varianten der Untreue umstritten[100]. Damit einher geht die Frage, ob der Missbrauchstatbestand wie der Treubruchtatbestand eine Vermögensbetreuungspflicht des Täters verlangt.

Der Streit entzündet sich an der Interpretation der Tatbestandswendung *„und dadurch dem, dessen Vermögensinteressen er zu betreuen hat“*, die für beide Varianten gilt[101].

Rechtsprechung und herrschende Meinung in der Literatur gehen davon aus, dass der Missbrauchstatbestand nur ein „ausgestanzter Spezialfall“ des Treubruchtatbestands ist, und sehen als gemeinsamen Unrechtskern die Verletzung einer für beide Tatbestandsvarianten identischen Pflicht zur fremdnützigen Vermögensbetreuung an[102]. Sowohl die Treubruch- als auch die Missbrauchsvariante setzen nach dieser Meinung eine Vermögensbetreuungspflicht des Täters voraus.

---

98 *Schünemann* in LK § 266 Rn 60; *Perron* in Schönke/Schröder § 266 Rn 30; *Fischer* § 266 Rn 30.

99 *Fischer* § 266 Rn 33; *Perron* in Schönke/Schröder § 266 Rn 30.

100 Umfassend zum Meinungsstreit MünchKommStGB/*Dierlamm* § 266 Rn 24 ff., der den Streit bis in das 19 Jahrhundert zurückführt; *Schünemann* in LK § 266 Rn 7 ff. m. w. N.

101 Dieses Merkmal wurde durch die Novelle vom 26.5.1933 (RGBl. S. 295) eingeführt und sollte Klarheit über die Tatbestandsstruktur und das Wesen der Untreue schaffen und den bis dahin bestehenden Streit in der Lehre beenden, vgl. dazu MünchKommStGB/*Dierlamm* § 266 Rn 15.

102 BGHSt 24 386 (387); 33 244 (250); *Schmidhäuser* BT 133; *Arzt/Weber* BT 22/68; *Lackner/Kühl* § 266 Rn 21; *Wessels/Hillenkamp* Rn 749; *Krey/Hellmann* BT/2 § 17

Andere in der Rechtslehre wollen in den beiden Alternativen der Untreue zwei selbstständige Tatbestände sehen[103].

Der Kern sowohl des Missbrauchs- als auch des Treubruchtatbestandes ist allerdings auch nach ihrer Ansicht identisch, eine Verletzung der zugrunde liegenden Vermögensbetreuungspflicht, kurz: die *Pflichtverletzung*.

Die Unterscheidung von Missbrauchs- und Treubruchtatbestand hat daher nur formale Bedeutung, spätestens seitdem nahezu einhellig vertreten wird, dass für die Verwirklichung der Untreue sowohl in der Form des Treubruchs- als auch in der Form des Missbrauchstatbestands das Vorliegen einer Vermögensbetreuungspflicht Voraussetzung ist[104].

Die Differenzierung der beiden Alternativen spielt daher in der Praxis keine Rolle mehr und wird häufig offen gelassen[105], da die Verwirklichung der Tatvarianten im Wesentlichen davon abhängt, ob ein schädigendes Verhalten zivilrechtlich wirksam ist oder nicht.

Die Aufklärung dieser zivilrechtlichen (Vor-)Frage ist regelmäßig mit tatsächlichen Schwierigkeiten verbunden, zum Teil auch rechtlich problematisch. Aus prozessökonomischen Gründen beschränken sich die Strafgerichte in der Praxis daher in der Regel auf die entscheidende Frage, ob das vorgeworfene Verhalten eine pflichtwidrige Treuepflichtverletzung darstellt, die den gemeinsamen Nenner von Missbrauchs- und Treubruchtatbestand bildet.

Diese Vorgehensweise wird unter Hinweis darauf, dass der Angeklagte aus *rechtsstaatlichen Gründen* ein Recht habe, zu wissen, welche Alternative ihm zur

---

Rn 542; *Maurach/Schröder/Maiwald* 45/I, Rn 9; MünchKommStGB/*Dierlamm* § 266 Rn 31; *Küper*, 368.

103 *Rengier* BT 1 § 18 Rn 1; *Perron* in Schönke/Schröder § 266 Rn 2; *Schünemann* in LK § 266 Rn 25 (der lediglich von Überschneidungen der beiden Tatbestände in einigen Fällen ausgeht); *Labsch*, Untreue, 83 ff., 170 ff.; *ders.* in Jura 1987 343 (345); *Wegenast*, Missbrauch 60 ff.; Otto JR 1985 29 (30).

104 BGHSt 24 386 (387); 33 244 (250); 35 224 (227); *Lackner/Kühl* § 266 Rn 4; *Fischer* § 266 Rn 6.

105 BGH NStZ 2006 214: *„Dabei kann offen bleiben, welche der beiden Tatbestandsvarianten des § 266 Abs. 1 StGB – Missbrauchs- oder Treubruchstatbestand – verwirklicht worden ist, was davon abhängt, ob die Zuwendungen zivilrechtlich wirksam sind oder nicht (vgl. Lenckner/Perron in Schönke/Schröder, 25. Aufl. § 266 Rdn. 17 m. w. N.). Denn die verletzte Pflicht zur Betreuung fremden Vermögens ist für beide Tatbestandsalternativen identisch; der Missbrauchstatbestand ist lediglich ein Spezialfall des umfassenderen Treubruchstatbestandes (vgl. BGHSt 24, 386, 387 f.; 47, 187, 192; BGH NJW 1984, 2539, 2540);* BGHSt 47 187 (192).

Last gelegt werde, in der Literatur kritisiert[106]. Die prozessökonomische Vorgehensweise der Gerichte widerspreche der richterlichen Konkretisierungspflicht, so dass eine Notwendigkeit konkreter Abschichtung bestehe[107].

Ein derartiger Anspruch des Angeklagten ist aber vom Gesetzgeber gerade nicht vorgesehen. Bedenkt man, dass den Strafgerichten sogar die Möglichkeit der Wahlfeststellung offen steht, mit der zum einen rechtlicher Unsicherheit und zum anderen sogar einer tatsächlichen Unsicherheit durch alternative Verurteilung begegnet werden kann, wird deutlich, dass der Gesetzgeber gerade nicht davon ausgeht, dass der Angeklagte einen Anspruch auf eindeutige Verurteilung nach einer bestimmten Tatbestandsalternative hat. Darüber hinaus haben Staatsanwaltschaften und Strafgerichte über die Beschränkung der Strafverfolgung nach § 154 a StPO sogar die Möglichkeit, die Verfolgung der Tat auf bestimmte Straftatbestände zu beschränken, ohne dass dies von der Zustimmung des Verfolgten abhängt. Der Angeklagte hat damit auch kein Recht auf Ausurteilung einer bestimmten Straftatbestandsalternative, wenn es sich wie bei den Alternativen des Untreuetatbestandes um den gleichen Tathandlungsvorwurf handelt. Der Angeklagte hat lediglich einen Anspruch darauf, zu wissen, ob eine bestimmte Tat im prozessualen Sinne – also ein angeklagter Lebenssachverhalt – einen bestimmten gesetzlichen Straftatbestand erfüllt oder nicht.

Nur da, wo alternative Tatbestandsverwirklichungen einen unterschiedlichen Unrechts- und Unwertgehalt haben – wie z. B. bei den Regelbeispielen des § 243 StGB im Verhältnis zum Grundtatbestand des § 242 StGB – und davon auch Art und Umfang der Sanktionen abhängen können, hat der Täter auch ein Recht zu wissen, welche der gesetzlichen Handlungsalternativen das Gericht als erfüllt ansieht.

Bei den Varianten der Untreue kann jedoch ein solches Stufenverhältnis nicht erblickt werden; der Unrechtsgehalt und das Unwerturteil sind in beiden Tatbestandsvarianten gleich. Eine Verurteilung nach der einen oder der anderen Tatvariante des § 266 StGB spielt demnach auch für die Strafzumessung keine Rolle.

Der insoweit undifferenzierte Umgang der Gerichtspraxis mit Missbrauchs- und Treubruchtatbestand begegnet damit keinen durchgreifenden Bedenken.

Ob die Bildung schwarzer Kassen oder die anschließende Verwendung der Gelder den Missbrauchs- oder Treubruchtatbestand erfüllt, ist grundsätzlich

---

106 *Seier* in Achenbach/Ransiek V 2 Rn 40; *Strelczyk*, Schwarze Kassen, 20; *Schünemann* in LK § 266 Rn 27, der aber Missbrauchs- und Treubruchstatbestand als unterschiedliche Tatbestände versteht.

107 *Seier* in Achenbach/Ransiek V 2 Rn 40.

eine Frage des Einzelfalls und insbesondere davon abhängig, wie der Täter die schwarze Kasse einrichtet[108].

In Kapitalgesellschaften verfügen die Einrichter schwarzer Kassen in der Regel über die Befugnis, im Sinne der ersten Alternative des § 266 StGB in wirksamer Weise über Vermögensrechte eines anderen durch Übertragung, Aufhebung, Belastung oder Änderung zu verfügen oder ihn gegenüber Dritten wirksam zu solchen Verfügungen zu verpflichten[109].

Schwarze Kassen werden meist von den verantwortlichen Organen bzw. Angestellten in leitender Funktion (mit Prokura) in den Gesellschaften gebildet, da sie eher als ein untergeordneter Angestellter auch die tatsächliche Möglichkeit haben, größere Summen des Gesellschaftsvermögens unentdeckt zu verschieben.

So kommt bei der Gesellschaft mit beschränkter Haftung (GmbH) in der Regel der alleinvertretungsberechtigte Geschäftsführer als Täter beider Tatvarianten des § 266 StGB in Betracht[110]. Er hat eine durch Rechtsgeschäft begründete Verfügungs- und Verpflichtungsbefugnis i. S. v. § 266 StGB, deren Umfang gesetzlich geregelt (§§ 6, 35 GmbHG) und die nach außen nicht beschränkbar ist (§ 37 II GmbHG).

Der Geschäftsführer einer GmbH hat darüber hinaus eine Vermögensbetreuungspflicht gegenüber der GmbH inne[111]. Die qualifizierte Vermögensfürsorgepflicht ergibt sich aus § 43 GmbHG, der die Haftung und den Haftungsmaßstab bestimmt[112]. Der GmbH-Geschäftsführer hat grundsätzlich sämtliche Angelegenheiten der GmbH zu besorgen, also auch solche von erheblichem Gewicht. Er kann grundsätzlich alle Geschäfte – ob von einfacher oder wesentlicher Bedeutung – für die GmbH rechtswirksam abschließen[113].

---

108 *Strelczyk*, Schwarze Kassen, S. 25; *Rönnau* in Tiedemann-FS, 713 (717).

109 *Fischer* § 266 Rn 10; *Maurach/Schroeder/Maiwald* BT 1 § 45 Rn 13.

110 BGH NStZ 1998 192 (193); BGHR StGB § 266 Abs. 1 Treubruch 2; *Perron* in Schönke/Schröder § 266 Rn 25; *Schünemann* in LK § 266 Rn 125; *Schaal* in Rowedder/Schmidt-Leithoff GmbHG vor § 82 Rn 10; *Müller-Christmann/Schnauder* Jus 1998 1080 (1082); Schäfer GmbHR 1993 780 (787); *Seier* in Achenbach/Ransiek V 2 Rn 311; *Fischer* § 266 Rn 36; MünchKommStGB/*Dierlamm* § 266 Rn 92.

111 BGH NStZ 1998 192 (193); BGHR StGB § 266 Abs. 1 Treubruch 2; *Perron* in Schönke/Schröder § 266 Rn 25; *Schünemann* in LK § 266 Rn 125; *Schaal* in Rowedder/Schmidt-Leithoff vor § 82 Rn 10; *Müller-Christmann/Schnauder* Jus 1998 1080 (1082); Schäfer GmbHR 1993 780 (787); *Seier* in Achenbach/Ransiek V 2 Rn 311; *Fischer* § 266 Rn 36; MünchKommStGB/*Dierlamm* § 266 Rn 92.

112 Vgl. § 43 I GmbHG: *„Die Geschäftsführer haben in Angelegenheiten der Gesellschaft die Sorgfalt eines ordentlichen Geschäftsmannes anzuwenden."*

113 *Müller-Gugenberger/Bieneck* § 31 Rn 25 ff.

Vergleichbares gilt für die Aktiengesellschaft (AG).

Bei ihr obliegt dem Vorstand die Geschäftsführung und die Vertretung des Unternehmens nach innen und außen (§§ 76–94 AktG).

Der Vorstand, der aus mehreren Mitgliedern bestehen kann, leitet die Gesellschaft in eigener Verantwortung (§ 76 I AktG). Dies unterscheidet ihn von den Geschäftsführern einer GmbH, die den Weisungen der Gesellschafterversammlung unterliegen. Die Geschäftsführung fällt vollständig und ausschließlich in die Verantwortlichkeit des Vorstandes.

Die Vorstandsmitglieder einer Aktiengesellschaft haben darüber hinaus gegenüber der Gesellschaft eine Vermögensbetreuungspflicht[114].

Mit der – weisungsfreien – eigenverantwortlichen Leitung der Gesellschaft durch den Vorstand (§ 76 I AktG) geht die umfassende Entscheidungskompetenz des Vorstands einher, woraus sich auch das für den Treubruchtatbestand erforderliche Treueverhältnis ergibt[115].

Zudem kommt für den Vorstand auch eine Strafbarkeit nach der Missbrauchsalternative in Betracht.

Der Vorstand ist gem. §§ 78 I, 82 I AktG das vertretungsberechtigte Organ der Aktiengesellschaft im Außenverhältnis. Er ist damit berechtigt, über das Vermögen der AG im Rechtsverkehr zu verfügen und die AG zu verpflichten. Die gesellschaftsrechtlichen internen Verpflichtungen ergeben sich wiederum aus § 90 AktG und aus § 93 AktG, der besagt, dass der Vorstand bei der Leitung der Aktiengesellschaft die Sorgfalt eines ordentlichen Kaufmannes einzuhalten hat.

Für das einzelne Vorstandsmitglied kommt eine Strafbarkeit nach dem Missbrauchstatbestand allerdings nur dann in Betracht, wenn er die Einzelvertretungsbefugnis besitzt, da nur dann eine wirksame Verpflichtung der AG durch es alleine möglich ist[116]. Im gesetzlich vorgesehenen Normalfall der Gesamtvertretung (§ 78 II 1 AktG) können die Mitglieder des Vorstandes nur durch gemeinschaftliches rechtsgeschäftliches Handeln den Missbrauchstatbestand verwirklichen.

Auch die Mitglieder des Aufsichtsrates einer AG können Täter nach § 266 StGB sein.

Der Aufsichtsrat der AG kontrolliert den Vorstand (§§ 95–116 AktG). Er hat dessen Geschäftsführung zu überwachen (§ 111 AktG) und vertritt die Gesellschaft

---

114 *Fischer* § 266 Rn 36; BGHSt 47 187 (192); *Müller-Gugenberger/Bienek* § 31 Rn 96; MünchKommStGB/*Dierlamm* § 266 Rn 95; *Perron* in Schönke/Schröder § 266 Rn 25; *Schünemann* in LK § 266 Rn 126.

115 *Seier* in Achenbach/Ransiek V 2 Rn 226; *Schramm*, Untreue und Konsens, 132.

116 *Schramm*, Untreue und Konsens, S. 133.

gegenüber den Vorstandsmitgliedern (§ 112 AktG). Er besitzt sowohl eine Beratungs- als auch eine Kontrollfunktion.

Für die Mitglieder des Aufsichtsrats kommt in der Regel nur eine Strafbarkeit nach dem Treubruchtatbestand in Betracht, wenn sie pflichtwidrige, das Vermögen der Gesellschaft schädigende Maßnahmen von Vorstandsmitgliedern unterstützen. Aus der Rolle des Aufsichtsrats als Kontrollorgan resultiert die Fürsorge- und Betreuungspflicht seiner Mitglieder für das Vermögen der Gesellschaft[117].

Diese ergibt sich unter Zugrundelegung von § 111 AktG daraus, dass der Aufsichtsrat gem. § 116 i. V. m. § 93 AktG verpflichtet ist, die ihm kraft Gesetzes und Satzung übertragenen Aufgaben mit der Sorgfalt eines ordentlichen Überwachers und Beraters wahrzunehmen[118].

Eine Strafbarkeit nach dem Missbrauchstatbestand kommt für die Mitglieder des Aufsichtsrats nur in den Fällen in Betracht, in denen sie in ihrer Rolle als Vertreter der Gesellschaft gegenüber dem Vorstand z.B. in Vertragsangelegenheiten auftreten (§ 112 AktG).

Denn der Aufsichtsrat hat die ausschließliche Vertretungsmacht bei allen Rechtsgeschäften mit den Vorstandsmitgliedern und bei Rechtsstreitigkeiten jeder Art einschließlich der Verfolgung von Ersatzansprüchen gegen Vorstandsmitglieder[119] und kann daher die Gesellschaft im Verhältnis zu den Vorstandsmitgliedern – gegebenenfalls mit Schaden – binden.

Die dritte deutsche Kapitalgesellschaft, die Kommanditgesellschaft auf Aktien (KGaA), ist eine Mischform aus Personen- und Kapitalgesellschaft. Sie kommt in der Wirtschaftspraxis nur äußerst selten vor[120]. Die KGaA hat keinen Vorstand. Die Geschäftsführung und Vertretung der Gesellschaft obliegt den persönlich haftenden Komplementären und richtet sich gem. § 278 II AktG nach den Vorschriften der §§ 114 bis 118 HGB i. V. m. § 161 II HGB, so dass diese auch grundsätzlich den Missbrauchstatbestand des § 266 StGB erfüllen können.

Denn gem. § 125 I HGB ist grundsätzlich Einzelvertretung vorgesehen. Wenn nach § 125 II HGB Gesamtvertretung durch Satzung eingeführt worden ist, können die Komplementäre nur bei Zusammenwirken gemeinsam Täter des Missbrauchstatbestandes sein.

---

117 *Fischer* § 266 Rn 36; MünchKommStGB/*Dierlamm* § 266 Rn 79; *Kindhäuser* in NK § 266 Rn 57.

118 *Müller-Gugenberger/Bienek* § 31 Rn 121 a.

119 *Hüffer* AktG § 112 Rn 3.

120 z.B. die Lizenzspielerabteilung des Fußballbundesligavereins Borussia Dortmund GmbH& Co KGaA.

Die Vertretungsmacht ist nach außen gänzlich unbeschränkt (§ 126 I HGB), die Geschäftsführungsbefugnis im Innenverhältnis kann aber beschränkt werden[121].

Wie die Aktiengesellschaft muss auch die KGaA einen Aufsichtsrat haben, auf den die Normen für den Aufsichtsrat der Aktiengesellschaft entsprechend anzuwenden sind[122]. Der Aufsichtsrat der KGaA hat dementsprechend eine Kontroll- und Überwachungsfunktion gegenüber den Komplementären inne.

Ihm kommt nur in Einzelfällen eine Vertretungsfunktion für die Gesellschaft zu, etwa bei Rechtsgeschäften mit den Komplementären oder bei Rechtsstreitigkeiten der Gesamtheit der Kommanditaktionäre mit den Komplementären (§ 287 II AktG)[123].

Somit sind die Mitglieder des Aufsichtsrats wie in der Aktiengesellschaft nur im Einzelfall taugliche Täter der Missbrauchsvariante des § 266 StGB.

Nachdem nun der potentielle Täterkreis der Untreue bei Kapitalgesellschaften abgesteckt ist, ist abzuklären, ob durch die Einrichtung oder Unterhaltung einer schwarzen Kasse nun der Missbrauchs- oder der Treubruchtatbestand des § 266 StGB verwirklicht wird.

Dies hängt zunächst entscheidend von der Art und Weise der Einrichtung der Kasse ab.

In der Regel wird sich die Einrichtung und Unterhaltung einer schwarzen Kasse wohl lediglich als Treubruch qualifizieren lassen[124].

Die Missbrauchsvariante kommt zwar grundsätzlich in Betracht, wenn der Täter mit Verfügungsbefugnis ein schwarzes Konto zugunsten der Gesellschaft anlegt, eine Stiftung gründet oder einen Treuhänder für die schwarze Kasse verpflichtet[125]. Aber auch in diesen Fällen kommt lediglich die Treubruchvariante in Betracht, wenn sich die den Dispositionen zugrunde liegenden Rechtsgeschäfte als unwirksam darstellen, was insbesondere dann der Fall ist, wenn der Täter

---

121 *Hüffer* AktG § 278 Rn 14, 11.

122 *Hüffer* AktG Rn 278 Rn 15.

123 *Hüffer* AktG § 278 Rn 15.

124 BGHSt 52 323; LG Darmstadt in BeckRS 2007 16611; *Müller-Gugenberger/Bieneck* § 31 Rn 143; a. A.: *Rönnau* in Tiedemann-FS, 713 (716), der wegen der Vertretungsbefugnis der Einrichter der Kassen in der Regel die Missbrauchsvariante als erfüllt ansieht.

125 *Weimann,* Schwarze Kassen, 47 ff.; *Strelczyk*, Schwarze Kassen, 26, mit weiteren Beispielen.

gerade mit diesen Dispositionen – wie so häufig – seine Vertretungsmacht überschreitet[126].

Da es daher stark vom Einzelfall abhängt, ob der Täter die Missbrauchs- oder Treubruchsvariante durch Bildung und/oder Unterhaltung einer schwarzen Kasse erfüllt, soll sich die Untersuchung auf den Kern des Problems beschränken, nämlich ob die Bildung/Unterhaltung schwarzer Kassen eine Pflichtwidrigkeit i. S. d. § 266 StGB darstellt.

2. Verletzung der Vermögensbetreuungspflicht – die Pflichtwidrigkeit als Unrechtskern der Untreue

Nach Rechtsprechung und herrschender Lehre setzt der Missbrauchstatbestand wie der Treubruchtatbestand voraus, dass der Befugnisinhaber eine Vermögensbetreuungspflicht hat, das heißt, dass er die Pflicht hat, die Vermögensinteressen desjenigen zu betreuen, über dessen Vermögen ihm Rechtsmacht eingeräumt ist[127]. Die Pflicht zur Betreuung fremden Vermögens muss sich nach Maßgabe des Innenverhältnisses als „wesentliche Pflicht" darstellen[128]. Die inhaltlichen Anforderungen gleichen denen der Fürsorgepflicht des Treubruchtatbestandes.

An die Vermögensbetreuungspflicht sind strenge Anforderungen zu stellen. Diese enge Auslegung resultiert aus den allgemein bestehenden Bedenken, dass die weite Fassung des Treubruchtatbestands an die Grenzen der unzulässigen Unbestimmtheit reicht. Die herrschende Meinung sieht den weiten Wortlaut der Untreue, namentlich des Treubruchtatbestandes, dann als verfassungsrechtlich unbedenklich an, wenn die Vermögensbetreuungspflicht als eine besonders qualifizierte Pflichtenstellung zu dem fremden Vermögen beschränkt wird, welche über allgemeine vertragliche Sorgfalts- und Rücksichtnahmepflichten ebenso wie über eine allein tatsächliche Einwirkungsmöglichkeit deutlich hinausgeht[129].

Die nachfolgende Untersuchung beschränkt sich nun auf die Vermögensbetreuungspflichtigen, also die handelnden Personen in der Kapitalgesellschaft[130].

---

126 *Strelczyk*, Schwarze Kassen, 26; *Weimann*, Schwarze Kassen, 47.

127 BGHSt 24 386 (387); 33 244 (250); 35 224 (227); *Lackner/Kühl* § 266 Rn 4; *Fischer* § 266 Rn 6 ff.; *Wessels/Hillenkamp* Rn 752.

128 BGHSt 1 188 (189); 5 61 (64); 5 187 (188); 22 190 (191); 33 244 (250); *Fischer* § 266 Rn 18; *Kindhäuser* in NK § 266 Rn 33; *Wessels/Hillenkamp* Rn 752.

129 BGHSt 33 244 (251); *Schünemann* in LK 57 ff.; *Perron* in Schönke/Schröder § 266 Rn 23.

130 In der Regel werden schwarze Kassen in Kapitalgesellschaften ohnehin nur von Organen und Unternehmensangehörigen angelegt, die vermögensbetreuungspflichtig sind, s. o.; im Einzelnen stark umstritten ist insbesondere eine Vermögensbetreuungspflicht

Eine Auseinandersetzung mit den einzelnen Vermögensbetreuungspflichten der Handelnden in Kapitalgesellschaften würde, soweit sie den Bereich der schwarzen Kassen verlassen, den Rahmen der Untersuchung sprengen.

3. Ansätze der Rechtsprechung und Literatur zur Pflichtwidrigkeit bei Einrichtung und Verwaltung schwarzer Kassen

Rechtsprechung und Literatur konzentrieren sich bei der Bewertung schwarzer Kassen im Rahmen der Untreue im Wesentlichen auf die Feststellung des Vermögensnachteils.

Die Pflichtwidrigkeit des Handelns bei ihrer Einrichtung und Verwaltung wird i. d. R. nur marginal behandelt und bewertet, zum Teil sogar ohne Begründung einfach feststellend bejaht[131].

Zunächst sollen die Beiträge von Rechtsprechung und Literatur zur Pflichtwidrigkeit von Bildung/Unterhaltung und Verwendung schwarzer Kassen gesammelt und dargestellt werden. Dabei sollen Ansätze, die zur Bestimmung der

---

einzelner Gesellschafter in einer GmbH sowie die Vermögensbetreuungspflicht der einzelnen Gesellschaften untereinander in einem Konzern; siehe dazu die Bremer-Vulkan-Entscheidung wistra 2002 58: Seit dieser Entscheidung ist klargestellt, dass durch die verschiedenen im Konzern bestehenden Vermögensbetreuungspflichten, Vermögensverschiebungen innerhalb eines Konzerns strafrechtlich relevant sein können. Deshalb ist es grundsätzlich möglich, auch innerhalb eines Konzerns eine strafrechtlich relevante „schwarze Kasse" anzulegen. Diese Möglichkeit eröffnet das grundsätzlich rechtlich zulässige System „Cash Management" bzw. „Cash Pooling": Mehrere Unternehmen, zumeist eine Muttergesellschaft und ihre abhängigen Tochtergesellschaften, führen ihre gesamte Liquidität auf einem Master Account zusammen, um so die Liquidität aller Unternehmen zentral, kostengünstig und wirtschaftlich verwalten zu können. Gesellschaften, deren Konten im Minus sind, erhalten von dem Master Account einen Ausgleich und müssen so keine teuren Fremdkredite aufnehmen. Der Master Account wird von der Muttergesellschaft geführt oder bei der ausgelagerten Treasury. Selbstverständlich ist das eingezahlte Geld für die Gesellschaften nicht verloren, an die Stelle des bisherigen Auszahlungsanspruchs gegen die Bank (Konto) tritt ein Rückzahlungsanspruch gegen die Muttergesellschaft bzw. gegen die Treasury. Der Rückzahlungsanspruch kann jedoch erst bei Austritt aus dem Cash-Pooling-System geltend gemacht werden.

131 RGSt 71 155 (157); BGH GA 1956 121 (122); GA 1956 154 (155); NStZ 1986 455 (456); *Strelczyk*, schwarze Kassen,S. 31; *Kohlmann/Brauns,* Fehlleitung, S. 94; *Bienek* wistra 1998 249; *Bosch* JA 2009 233; a. A.: *Bernsmann* GA 2009 296 ff.; *Rönnau* in Tiedemann-FS, 713 (716), die sich für die Notwendigkeit einer genauen Untersuchung der Pflichtwidrigkeit in der Privatwirtschaft aussprechen.

untreuespezifischen Pflichtwidrigkeit im Bereich schwarzer Kassen in der Privatwirtschaft von vornherein untauglich sind, ausgeschieden werden.

Die einschlägigen Ansätze sollen sodann mit Blick auf die Problematik der Gesellschaftsuntreue untersucht und bewertet werden.

a) Rechtsprechung und Literatur zur Pflichtwidrigkeit im öffentlichen Bereich

Die Problematik der Bildung schwarzer Kassen im öffentlichen Bereich ist in Rechtsprechung und Literatur weit mehr erforscht als die der schwarzen Kassen im privaten Bereich.

Herrschende Rechtsprechung und Literatur sehen die Bildung und Unterhaltung schwarzer Kassen im öffentlichen Bereich zutreffend als eine Verletzung der Vermögensbetreuungspflicht i. S. d. § 266 StGB an[132].

Lediglich nach Auffassung von Sax fehle es in diesen Fällen bereits an einem Missbrauch der besonderen Macht über fremdes Vermögen i. S. d. § 266 StGB, wenn jemand befugt angenommene Gelder lediglich der ordnungsmäßigen Vereinnahmung und Verbuchung durch die dafür zuständige Kasse vorenthalte und nicht abliefere, um einen „Dispositionsfonds" zur „unbürokratisch" schnellen Erledigung geschäftlicher oder behördlicher Bedürfnisse zur Verfügung zu haben[133]. Hier liege eine bloße Verletzung von Vertrags- oder Dienstpflichten vor.

Dieser Ansatz ist im Bereich der öffentlichen Verwaltung höchst problematisch.

Der treuepflichtige Beamte oder Staatsangestellte ist hier gerade verpflichtet, die Gelder nach den Vorgaben des einschlägigen Haushalts zweckentsprechend zu verwenden. Es gehört zu seinen Hauptpflichten, die Gelder für einen bestimmten öffentlichen Zweck einzusetzen. Eine Einschätzungsprärogative, Gelder wie in der Privatwirtschaft, also nach eigenem Gutdünken einzusetzen, steht den Bediensteten in der Verwaltung gerade nicht zu. Die Verwendung der Gelder für bestimmte öffentliche Zwecke ist zwingend. Da die zweckkonforme Verwendung öffentlicher Gelder zu den wesentlichen Pflichten öffentlicher Bediensteter gehört, stellt die zweckwidrige Verwendung öffentlicher Gelder auch eine Verletzung der Vermögensbetreuungspflicht i. S. d. § 266 StGB dar.

---

132 RGSt 71 155 (157); BGH GA 1956 121 (122); GA 1956 154 (155); wistra 1985 69 (70); NStZ 1986 455 (456); *Fischer* § 266 Rn 47; *Kohlmann/Brauns,* Fehlleitung, S. 94.

133 *Sax* JZ 1977 743 (749), dort auch zum folgenden Text.

b) *Rechtsprechung und Literatur zur Pflichtwidrigkeit im parteipolitischen Bereich*

Differenzierter stellen sich die Ansätze im Bereich politischer Parteien dar.

aa) *Das Reichsgericht im „NSDAP-Fall" – unordentliche Buchführung*

Breits im Jahre 1936 musste sich das Reichsgericht mit dieser Problematik beschäftigen und einen Fall bewerten, in dem Mitglieder der NSDAP mutmaßlich eine schwarze Kasse mit Parteigeldern angelegt hatten.[134].

Dabei sollen die Angeklagten Gelder, die aus Spenden oder sonstigen Sammlungen stammten, nicht an die vorgesehene Gliederung der NSDAP abgeliefert haben. Aufgrund fehlender Feststellung der Vorinstanz war nicht eindeutig, ob die Angeklagten eine solche schwarze Kasse angelegt hatten. Das Reichsgericht sah die potentielle Möglichkeit einer Pflichtverletzung i. S. d. Untreue in der – mutmaßlich – unordentlichen Buchführung durch die Angeklagten. So handele es sich bei der Einrichtung von Sonderkonten in bewusster Zuwiderhandlung gegen Partei- und Dienstvorschriften, der Nichteintragung der betreffenden Eingänge und Ausgaben in die Bücher des Sturms, der Nichtbeschaffung der erforderlichen Belege, der Vorlegung falscher Belege und Stärkenachweisungen an die prüfende, vorgesetzte Partei- und Dienststelle und deren Geldverwaltern um pflichtwidrige Maßnahmen i. S. d. Untreue.

Die Pflichtverletzung wurde demnach in der unordentlichen und falschen Buchführung mit ihren Einzelhandlungen gesehen.

Es kann dahingestellt bleiben, ob nun in dem Reichsgerichtfall die NSDAP als Bestandteil der öffentlichen Verwaltung oder – wie Parteien heute – als Vereinigung privaten Rechts angesehen wurde.

Denn auch bei der Bildung und Unterhaltung schwarzer Kassen im privatwirtschaftlichen Bereich – unserem Untersuchungsgegenstand – kommt es regelmäßig zu Manipulationen von Rechnungen und Belegen sowie einer fehlerhaften und damit unordentlichen Buchführung, wie sie das Reichsgericht angesprochen hat.

Daher ist es auch bei der schwarzen Kasse im privatwirtschaftlichen Bereich möglich, die untreuespezifische Pflichtverletzung an die fehlerhafte Buchführung anzuknüpfen[135]. Dieser Ansatz wird daher noch untersucht.

---

134 RG HRR 1936 1601, dort auch zum folgenden Text.

135 So vertreten von: *Knauer* NStZ 2009 151 (152); *Rönnau* in Tiedemann-FS, 713 (717); *Satzger* NStZ 2009 297 (301); *Saliger/Gaede* HRRS 2008 57 (68); *Perron* in Schönke/ Schröder § 266 Rn 35 a.

bb) Hessen-CDU

Die Strafurteile zum Kanther-Prozess aus den Jahren 2002 bis 2007 setzen sich explizit mit dem Merkmal der Pflichtwidrigkeit auseinander.

In dem zugrunde liegenden Sachverhalt ging es um beträchtliches Vermögen des hessischen Landesverbandes der CDU, das die Angeklagten K., W. und Wi. dem offiziellen Rechnungswerk des Landesverbandes über zwei Jahrzehnte vorenthielten[136].

Bei den Angeklagten handelte es sich zum einen um K., der von 1970 bis 1987 Geschäftsführer des Landesverbandes Hessen der CDU Deutschlands, von 1980 bis 1987 Generalsekretär und von 1991 bis Januar 1998 Landesvorsitzender der CDU Hessen war. Von 1992 bis Ende 1998 war er Mitglied des Vorstandes und des Präsidiums des Bundesverbandes der CDU. Der Angeklagte W. war ab 1977 bis 2000 in einer eigenen Kanzlei als Wirtschaftsprüfer und Steuerberater tätig und betreute bis 1999 Angelegenheiten des Landes- und des Bundesverbandes der CDU. Der Angeklagte Wi. war seit 1976 Schatzmeister des Landesverbandes.

Ab Mitte der 70er Jahre bis 1983 entstand aus verschiedenen Quellen – namentlich Wahlkampf-Kosten-Erstattungen, Zinseinnahmen sowie Zuwendungen unbekannter, nicht aufgeklärter Herkunft – ein erhebliches Geldvermögen des Landesverbandes, das in dessen offiziellen Rechnungswesen nicht aufgeführt war. Es wurde ab 1979 auf verschiedenen Konten und Depots angelegt, wobei der Landesverband unter verdeckter Bezeichnung als Forderungsberechtigter geführt wurde. Einzelvollmachten besaßen die Angeklagten Wi. und K. Den übrigen Mitgliedern des Landesvorstands waren weder die sog. C-Konten noch das Sondervermögen überhaupt bekannt.

Obwohl aufgrund einer Novellierung des Parteiengesetzes im Jahre 1984 die Parteien gesetzlich zur öffentlichen Rechenschaftslegung über Herkunft und Verwendung ihrer Mittel verpflichtet wurden (§ 23 PartG), beschlossen K. und Wi. auch weiterhin die verdeckten Vermögenswerte weder dem Landesvorstand der CDU noch dem Präsidenten des Deutschen Bundestages zu offenbaren und sie auf ausländische Konten in der Schweiz zu transferieren, um weiterhin Geheimhaltung zu garantieren. Hierfür wurde der Angeklagte W. eingeweiht und zum Transfer der Gelder in die Schweiz und zur treuhänderischen Verwaltung dieser C-Konten verpflichtet. Wirtschaftlich Berechtigter der C-Konten in der Schweiz blieb der Landesverband.

Der Angeklagte W. verwaltete die Konten und Depots; durch Zinsgutschriften und Wertpapiergeschäfte wurde eine kapitalmarktübliche, durchschnittliche

136 BGHSt 51 100, LG Wiesbaden NJW 2002 1510.

Rendite erzielt. In der Folgezeit schleuste der W. in Abstimmung mit K. und Wi. je nach Bedarf wieder Teile des Sondervermögens auf verschiedenen Kanälen in das offizielle Rechnungswerk der CDU ein. Zur Verdeckung der Herkunft des Geldes aus dem Sondervermögen täuschten die Angeklagten u. a. angebliche, umfangreiche Vermächtnisse anonymer Erblasser vor, um möglichst hohe Rückflüsse an den Landesverband – etwa zur Wahlkampffinanzierung – zu garantieren.

Als eine erneute Verschärfung der Publizitäts- und Rechenschaftspflichten nach dem Parteiengesetz im Jahr 1992 vorbereitet wurde und ab dem 1. Januar 1993 Geltung erlangte, gründeten W. und Wi. mit den verschwiegenen Parteigeldern eine Stiftung in Liechtenstein, deren einziger Begünstigter der Landesverband der CDU war. Das Sondervermögen wurde dorthin transferiert, um eine weitergehende Geheimhaltung sicherzustellen. Bis 1999 wurde ein Teil dieses Vermögens wieder in das offizielle Rechnungswerk der CDU eingeschleust (u. a. erneut über vorgetäuschte Vermächtnisse). Darüber hinaus wurde aus diesem Depot Teilvermögen an CDU-Kreisverbände und einen CDU nahen Verein übertragen. Die zurücktransferierten Mittel wurden sodann für Zwecke der CDU und ihr nahe stehender Vereinigungen eingesetzt. Im Jahre 2000 wurde das Sondervermögen entdeckt und aufgelöst.

Eine eigene Bereicherung strebten die Angeklagten nie an.

In allen Instanzen haben die Strafgerichte das Verhalten der drei Angeklagten als pflichtwidrig und strafbar i. S. d. § 266 StGB beurteilt[137].

Den Verstoß gegen die Vermögensbetreuungspflicht sahen die Gerichte in der fehlenden Offenbarung der durchgeführten Transaktionen.

Nach Ansicht des Zweiten Senats des BGH entspringt aus der Position der Angeklagten in dem Landesverband der Partei die Pflicht, das zu betreuende Vermögen nach Maßgabe der satzungsgemäßen Willensbildung, also nach Weisung des Parteitags und des Vorstands zu verwalten. Hiergegen verstoße die Verschleierung und Verlagerung des in der schwarzen Kasse auf den sog. C-Konten angesammelten Vermögens offenkundig[138].

Das OLG Frankfurt a. M. argumentierte ähnlich mit der grundsätzlichen Pflicht der Angeklagten, die zuständigen Parteiorgane über vorhandene Geldvermögen zu informieren[139]. Dadurch wären diese Parteiorgane in der Lage

---

137 LG Wiesbaden NJW 2002 1510 (1511); OLG Frankfurt a. M. NJW 2004 2018 (2030); BGHSt 51 100 (112) – dabei wurden die einzelnen Verfügungen als Missbrauch gewertet.

138 BGHSt 51 100 (113).

139 OLG Frankfurt a. M. NJW 2004 2018 (2030), dort auch zum folgenden Text.

gewesen, zu entscheiden, ob und in welcher Weise das Geld für die Parteiarbeit genutzt werden sollte. Die Angeklagten seien als Inhaber von Parteiämtern zum einen aus Vertragsrecht (§§ 27 III, 675, 666 BGB), zum anderen aus § 5 II 3 der Satzung und Beitragsordnung der CDU Hessen verpflichtet gewesen, die zuständigen Parteiorgane laufend über ihre Tätigkeit zu informieren.

Ferner hätten die Angeklagten ihre Befugnis, über fremdes Vermögen zu verfügen, missbraucht und Handlungen vorgenommen, die das Verheimlichen der Vermögensteile erleichtern und verdecken sollten.

Den Kern des strafrechtlichen Pflichtwidrigkeitsvorwurfs sahen die Gerichte also in der fehlenden Transparenz und Aufklärung gegenüber dem Vermögensinhaber, der CDU.

Dies ist ein Ansatz, der auch bei schwarzen Kassen in der Privatwirtschaft Relevanz haben kann – denn auch hier hat der Täter – soweit das Schwarzkassensystem ohne Wissen des Vermögensinhabers eingerichtet ist – die Kasse verheimlicht.

Dieser Ansatz wird daher noch dort zu untersuchen sein.

cc) Kohl

Das Verfahren gegen Helmut Kohl, den ehemals langjährigen Bundeskanzler und Bundesvorsitzenden der CDU, wegen des Verdachts der Untreue wurde gegen Zahlung einer Geldbuße gem. § 153 a StPO vom LG Bonn eingestellt[140]. Zu einer Einstellung des Verfahrens kam es, weil die Rechtslage nach Auffassung des LG Bonn unklar sei und selbst im Falle der Verurteilung die in Frage kommende Geldstrafe die freiwillige Zahlung durch Helmut Kohl nicht überschreiten würde[141]. Obwohl es nicht üblich ist, hat das LG Bonn seinen Beschluss ausführlich begründet[142].

Das Landgericht Bonn knüpfte bei der möglichen Pflichtverletzung im Sinne des Untreuetatbestandes an verschiedene Handlungen des Angeklagten an[143].

Die Kammer prüfte eine Strafbarkeit nach § 266 StGB durch die Entgegennahme der anonym verbuchten Spenden, die Einzahlung der Spenden auf sog. Treuhandkonten, die Ausgabe der anonym verbuchten Gelder für Parteizwecke, die Einführung der Restbeträge in das Rechenwerk der Partei sowie durch die

140 Sachverhalt siehe oben A. 1. Kapitel II. 2.

141 LG Bonn NStZ 2001 375 (376).

142 LG Bonn NStZ 2001 375 ff.

143 LG Bonn NStZ 2001 375 (377, 378), dort auch zum folgenden Text.

Abgabe des fehlerhaften Rechenschaftsberichts nach § 23 PartG, in dem die Spenden nicht auftauchten.

In der Entgegennahme der anonym verbuchten Spenden konnte das Landgericht keine Pflichtverletzung i. S. d. der Untreue erblicken, da dadurch kein Verstoß gegen das Parteiengesetz verwirklicht worden sei.

Die Einzahlung der Gelder auf die Treuhandkonten war nach Einschätzung der Kammer ebenfalls ungeeignet, eine Pflichtwidrigkeit im Sinne der Untreue festzustellen.

Der hier in Betracht zu ziehende Verstoß gegen parteiinterne Dispositionsbefugnisse habe nach Ansicht der Kammer zur Voraussetzung, dass die Weisung der Spender näher bekannt sei, was bei den Spenden an Kohl nicht der Fall war.

Hinsichtlich der Ausgabe der anonym verbuchten Gelder für Parteizwecke und die Einführung der Restbeträge in das Rechenwerk der Partei bezweifelte die Kammer eine Pflichtverletzung i. S. d. der Untreue, weil ein bloßer Rechtsverstoß gegen das Parteiengesetz in Betracht käme. Nicht jeder Gesetzesverstoß sei aber strafbar. Dabei sei in erster Linie zu bedenken, dass sich die im Rahmen des § 266 StGB sanktionierte Treuepflichtverletzung auf der besonderen Treuepflicht gegenüber dem Treugeber, also hier der CDU, für die das Geld gespendet wurde, beziehe, nicht aber auf die gegenüber dem Staat bestehende Pflicht, Gesetze einzuhalten.

Soweit für die Strafbarkeit an die falsche Abgabe des Rechenschaftsberichtes gegenüber der Partei angeknüpft werde, bezweifelte die Kammer eine strafrechtliche Pflichtverletzung, da ein bloßer Verstoß gegen parteiinterne Statuten vorliege[144].

In der Literatur wurde der Beschluss des Landgerichts Bonn heftig kritisiert und kontrovers diskutiert.[145]

So knüpft Schwind für die strafrechtliche Pflichtverletzung im Fall Kohl an die Entgegennahme der anonymen Spenden an und sieht darin einen Verstoß gegen öffentlich-rechtliche Bestimmungen[146]. So sei Kohl nach dem Parteiengesetz verpflichtet gewesen, die angenommenen Spenden an die Partei abzuführen. Da er dies – wie von Anfang an beabsichtigt – nicht tat, sondern eigenmächtig – wenn

---

144 Losgelöst von der Frage der Pflichtwidrigkeit diskutierte das Landgericht noch die grundsätzliche Strafbarkeit durch Auslösung einer Sanktionsgefahr, wobei sich die Ausführungen auf einen möglichen Vermögensnachteil und den subjektiven Tatbestand beschränkten.

145 *Schwind* NStZ 2001 349; *Velten* NJW 2000 2852; *Wolf* KJ (33) 2000 533 ff.; *Volhard* in Lüderssen-FS, 673; *Maier* NJW 2000 1006.

146 *Schwind* NStZ 2001 349 (352), dort auch zum folgenden Text.

auch im vermeintlichen Interesse der Partei – darüber verfügt hat, liege ein gesetzlich verbotenes Geschäft vor, welches niemals pflichtgemäß sein könne und daher strafbar sein müsse.

Auch Velten, die die Untreuestrafbarkeit lediglich im Hinblick auf die falsche bzw. unterbliebene Rechnungslegung untersucht, erblickt in dem Verstoß gegen die Finanzordnung der Partei eine Verletzung der Vermögensbetreuungspflicht im Sinne des § 266 StGB[147]. Die Parteisatzung der CDU habe eine Deklarations- und Ablieferungspflicht für Spenden vorgesehen. Damit wahre die Satzung zwei Vermögensinteressen der Partei: das Interesse an der Kontrolle der Finanzströme und das Interesse, die Vorgaben des Parteiengesetzes, das finanzielle Sanktionen vorsehe, zu erfüllen. Hiergegen habe Kohl verstoßen.

Dem tritt Volhard entgegen, wobei er besonders den Rückgriff auf das Parteiengesetz für nicht gangbar hält; da die Vorschriften des Parteiengesetzes nicht dem Schutz des Parteivermögens, sondern ausschließlich der Transparenz der Parteifinanzen dienen würden, fehle es an einer untreuespezifischen Pflichtverletzung[148].

Letztlich Klarheit dürfte die Beantwortung der Frage bringen, welche Qualität der Rechtsverstoß haben muss, um eine Verletzung der Vermögensbetreuungspflicht i. S. d. Untreue annehmen zu können.

Diese grundsätzliche Frage stellt sich umso mehr im Bereich der Bildung schwarzer Kassen in Kapitalgesellschaften. Denn dort haben die Täter regelmäßig eine derart große Entscheidungsfreiheit in Bezug auf den Einsatz der von ihnen zu verwaltenden Gelder, dass für eine Pflichtwidrigkeit regelmäßig an allgemeine Vorschriften des Gesellschaftsrechts – wie etwa an § 93 AktG – angeknüpft werden muss.

Der Fall Kohl zeigt ferner, dass im Falle von schwarzen Kassen für die Prüfung der Pflichtwidrigkeit an unterschiedliche Tathandlungen angeknüpft werden kann: zum einen an die Herkunft und Beschaffung der Gelder, zum anderen an die Art und Weise ihrer Anlegung[149].

---

147 *Velten* NJW 2000 2852 (2853), dort auch zum folgenden Text.

148 *Volhard* in Lüderssen-FS, 673 (678); zur weiteren Auseinandersetzung im Fall Kohl vgl.: *Saliger*, Parteiengesetz, 398 ff.; *Wolf* KJ (33) 2000 531 ff.

149 *Saliger*, Parteiengesetz, 399, der sich für diese Differenzierung ausspricht.

c) *Rechtsprechung und Literatur zur Pflichtwidrigkeit in privatwirtschaftlichen Unternehmen*

Angestoßen durch die sog. „Siemens-Affäre“ ist in neuerer Zeit eine Reihe wissenschaftlicher Beiträge zur Problematik der Einrichtung von verheimlichten Sonderdepots in der Privatwirtschaft erschienen, die die Pflichtwidrigkeit i. S. des Untreuetatbestandes neu ausgeleuchtet haben.

aa) Die Pflichtwidrigkeit bei der Siemens-Entscheidung

Zunächst sollen die in der „Siemens-Affäre“ ergangenen gerichtlichen Entscheidungen dargestellt und erörtert werden.

(1) Das Landgericht Darmstadt – Verstoß gegen § 667 BGB

Der erstinstanzlichen Entscheidung des Landgerichts Darmstadt aus dem Jahre 2007 lag folgender Sachverhalt zugrunde[150]:

Die beiden Angeklagten waren im Tatzeitraum als kaufmännischer Leiter bzw. als externer Berater für eine im Kraftwerksbau tätige Unternehmenssparte der Siemens AG beschäftigt. Nach den Feststellungen des Landgerichts bestachen sie im Jahr 2000 mit Firmengeldern in Millionenhöhe zwei leitende Angestellte des italienischen Energiekonzerns Enel, um so die Vergabe zweier Aufträge mit einem Volumen von 132,5 Mio. € und 205,6 Mio. € an die Siemens AG zu erreichen. Zur Durchführung und Verschleierung der Zahlungen bedienten sie sich dabei in einem Fall eines liechtensteinischen Kontengeflechts verschiedener Briefkastenfirmen, das in dem Geschäftsbereich der Kraftwerkssparte als etabliertes System zur Bestreitung von „nützlichen Aufwendungen“ zur Erlangung von Aufträgen eingerichtet war.

Im anderen Fall verwendete der Angeklagte K. eine schwarze Kasse der in früheren Jahren zuvor von Siemens übernommenen KWU AG, deren Existenz außer den beiden Angeklagten selbst niemandem im Unternehmen mehr bekannt war.

Die Siemens AG erhielt die Aufträge. Sie erwirtschaftete aus den beiden Aufträgen nach Abzug der Schmiergeldzahlungen insgesamt einen Gewinn in Höhe von ca. 103,8 Mio. € vor Steuern.

Das Landgericht Darmstadt hat den Angeklagten K. wegen Bestechung im geschäftlichen Verkehr in zwei Fällen, davon in einem Fall in Tateinheit mit Untreue, und wegen eines weiteren Falles der Untreue zu einer Gesamtfreiheitsstrafe

---

150 LG Darmstadt in BeckRS 2007 16611.

von zwei Jahren und den Angeklagten V wegen zweier Fälle der Beihilfe zur Bestechung im geschäftlichen Verkehr zu einer Gesamtfreiheitsstrafe von neun Monaten verurteilt; die Vollstreckung beider Freiheitsstrafen hat es zur Bewährung ausgesetzt. Zugleich hat das Landgericht gegen die Siemens AG den Verfall von Wertersatz in Höhe von 38 Mio. € angeordnet.

Die hier interessierende Frage der Untreue durch die Bildung und die Unterhaltung schwarzer Kassen sowie durch die Verwendung der Gelder daraus zum Zwecke der Durchführung von Schmiergeldgeschäften bewertete das Landgericht im Hinblick auf das Merkmal der Pflichtwidrigkeit wie folgt: Den für die Strafbarkeit der Untreue erforderlichen Pflichtwidrigkeitsvorwurf hat die Strafkammer bei den Angeklagten an unterschiedliche Handlungen angeknüpft.

Die Zahlungsanweisung durch K. sei bereits angesichts der bei Siemens bestehenden Compliance-Regelungen[151], die Schmiergeldzahlungen auch unterhalb der Strafbarkeitsschwelle untersagten, pflichtwidrig.

Zudem hat die Strafkammer einen Pflichtwidrigkeitsvorwurf auch darin gesehen, dass die vorgefundene schwarze Kasse in konspirativer Weise durch K. aufrechterhalten worden sei[152].

Damit habe der Angeklagte K. gegen die von § 667 BGB aufgestellte Herausgabepflicht gegenüber der Siemens AG als Geschäftsherr verstoßen. § 667 BGB habe K. verpflichtet, alles herauszugeben, was er in Ausführung seines Auftrags erlangt habe. Dazu gehörten auch die Gelder, die er in der schwarzen Kasse vorgefunden habe.

Die Strafkammer ist der Auffassung, dass der Angeklagte – als für die Buchführung Verantwortlicher – die Gelder zwar nicht an sich selbst herauszugeben, sie aber doch der Kontrolle seines Geschäftsherrn zu unterwerfen, also der ordentlichen Bilanzierung und Buchhaltung der Siemens AG zuzuführen hatte,

---

151 Unter Compliance werden organisatorische Maßnahmen zur Sicherstellung eines rechtskonformen Verhaltens im Hinblick auf sämtliche rechtliche Gebote und Verbote verstanden. Ein gesetzeskonformes Verhalten soll sowohl für Handlungen des Unternehmens als auch für Handlungen der einzelnen Mitarbeiter sichergestellt werden. Bezweckt ist, bereits im Vorfeld durch eine entsprechende Organisation Gesetzesverstöße zu verhindern. Neben einer rein rechtlichen Perspektive beinhaltet Compliance auch eine ethische Dimension: Danach gilt es auch im Hinblick auf selbstgesetzte Standards, Soft Law sowie moralische Grundsätze ein ordnungsgemäßes Verhalten sicherzustellen.
Für das Jahr 2009 einzusehen auf der Homepage der Siemens AG: http//w1.siemens.com/responsibility/de/compliance/index.htm.

152 LG Darmstadt in BeckRS 2007 16611.

damit sein Geschäftsherr seinen handelsrechtlichen Buchführungs- und Bilanzierungspflichten sowie den sich aus den Steuergesetzen und sonstigen, z. B. börsenrechtlich ergebenden Verpflichtungen, nachkommen konnte.

Dieser Argumentation wird in der Literatur vereinzelt widersprochen.

Saliger und Gaede halten diese Begründung für „schief", zumal sich die Buchführungspflichten des Beauftragten nicht aus § 667 BGB, sondern aus den §§ 666, 662 bzw. 675 BGB ergäben[153].

Zu berücksichtigen ist aber, dass die Strafkammer mit dem Verweis auf § 667 BGB nicht primär die Verletzung der Buchführungspflicht gerügt hat[154]. Der Hinweis, dass K. die Gelder der Buchführung und Bilanzierung hätte zuführen müssen, muss so verstanden werden, dass die Strafkammer dann die Herausgabepflicht aus § 667 BGB als erfüllt angesehen hätte. Den Kern der Pflichtwidrigkeit sah die Strafkammer also in der fehlenden Herausgabe der aus der Kasse erlangten Gelder an den Geschäftsherrn.

Der Anknüpfungspunkt der Strafkammer an § 667 BGB ist jedoch aus einem anderen Grunde etwas „schief".

Nach § 667 BGB ist der Beauftragte verpflichtet, dem Auftraggeber alles, was er zur Ausführung des Auftrags erhält und was er aus der Geschäftsbesorgung erlangt, herauszugeben.

In dem zugrunde liegenden Fall hatte der Angeklagte K. ein bereits eingerichtetes, mit Geldern aufgefülltes Schwarzkassensystem entdeckt – bzw. er wurde durch seinen Vorgesetzten eingeweiht – und führte dieses System weiter. Damit hat er zwar „etwas" – die Gelder aus dem Schwarzkassensystem, die den sonstigen leitenden Unternehmensmitarbeitern unbekannt waren – aus seiner Geschäftsbesorgung erlangt. Denn „etwas" i. S. d. § 667 BGB ist jeder Vorteil, den der Beauftragte im inneren Zusammenhang mit der Führung des Geschäfts erhält[155].

Solche Vorteile sind insbesondere alle Sachen und Rechte, die ihm von Dritten infolge der Geschäftsbesorgung zugewandt werden[156]. Dieser Vorteil kann zum einen in den Geldern gesehen werden, die nicht im offiziellen Rechnungswerk

---

153 *Saliger/Gaede* HRRS 2008 57 (68).

154 A. A. *Rönnau* in Tiedemann-FS, 713 (721), der den Hinweis der Strafkammer auf die Buchführungs- und Bilanzierungspflicht wie *Saliger/Gaede* dahingehend interpretiert, dass die Strafkammer mit diesem Pflichtenverstoß die Pflichtwidrigkeit i. S. d. § 266 StGB selbstständig begründet.

155 BGH NJW-RR 04 1290; NJW-RR 1992 560; *Palandt* § 667 Rn 3; Staudinger/*Wittmann* BGB § 667 Rn 1.

156 *Palandt* § 667 Rn 3.

der Siemens AG auftauchten, aber dieser zustanden, zum anderen auch in Akten und Unterlagen über das Schwarzkassensystem, die der Angeklagte im Rahmen seiner Geschäftsführung erhalten hat.

Diese Herausgabepflicht aus § 667 BGB kann jedoch nur dann zum Tragen kommen, wenn sie gegenüber dem Geschäftsherrn fällig ist oder wird. Nur dann kann die Nichtherausgabe einen Pflichtenverstoß begründen, der Voraussetzung für die Strafbarkeit nach § 266 StGB ist.

Das kann aber nur dann gegeben sein, wenn ein bereits eingerichtetes Schwarzkassensystem vom ehemaligen Vermögensverwalter übernommen wird.

Denn im Falle der eigenständigen erstmaligen Einrichtung einer schwarzen Kasse mit aktuellen Mitteln besteht keine ständige Herausgabepflicht bzgl. der Gelder, die der Treuhänder gerade zum Zwecke der Geschäftsführung erhalten hat. Er soll sie ja im laufenden Geschäftsbetrieb für den Geschäftsherrn verwalten und verwenden. Die Herausgabepflicht nach § 667 BGB erwächst grundsätzlich erst dann zur fälligen Verpflichtung, wenn das Auftragsverhältnis beendet bzw. eine Herausgabeverpflichtung vereinbart ist[157]. Denn der Treuhänder soll in der Regel auf Dauer befugt sein, die Gelder zu verwalten.

Dabei ist zwischen dem zur Ausführung Erhaltenen und dem bei Ausführung Erlangten zu unterscheiden.

Der Anspruch auf Herausgabe dessen, was der Beauftragte zur Ausführung des Auftrags erhalten hat, wird erst dann fällig, wenn der Zweck erreicht oder endgültig verfehlt wurde[158]. Die zur Förderung des Projektes nicht mehr benötigten Gelder sind zurückzugeben.

Das aus der Geschäftsführung Erlangte – insbesondere für den Auftraggeber eingezogenes Geld – kann demgegenüber schon dann herauszugeben sein, wenn der Beauftragte etwas erlangt hat, was herauszugeben ist[159].

Auch hier kommt es jedoch auf die Umstände des Einzelfalles an[160].

Einen strafrechtlich relevanten Pflichtenverstoß wird man also in der Regel nicht in den hier diskutierten Fällen von schwarzen Kassen annehmen können, in denen der Treuhänder die schwarze Kasse für Zwecke des Unternehmens selbst einrichtet und die zukünftigen Gewinne gerade an die Gesellschaft herausgeben will.

---

157 *Palandt* § 667 Rn 8.

158 BGH ZIP 2005 1742 (1743); Soergel/*Beuthien* § 667 Rn 19; Erman/*Ehmann* § 667 Rn 7; MünchKommBGB/*Seiler* § 667 Rn 20; *Palandt* § 667 Rn 8.

159 BGH ZIP 2005 1742 (1743); Erman/*Ehmann* § 667 Rn 27.

160 BGH ZIP 2005 1742 (1743); BGHZ 109 260 (264); Soergel/*Beuthien* § 667 Rn 21.

Der Ansatz über § 667 BGB versagt damit in all den Fällen, in denen der Täter erstmalig ein Sonderkonto aus Geldern einrichtet, zu deren Verwaltung er umfassend berechtigt ist. Damit kommt überhaupt nur in dem entschiedenen (Ausnahme-)Fall, in dem ein bereits eingerichtetes Schwarzkassensystem vorgefunden wird, eine Herausgabepflicht aus § 667 BGB in Betracht.

Aber auch hier hätte sich die Strafkammer nicht damit begnügen dürfen, pauschal auf eine Herausgabepflicht nach § 667 BGB zu verweisen, sondern hätte zur Fälligkeit des Herausgabeanspruchs Stellung nehmen und im Hinblick auf die umfassende Verfügungsbefugnis des Angeklagten eine Einzelfallbewertung vornehmen müssen[161].

Darauf aufbauend hätte das Gericht sich fragen müssen, ob selbst dann, wenn ein fälliger Herausgabeanspruch nach BGB bestanden hätte, ein Verstoß gegen die zivilrechtliche Herausgabepflicht auch eine strafrechtlich relevante Pflichtwidrigkeit i. S. d. § 266 StGB bewirkt.

Die Begründung der Strafkammer überzeugt daher nicht und ist kein tragfähiger Ansatz, um das strafrechtliche Unrecht schwarzer Kassen umfassend zu beschreiben.

(2) Der Zweite Strafsenat des BGH – fehlende Offenbarung und Verbuchung

Dies scheint der Zweite Strafsenat des BGH in seiner Revisionsentscheidung vom 29.08.2008 zur Entscheidung des Landgerichts Darmstadt ähnlich gesehen zu haben, denn er ist dem Ansatz der Strafkammer über § 667 BGB nicht gefolgt.

Für die Beurteilung beider Fälle ist nach Auffassung des Senats gleichermaßen darauf abzustellen, dass der Angeklagte K. es unterließ, die von ihm vorgefundenen, auf verdeckten, nicht unter dem Namen der Treugeberin geführten Konten verborgenen Geldmittel seiner Arbeitgeberin zu offenbaren, indem er sie als Aktiva in die Buchführung einstellen ließ und so den Anforderungen der Bilanzwahrheit genügte[162]. Zum Kernbereich der Vermögensbetreuungspflicht des Angeklagten als für die kaufmännische Leitung des Geschäftsbereichs verantwortlichem Bereichsvorstand gehörte es offensichtlich, seiner Arbeitgeberin bislang unbekannte, ihr zustehende Vermögenswerte in erheblicher Höhe zu offenbaren und diese ordnungsgemäß zu verbuchen. In beiden angeklagten Fällen sei das Schwergewicht der strafrechtlich relevanten Pflichtwidrigkeit nicht in

161 Ebenfalls kritisch zur Begründung der Strafkammer, aber ohne Auseinandersetzung: *Satzger* NStZ 2009 297 (300).

162 BGHSt 52 323 (334), dort auch zum folgenden Text.

den einzelnen, aktiven Verschleierungs- und Verwaltungsmaßnahmen sowie in den einzelnen Verfügungshandlungen zu sehen, sondern in dem Unterlassen der Offenbarung durch ordnungsgemäße Verbuchung der Geldmittel, das über § 13 I StGB den Unwertgehalt des Untreuetatbestandes ausmache.

Dabei hat der Senat es vermieden, an einen konkreten Gesetzesverstoß anzuknüpfen. Entscheidend ist nach seiner Auffassung allein die fehlende Offenbarung und Verbuchung gegenüber dem Geschäftsherrn.

Damit führt der Senat seine Rechtsprechung, die aus dem Bereich der schwarzen Kassen im parteipolitischen Bereich bekannt ist, zwanglos fort.

(3) Das Bundesverfassungsgericht

Das Bundesverfassungsgericht schloss sich im Ergebnis dem 2. Strafsenat an, begründete dies aber – dem Ansatz des 1. Strafsenats in seiner Entscheidung zur risikobehafteten Kreditvergabe folgend – über das Erfordernis einer *„gravierenden“* Pflichtverletzung[163].

Um eine verfassungswidrige Überdehnung des Untreuetatbestandes in den Fällen des Gefährdungsschadens zu vermeiden, müsse eine *gravierende* gesellschaftsrechtliche Pflichtverletzung des Täters gefordert werden[164]. Dadurch würden keine weiteren Wertungsspielräume eröffnet, weil sich die *gravierende* Pflichtverletzung nur dann bejahen lasse, wenn diese klar und deutlich, also evident sei. Dies werde vom Bundesgerichtshof seit langem gefordert[165].

Zu dem konkreten Pflichtenverstoß im Fall der Bildung schwarzer Kassen äußerte sich das Bundesverfassungsgericht nicht.

bb) Die „Trienekens“ – Entscheidung[166]

Obwohl Trienekens nicht Mitangeklagter in diesem Verfahren war, ging es wegen der Akzessorietät der Beihilfe von einer Haupttat sowohl vor dem Landgericht

---

163 BGHSt 47 148 (150).

164 BVerfGE 126 170 (211).

165 BVerfGE 126 170 (211): Diese klare Aussage des Verfassungsgerichts ist begrüßenswert, da immer wieder behauptet wurde, dass der BGH seine Rechtsprechung geändert habe (z.B. *Thomas* in Anwaltshandbuch § 17 Rn 48; *Krey/Hellmann* StR BT Rn 546, *Wabnitz/Janovsky* 4 Rn 74). Vielmehr war und ist eine Abkehr vom Erfordernis der gravierenden Pflichtverletzung nur scheinbar, wie die Darstellung zur Entwicklung der Rechtsprechung unter Punkt Kapitel B. 2. IV. 4. b) aa) noch zu zeigen sein wird.

166 BGHSt 55 266, zum Sachverhalt siehe A. 1. Kapitel III 3.

als auch im Revisionsverfahren vor dem BGH gegen die Gehilfen zu einem wesentlichen Teil gerade um die Frage der Strafbarkeit seines Verhaltens.

Denn wenn Trienekens sich bei der Geldverlagerung und späteren Nutzung nicht strafbar gemacht hat, dann war die Hilfe von F. und M. auch straffrei.

Zwar war Trienekens am 23.03.2010, also nach der Verurteilung seiner Gehilfen in erster Instanz, aber vor der Revisionsentscheidung durch den BGH, wegen der vorstehenden Machenschaften selbst wegen des Vorwurfs der Untreue vom Landgericht Köln rechtskräftig verurteilt worden[167].

Diese Entscheidung war aber für den BGH nicht bindend.

Der 2. Strafsenat sah die Pflichtwidrigkeit des Handelns des Haupttäters darin, dass dieser gegen die Sorgfalt eines ordentlichen Geschäftsmannes (§ 43 Abs. 1 GmbHG) bzw. eines ordentlichen und gewissenhaften Geschäftsleiters (§ 93 Abs. 1 S. 1 AktG) sowie unter Verstoß gegen das handelsrechtliche Gebot der Vollständigkeit und Richtigkeit der Buchführung (§ 239 Abs. 2 HGB) Vermögensgegenstände durch inhaltlich falsche Buchungsvorgänge aus der Buchhaltung ausgesondert habe, um unter gezielter Umgehung der geschäftsinternen Kontrollen und seiner Rechenschaftspflichten über Vermögensbestandteile der Treugeberin nach Maßgabe eigener Zwecksetzung verfügen zu können[168].

Die Sorgfaltspflichten der §§ 43 Abs. 1 GmbHG, 93 Abs. 1 S. 1 AktG würden nach allgemeiner Auffassung zum einen die Pflicht umfassen, für die Legalität des Handelns der Gesellschaft, insbesondere auch für die Erfüllung der ihm aufgetragenen Buchführung und steuerrechtlichen Pflichten, Sorge zu tragen. Verstöße gegen die Legalitätspflicht könnten auch im Verhältnis zur Gesellschaft selbst nicht mit dem Vorbringen gerechtfertigt werden, sie lägen in deren Interesse. Diese Pflichtverletzung – und sei sie auch profitabel – liege nicht im Handlungsspielraum des geschäftsführenden Organs; vielmehr habe die Bindung an gesetzliche Vorgaben Vorrang.

Zum anderen begründe der Pflichtenmaßstab der §§ 43 Abs. 1 GmbHG, 93 Abs. 1 AktG auch die zur Loyalität gegenüber den übrigen Gesellschaftsorganen. Dies bedeute insbesondere, dass das Geschäftsleitungsorgan durch Information und Beratung dafür Sorge zu tragen habe, dass die anderen Organe die ihnen zugewiesenen Aufgaben erfüllen könnten[169].

---

167 LG Köln Urteil v. 23.03.2010 in BeckRS 2010 07374.

168 BGHSt 55 266 (275), dort auch zum folgenden Text.

169 BGHSt 55 266 (276).

Die Einrichtung und Unterhaltung einer „Kriegskasse" im Ausland verletze im zu beurteilenden Fall in gravierender Weise die von Trienekens zu beachtende Sorgfalt in beiderlei Hinsicht.

Darüber hinaus habe er auch die ihm nach §§ 41 GmbHG, 91 AktG obliegende Verpflichtung, für die ordnungsgemäße Buchführung der Muttergesellschaft zu sorgen, was auch die Konzernbuchhaltung für die zum Konsolidierungskreis des T – Konzerns gehörenden Tochtergesellschaften eingeschlossen habe, schwerwiegend verletzt.

Diese Buchführungsvorschriften würden die Konkretisierung der Leitungs- und Geschäftsführungsaufgaben des jeweiligen Organs und des ihm durch Generalklauseln auferlegten Sorgfaltsmaßstab beinhalten[170].

Die Buchführungsvorschriften schützten auch gerade das Vermögen der Gesellschaft, weil in der Regel nur durch Einsicht in die Geschäftsbücher der Stand des Gesellschaftsvermögens zu ermitteln sei[171].

cc) Ansätze der Literatur

Diese Entscheidungsgründe des BGH zur Strafbarkeit im Zusammenhang mit der Bildung und Verwendung schwarzer Kassen in der Privatwirtschaft haben in der Literatur große Zustimmung gefunden.

Auch Sie knüpft bei der Bestimmung der Pflichtwidrigkeit im Rahmen des § 266 StGB regelmäßig an den Verstoß gegen Buchführungs- und Bilanzierungsvorschriften an[172].

Dabei kämen insbesondere Verstöße gegen die Vorschriften der § 41 GmbHG, § 91 AktG oder § 242 HGB in Betracht[173].

Teilweise wird ganz allgemein an die fehlende Offenbarung gegenüber dem Vermögensträger und damit an die mangelnde Vermögenstransparenz angeknüpft[174].

---

170 BGHSt 55 266 (277).

171 BGHSt 55 266 (277).

172 *Knauer* NStZ 2009 151 (152); *Rönnau* in Tiedemann-FS, 713 (717); *Satzger* NStZ 2009 297 (301); *Saliger/Gaede* HRRS 2008 57 (68); *Rotsch* in JA 2013 278 (280); *Perron* in Schönke/Schröder § 266 Rn 35 a; *Tsagkaraki*, Schwarze Kassen S. 110.

173 *Knauer* NStZ 2009 151 (152); *Rönnau* in Tiedemann-FS, 713 (717).

174 *Fischer* § 266 StGB Rn 46 c; *Strelczyk*, Schwarze Kassen, S. 31, 32.

d) *Zwischenergebnis*

Für die Prüfung der Pflichtwidrigkeit i. S. d. Untreue lässt sich bei der schwarzen Kasse an unterschiedliche Handlungen und Umstände anknüpfen.

Anknüpfungspunkt kann die Beschaffung und Herkunft der Gelder sein, die letztlich in die geheimen Konten fließen.

Ferner könnte die buchungsmäßige Einrichtung der Kasse pflichtwidrig im Sinne des § 266 StGB sein.

Dabei kommt es darauf an, ob Verstöße gegen Buchführungspflichten etc. ausreichen bzw. welche Qualität ein Rechtsverstoß haben muss, um zugleich eine Verletzung der Vermögensbetreuungspflicht annehmen zu können.

Fraglich ist auch, ob die fehlende Offenbarung von Sonderkonten gegenüber dem Geschäftsherrn grundsätzlich eine Pflichtverletzung i. S. d. der Untreue darstellt.

Letztlich muss untersucht werden, ob es auf die tatsächliche Verwendung der Gelder aus der schwarzen Kasse ankommt.

4. Bestimmung der Pflichtwidrigkeit im privatwirtschaftlichen Unternehmen

Ausgehend davon, dass das zugrunde liegende Treuverhältnis den Maßstab der Verhaltenspflichten bestimmt und die konkreten Pflichten des Treuhänders durch die Untreuevorschrift nicht benannt werden, sind die einzelnen Pflichten den rechtlichen Vorgaben des jeweiligen Treueverhältnisses zu entnehmen[175].

Soweit konkrete Vorgaben des Treugebers fehlen, ist an die einschlägigen gesetzlichen Regelungen anzuknüpfen. Im Bereich der Kapitalgesellschaften ist maßgeblich an das Gesellschaftsrecht anzuknüpfen.

a) *Gesellschaftsrechtliche Pflichtverletzung*

Grundsätzlich kann ein Verhalten nur dann unter Strafe gestellt werden, wenn es für ein vernünftiges Zusammenleben in der Gesellschaft unerlässlich ist, ein Verhalten mit Strafandrohung zu verbieten[176].

Wegen dieser *ultima-ratio*-Funktion des Strafrechts ist daher Voraussetzung für Strafandrohungen, dass die Mittel des Zivil- und Verwaltungsrechts nicht

175 BGHSt 47 187 (197); 47 295 (297); SSW-StGB/*Saliger* § 266 Rn 31; *Dierlamm* StraFo 05 397; *Brammsen* wistra 2009 85 (86).

176 BVerfGE 51 324 (343); 88 203 (257); *Jeschek/Weigend* § 1 III. 7; *Wessels/Beulke* Rn 4; *Jacobs* AT, 35.

mehr ausreichen, um das unerwünschte Verhalten von natürlichen und juristischen Personen zu unterbinden und es zu sanktionieren.

Was nach dem Zivil- oder dem sonstigen Öffentlichen Recht erlaubt ist, kann deswegen nicht nach dem Strafrecht verboten sein. Mit anderen Worten darf das Strafrecht nicht strenger als das Zivilrecht oder das Öffentliche Recht sein.

Damit ist auch die Pflichtwidrigkeit i. S. d. § 266 StGB teilakzessorisch zum Zivil- und Öffentlichen Recht[177].

Somit ist die unterste Grenze bei der Bestimmung der Pflichtwidrigkeit der Untreue das Zivil- und das sonstige Öffentliche Recht[178]. Als Mindestvoraussetzung muss die Bildung und/oder Unterhaltung und Verwendung schwarzer Kassen eine klare gesellschaftsrechtliche Pflichtverletzung darstellen.

aa) Explizites Verbot der Einrichtung schwarzer Kassen

Eine solche gesellschaftsrechtliche Pflichtverletzung lässt sich immer dann eindeutig feststellen, wenn der Vermögensbetreuungspflichtige bei der Einrichtung und Verwaltung einer schwarzen Kasse gegen explizite Vorgaben des Vermögensinhabers verstößt, das heißt, wenn die Handlung eindeutig gegen eine festgelegte Pflicht aus Vertrag, Satzung oder Einzelanweisung eines Vorgesetzten verstößt. Ist demnach im Gesellschaftsvertrag ein eindeutiges Verbot zur Bildung/Unterhaltung schwarzer Kassen normiert oder hat etwa der Vorstand einer Aktiengesellschaft oder die Gesellschafterversammlung in einer GmbH die Unterlassung der Einrichtung schwarzer Kassen bestimmt, ist ein Verstoß dagegen gesellschaftsrechtlich pflichtwidrig.

Eine solch eindeutige Regelung findet sich allerdings häufig gerade nicht in Unternehmenssatzungen und Gesellschaftsverträgen, auch derartige Einzelanweisungen dürften nicht die Regel sein[179].

Soweit der Zweite Strafsenat des BGH in der Siemens-Entscheidung davon ausgeht, dass eine arbeitsvertragliche Regelung, die ein Verbot von Schmiergeldzahlungen enthält, gleichzeitig das explizite Verbot der Unterhaltung verdeckter

---

177 *Kubiciel* NStZ 353, 358; SSW-StGB/*Saliger* § 266 Rn 31; MünchKommStGB/*Dierlamm* § 266 Rn 152; *Schlösser/Dörfler* wistra 2007 326 (328).

178 SSW-StGB/*Saliger* § 266 Rn 31; MünchKommStGB/*Dierlamm* § 266 Rn 173; *ders.* StraFo 05 397; *Brammsen* wistra 2009 85 (88).

179 *Wybitul* in BB 2009 111 (112) sieht daher das Erfordernis solche strengen Vorgaben ins Compliance – Programm einzuarbeiten und darüber hinaus ein System zur Entgegennahme von – auch anonymen – internen Hinweisen (sogenanntes Whistleblowing) einzurichten; für ein strenges unternehmensinternes Reglement auch *Werner* in jurisPR – BKR 3/2011 1 (5).

Kassen enthält[180], ist dieser Schluss nicht zwingend. Denn schwarze Kassen können auch zu anderen Zwecken als zu Schmiergeldzahlungen eingesetzt werden[181]. Zum anderen kann es sich beim Verbot der Schmiergeldzahlung lediglich um die Regelung der tatsächlichen Verwendung von Geldern handeln, nicht aber um die Bewertung der buchungsmäßigen Einrichtung einer schwarzen Kasse, die vielleicht Jahre zurückliegt[182].

Soweit ausdrückliche Regelungen im Gesellschaftsvertrag oder konkrete Einzelanweisungen fehlen, muss daher auf konkrete oder abstrakte Pflichten des Vermögensbetreuungspflichtigen aus dem Gesetz zurückgegriffen werden.

bb) Verstoß gegen konkrete (gesetzliche) Regelung

Fraglich ist, gegen welche gesetzlichen Einzelvorschriften die Einrichtung und Verwaltung schwarzer Kassen verstoßen könnte.

(1) Verstoß gegen Buchführungspflichten

Durch die buchungsmäßige Einrichtung einer schwarzen Kasse wird regelmäßig gegen Buchführungs- und Bilanzierungsvorschriften, wie z. B. §§ 238 ff. HGB und § 140 AO, verstoßen, da die schwarzen Gelder gerade nicht oder nicht richtig in den Handelsbüchern verbucht werden.

Gem. § 238 Abs. 1 Satz 1 HGB muss ein Kaufmann in seinen Büchern die Lage seines Vermögens nach den Grundsätzen ordentlicher Buchführung ersichtlich machen.

§ 140 AO knüpft an diese Verpflichtung an und erklärt die Buchführungspflicht nach § 238 HGB auch als steuerrechtliche Pflicht.

Diese allgemeine Buchführungspflicht wird über § 91 Abs. 1 AktG in den Verantwortungsbereich des Vorstands der Aktiengesellschaft und über § 41 GmbHG in den des Geschäftsführers einer GmbH übertragen.

Ein Verstoß gegen diese gesetzlich vorgeschriebenen Buchführungspflichten ist zweifelsfrei gesellschaftsrechtlich pflichtwidrig.

Daraus ergibt sich, dass die Einrichtung/Unterhaltung schwarzer Kassen gesellschaftsrechtlich pflichtwidrig ist[183].

---

180 BGHSt 52 323 ; zustimmend *Fischer* § 266 Rn 46 c.

181 *Rönnau* StV 2009 246 (247); *ders.* in Tiedemann-FS, 713 (721).

182 Ähnlich *Sünner* ZIP 2009 937 (939).

183 *Rönnau* in Tiedemann-FS, 713 (721); *Saliger/Gaede* HRRS 2008 57 (68); *Fischer* § 266 Rn 46 c; *Knauer* NStZ 2009 151 (152).

(2) Verstoß gegen Zuständigkeitsvorschriften bzw. Vertretungsregelungen

Durch die buchungsmäßige Einrichtung schwarzer Kassen könnte es zu Verstößen gegen gesellschaftsrechtliche Zuständigkeitsvorschriften kommen.

Der Handelnde erhält gegebenenfalls tatsächlich eine Position in Bezug auf diese Sondervermögen, die ihm gesellschaftsrechtlich und von seiner Stellung in der Firma her nicht zusteht.

Zu beachten ist aber, dass die in Rede stehenden schwarzen Kassen regelmäßig von Geschäftsführern oder Vorstandsmitgliedern, also den zur Leitung der Gesellschaften berufenen Organen, gebildet werden.

Soweit sonstige leitende Angestellte für die Bildung schwarzer Kassen verantwortlich sind, geschieht dies häufig in Absprache mit dem Vorstand bzw. den Geschäftsführern der Unternehmen.

Geschäftsführern und Vorstandsmitgliedern obliegt aber in der Kapitalgesellschaft die Geschäftsführung.

Dabei ergibt sich die Pflichtenstellung für den Vorstand einer Aktiengesellschaft aus den Regelungen des Aktiengesetzes, namentlich §§ 76, 93 AktG, wonach der Vorstand die Gesellschaft unter eigener Verantwortung zu leiten (§ 73 AktG) und gemäß § 93 AktG dabei die Sorgfalt eines ordentlichen und gewissenhaften Geschäftsleiters anzuwenden hat[184].

Der alleinvertretungsberechtigte Geschäftsführer einer GmbH hat grundsätzlich sämtliche Angelegenheiten der GmbH zu besorgen, also auch solche von erheblichem Gewicht, vgl. § 43 GmbHG.

Er kann alle Geschäfte – ob einfacher oder wesentlicher Bedeutung – für die GmbH rechtswirksam abschließen[185].

Geschäftsführer und Vorstand entscheiden grundsätzlich allumfassend über die Führung der Geschäfte „ihres" Unternehmens.

Dabei handelt der Vorstand gem. § 76 I AktG eigenverantwortlich und ist im Gegensatz zum Geschäftsführer einer GmbH nicht weisungsgebunden.

Als Geschäftsführung bezeichnet man im Allgemeinen die auf die Verfolgung des Gesellschaftszwecks gerichtete Tätigkeit für die Gesellschaft[186].

---

184 BGHSt 47 187 (192); *Wessels/Hillenkamp* Rn 756; *Maurach/Schroeder/Maiwald* § 45 II Rn 47, gehen sogar davon aus, dass ein Geschäftsführer u. U. sogar verpflichtet ist, von allgemein geltenden Geschäftsnormen abzuweichen, um dem Vorwurf der Pflichtwidrigkeit zu entgehen; pflichtwidrig sei dann das gedankenlose Beharren des Täters auf gewissen Geschäftsvorgaben.

185 *Müller-Gugenberger/Bieneck* § 31 Rn 37.

186 *Kort* in Großkomm AktG § 76 Rn 29.

Sie umfasst nicht nur den Abschluss von Rechtsgeschäften, sondern auch Verrichtungen tatsächlicher Art. Zu den Geschäftsführungsaufgaben zählt insbesondere die Bestimmung über den Einsatz und die Koordination von Unternehmensressourcen und die Leitung des Unternehmens innerhalb der Grenzen des Unternehmensgegenstandes[187].

Zwar ist der Geschäftsführer einer GmbH von den Weisungen der Gesellschafter abhängig. Solange aber keine entgegenstehenden Vorgaben aus dem Gesellschaftsvertrag oder Einzelanweisungen bestehen, bestimmt auch der Geschäftsführer der GmbH die Leitung der Geschäfte eigenverantwortlich. Eine Pflicht zur Vorlage einer beabsichtigten Geschäftsführungsmaßnahme an die Gesellschafterversammlung ergibt sich nur dann, wenn der Geschäftsführer einer GmbH Grundlagenentscheidungen treffen will, wie etwa die Ziele oder Strukturen der Gesellschaft ändernde Maßnahmen.

Die buchungsmäßige Einrichtung einer schwarzen Kasse stellt aber keine solche vorlagepflichtige Maßnahme dar.

Denn die Gelder, die in schwarze Kassen fließen, stellen – wie die Praxis zeigt – in der Regel nur einen untergeordneten Teil des Gesellschaftsvermögens dar und sind gerade für die Unterstützung der aktuellen Gesellschaftsziele bestimmt.

Die Einrichtung eines Sonderfonds stellt daher eine Maßnahme der allgemeinen Geschäftsführung dar[188].

Erst recht gilt dies für den Vorstand einer Aktiengesellschaft, der weisungsunabhängig die Geschäfte der Gesellschaft leitet.

Eine Pflicht zur Vorlage beabsichtigter Geschäftsführungsmaßnahmen an die Hauptversammlung besteht grundsätzlich nur in absoluten Ausnahmefällen. Die Hauptversammlung entscheidet über Maßnahmen der Geschäftsführung in der Regel nur, wenn der Vorstand dies verlangt, § 119 Abs. 2 AktG. Ausnahmsweise wird eine Pflicht des Vorstandes zur Vorlage an die Hauptversammlung für Strukturmaßnahmen herausragender Bedeutung bejaht[189].

Solche Ausnahmefälle liegen etwa vor, wenn Eingriffe in Mitgliedschaftsrechte der Aktionäre zu befürchten sind, wesentliche Betriebsteile übertragen werden oder Betriebe stillgelegt werden sollen[190]. Dies ist aber, wie bereits dargestellt, bei der Bildung schwarzer Kassen nicht der Fall.

Ebenso scheidet eine Pflicht zur Vorlage an den Aufsichtsrat aus.

---

187 Baumbach/Hueck/*Zöllner* § 35 Rn 17.

188 *Bernsmann* GA 2009 296 (305); *Rönnau* in Tiedemann-FS, 713 (724).

189 BGHZ 83 122 (129); BGH NJW 1982 1703 (1705).

190 *Hüffer* § 119 Rn 18 ff.

Die unternehmerische Handlungsfreiheit ist Teil und notwendiges Gegenstück der dem Vorstand und nicht dem Aufsichtsrat obliegenden Führungsaufgabe. An ihr hat der Aufsichtsrat nur insoweit Anteil, wie das Gesetz auch ihm unternehmerische Aufgaben überträgt, wie z. B. bei der Bestellung und Abberufung von Vorstandsmitgliedern oder im Rahmen des § 111 Abs. 4 Satz 2 AktG, das heißt, überhaupt nur überall dort, wo er die unternehmerische Tätigkeit des Vorstands im Sinne einer präventiven Kontrolle begleitend mitzugestalten hat[191].

Dies ist aber bei der Schaffung und Verwaltung einer schwarzen Kasse im Interesse des Unternehmens nicht der Fall.

Gesellschaftsgeschäftsführer und Vorstandsmitglieder sind daher in der Regel für diese Maßnahmen allein zuständig.

Dieser, insbesondere von Bernsmann vertretenen Auffassung[192], hat sich der der 2. Strafsenat in der Trienekens – Entscheidung ausdrücklich angeschlossen und folgerichtig eine Pflicht zur Vorlage an andere Organe oder an die Gesellschafter abgelehnt[193]. Trienekens sei als Mitglied des zur Geschäftsführung der Gesellschaft berufenen Organs hinsichtlich seiner Entscheidung über den Einsatz und die Koordinierung von Untermehmensressourcen nicht in der Weise beschränkt gewesen. Dass er die Zustimmung der (Mit-) Gesellschafter hätte einholen müssen. Eine Pflicht zur Vorlage habe sich weder aus den gesellschaftsvertraglichen Grundlagen oder der Beschlusslage der Gesellschaftsorgane ergeben, noch hätten die Zahlungen an die S.AG im Vergleich zum Gesamtumsatz der T – Gruppe einen solchen Umfang, dass eine Vorlagepflicht unter dem Gesichtspunkt eines tiefgreifenden Eingriffs- in Mitgliedsschafts – und Vermögensrechte der Gesellschafter in Betracht gekommen wäre.

Bei der Einrichtung und Verwendung eines Bankkontos für bestimmte Geschäftsvorfälle handele es sich, soweit diese sich innerhalb des satzungsmäßigen Unternehmensgegenstandes halten und die Grundsätze der Unternehmenspolitik unberührt gelassen würden, typischerweise um eine Maßnahme des laufenden Verwaltung[194].

---

191 BGHZ 135 244 (253).

192 *Bernsmann* GA 2009 296 (305).

193 BGHSt 55 266 (277).

194 BGHSt 55 266 (278).

(3) Verstoß gegen Compliance-Regelungen

In größeren Unternehmen besteht in der Regel ein umfassendes Compliance-Programm.

Unter Compliance werden organisatorische Maßnahmen zur Sicherstellung eines rechtskonformen Verhaltens der Organe des Unternehmens im Hinblick auf sämtliche rechtlichen Gebote und Verbote verstanden[195]. Ein gesetzeskonformes Verhalten soll sowohl für Handlungen des Unternehmens als auch für Handlungen der einzelnen Mitarbeiter sichergestellt werden. Bezweckt ist, bereits im Vorfeld durch eine entsprechende, betriebsinterne Organisation Gesetzesverstöße zu verhindern. Neben einer rein rechtlichen Perspektive beinhaltet Compliance auch eine ethische Dimension: Danach gilt es, auch im Hinblick auf selbstgesetzte Standards, Soft Law sowie moralische Grundsätze ein ordnungsgemäßes Verhalten sicherzustellen.

Exemplarisch soll ein Auszug aus den Compliance-Regelungen der Siemens AG dargestellt werden[196]. Unter B 2. heißt es:

> *„Korruptionsbekämpfung: Anbieten und Gewähren von Vorteilen – Aufträge gewinnen wir auf faire Weise über Qualität und Preis unserer innovativen Produkte und Leistungen und nicht dadurch, dass wir anderen unzulässige Vorteile anbieten. Kein Mitarbeiter darf Amtsträgern in Zusammenhang mit der geschäftlichen Tätigkeit – direkt oder indirekt – ungerechtfertigte Vorteile anbieten, versprechen oder gewähren oder solche Vorteile genehmigen. (…). Gleiches gilt im Hinblick auf ungerechtfertigte Vorteile gegenüber Personen der Privatwirtschaft."*

Schwarzgeldkassen, die zum Zwecke von Schmiergeldzahlungen eingerichtet werden, können solchen Compliance-Regelungen, die geltende Handlungsgrundsätze für die Mitarbeiter des Unternehmens darstellen, widersprechen.

Ob ein solcher Verstoß gegen Compliance-Regeln des Unternehmens auch eine Pflichtwidrigkeit i. S. d. Untreue begründen kann, ist damit aber noch nicht sicher festzustellen und bedarf einer besonderen, noch folgenden, genaueren Untersuchung.

(4) Zwischenergebnis

Die Einrichtung und Verwaltung von Schwarzgeldkassen kann gegen Buchführungspflichten und Compliance-Regeln verstoßen.

---

195 *Mertens/Cahn* in KK AktG § 91 Rn 34 m. w. N., dort auch zum folgenden Text.

196 http//w1.siemens.com/responsibility/de/compliance/index.htm.

Dagegen scheidet die Verletzung von Zuständigkeitsvorschriften durch diese Maßnahmen für Geschäftsführer einer GmbH und Mitglieder des Vorstands einer Aktiengesellschaft regelmäßig aus.

cc) Gesellschaftsrechtliche Generalklauseln

Neben diesen unternehmensbezogenen Einzelverpflichtungen finden sich sowohl im Aktiengesetz als auch im GmbH-Gesetz zentrale, gesetzliche Vorschriften zu den Geschäftsführungspflichten der Unternehmensleiter dieser Kapitalgesellschaften.

Diese Organe der Kapitalgesellschaften haben gem. § 93 I 1 AktG bzw. § 43 I GmbHG bei ihrer Geschäftsführung die Sorgfalt eines ordentlichen und gewissenhaften Geschäftsleiters anzuwenden.

Die Wahrung der Sorgfalt eines ordentlichen und gewissenhaften Geschäftsleiters bedeutet zunächst, im Rahmen der Gesetze und Satzungen der Unternehmen sowie der für die Geschäftsführung verbindlichen Beschlüsse anderer Gesellschaftsorgane den Unternehmenserfolg zu fördern und Schaden von der Gesellschaft abzuwenden[197].

Die wesentliche Aufgabe von Vorstand (AG) und Geschäftsführern (GmbH) ist die erfolgreiche Leitung ihres Unternehmens und die ordnungsgemäße Führung der Geschäfte.

Dabei erfordert z.B. gerade die unternehmerische Aufgabe des Vorstands einer AG bei der Leitung der Geschäfte des Unternehmens einen weiten Handlungsspielraum, ohne den eine unternehmerische Tätigkeit schlechterdings nicht denkbar ist[198]. Dazu gehört nach der Rechtsprechung des Zweiten Zivilsenats des BGH neben dem bewussten Eingehen geschäftlicher Risiken grundsätzlich auch die Gefahr von Fehlbeurteilungen und Fehleinschätzungen, der jeder Unternehmensleiter, mag er auch noch so verantwortungsbewusst handeln, ausgesetzt ist[199].

Pflichtwidrig wird sein Verhalten erst dann, wenn der Vorstand – bzw. allgemein das geschäftsführende Organ der Gesellschaft – nicht mehr im Rahmen seines pflichtgemäßen Ermessens handelt und die Grenzen normaler unternehmerischer Wagnisse überschreitet[200] .

---

197 *Mertens/Cahn* in KK AktG § 93 Rn 10.

198 MünchKommAktG/*Hefermehl/Spindler* § 93 Rn 24; *Hopt* in Großkomm AktG § 93 Rn 81.

199 BGHZ 135 244 (253).

200 So die herrschende gesellschaftsrechtliche Auffassung: BGHZ 135 244 (253); 136 133 (140); BGH WM 1998 1799; *Hopt* in Großkomm AktG § 93 Rn 81, 82; *Kort* in GroßKomm AktG § 76 Rn 51; MünchKommAktG/*Hefermehl/Spindler* § 93 Rn 24;

Eine solche Pflichtwidrigkeit kommt erst dann in Betracht, wenn die Grenzen, in denen sich ein von Verantwortungsbewusstsein getragenes, ausschließlich am Unternehmenswohl orientiertes, auf sorgfältiger Ermittlung der Entscheidungsgrundlagen beruhendes, unternehmerisches Handeln bewegen muss, deutlich überschritten sind, die Bereitschaft, unternehmerische Risiken einzugehen, in unverantwortlicher Weise überspannt worden ist oder das Verhalten des Vorstands aus anderen Gründen als pflichtwidrig gelten muss[201].

Diese vom Zweiten Zivilsenat aufgestellten Grundsätze haben mittlerweile – wenn auch eingeschränkt – Einzug ins Aktiengesetz gefunden; durch das Gesetz zur Unternehmensintegrität und Modernisierung des Anfechtungsrechts (kurz: UMAG) vom 22. September 2005 wurde § 93 AktG dahingehend geändert, dass folgender Satz in Absatz 1 zusätzlich eingeführt wurde:

> *„Eine Pflichtverletzung liegt nicht vor, wenn das Vorstandsmitglied bei einer unternehmerischen Entscheidung vernünftigerweise annehmen durfte, auf der Grundlage vernünftiger Information zum Wohle der Gesellschaft zu handeln."*

Der Gesetzgeber hat durch diese Vorschrift die aus dem angelsächsischen Rechtskreis schon länger bekannte *Business Judgement Rule* in das deutsche Aktienrecht übernommen, wonach der Vorstand einer Aktiengesellschaft nur in evident fehlerhaften Fällen für begangene Pflichtverletzungen persönlich haftet und entstandenen Schaden ersetzen muss.

Die Business Judgement Rule hat ihre Grundlage in der Erkenntnis, dass die Gerichte mangels profunder Sachkenntnis oft nicht in der Lage wären, unternehmerische Entscheidungen zu treffen, und sich deshalb in der inhaltlichen Überprüfung solcher Entscheidungen zurückhalten sollten.

Der amerikanische Gesetzgeber – anders z.B. in Australien – hat sich jedoch bislang außerstande gesehen, eine Kodifikation dieser Regel vorzunehmen.

Nach der Begründung der Bundesregierung zum UMAG soll der in § 93 I 2 AktG eingeflossene Grundgedanke eines Geschäftsleiterermessens im Bereich unternehmerischer Entscheidungen nicht auf den Haftungstatbestand des § 93 AktG und nicht auf die Aktiengesellschaft beschränkt sein, sondern auch ohne positivrechtliche Regelung bei allen Formen unternehmerischer Betätigung Anwendung finden[202].

Hüffer AktG § 93 Rn 13, 13a; *Lutter/Hommelhoff* § 43 Rn 28; *Schneider* in Scholz-GmbHG § 43, 44 b; *Mertens* in Hachenburg GmbHG § 43 Rn 19.

201 BGHZ 135 244 (253).

202 Begr. RegE UMAG, BT-Drs 15/5092, 12.

Auf den ersten Blick könnte man meinen, dass § 93 I 2 AktG das gesellschaftsrechtliche Pendant zum strafrechtlichen Risikogeschäft ist.

Ein strafrechtliches Risikogeschäft liegt vor, wenn ein Geschäft für den Treugeber das Risiko des Vermögensverlustes beinhaltet[203].

Der Abschluss eines mit einem Risiko behafteten Geschäfts erfüllt aber nach einhelliger Meinung in Rechtsprechung und Strafrechtslehre nicht schon wegen des Risikos als solchem oder wegen des Eintritts eines Verlustes den Tatbestand der Untreue[204]. Ein riskantes Handeln, dessen Folgen einen anderen treffen, ist nach herrschender Meinung erst dann pflichtwidrig im Sinne des § 266 StGB, wenn der Handelnde den ihm gezogenen Rahmen nicht eingehalten, insbesondere die Grenzen des verkehrsüblichen Risikos überschritten hat[205].

Ein Blick in die Begründung der Bundesregierung zum UMAG zeigt aber, dass § 93 I 2 AktG bei der Bewertung von Risikogeschäften nicht anwendbar ist, wenn es sich nicht um eine „unternehmerische Entscheidung“ handelt, sondern um eine „gebundene Entscheidung“[206].

Die Regelung geht nach der Begründung der Bundesregierung von der Differenzierung zwischen fehlgeschlagenen unternehmerischen Entscheidungen einerseits und der Verletzung sonstiger Pflichten andererseits (Treuepflichten, Informationspflichten, sonstige allgemeine Gesetzes- und Satzungsverstöße) aus, sog. gebundene Entscheidungen.

Ein Verstoß gegen diese letztere Pflichtengruppe ist danach von der Bestimmung des § 93 I 2 AktG nicht erfasst, selbst wenn der Pflichtverstoß im Zusammenhang mit einem strafrechtlichen Risikogeschäft steht.

Für illegales Verhalten innerhalb dieser Pflichtengruppe gibt es keinen „sicheren Hafen“ im Sinne einer haftungstatbestandlichen Freistellung, es kann hier im Einzelfall aber am Verschulden fehlen.

---

203 BGH StV 2004 424; NJW 1975 1234 (1235); *Kindhäuser* in NK § 266 Rn 73; *Hillenkamp* NStZ 1981 161 (165); *Thomas* in Anwaltshandbuch § 17 Rn 83; *Perron* in Schönke/Schröder § 266 Rn 20, versteht darunter, dass die Prognose, ob die fragliche Maßnahme zu einem Gewinn oder einem Verlust führt, mit erhöhtem Maß an Ungewissheit belastet ist; *Hellmann* ZIS 2007 433, der unter einem Risikogeschäft alle Handlungen und Unterlassungen versteht, die das Vermögen gewissen Gefährdungen aussetzen.

204 BGH StV 2004 424; NJW 1975 1234 (1235); *Hillenkamp* NStZ 1981 161 (162); *Hellmann* ZIS 2007 433 (435); *Kindhäuser* in NK § 266 Rn 75; *Fischer* § 266 Rn 44; *Boetticher* in jurisPR – StrafR 7 2011 1 (4).

205 BGH NJW 1975 1234 (1236); *Fischer* § 266 Rn 42 ff; *Hillenkamp* NStZ 1981 161 (162).

206 Begr. RegE UMAG, BT-Drs 15/5092, 11.

Unternehmerische Entscheidungen hingegen, die dem Privileg des § 93 I 2 AktG unterstehen, sind infolge ihrer Zukunftsbezogenheit durch Prognosen und nicht justiziable Einschätzungen geprägt. Dies unterscheidet sie von der Beachtung gesetzlicher, satzungsmäßiger oder anstellungsvertraglicher Pflichten ohne tatbestandlichen Beurteilungsspielraum.

Das bedeutet, dass eine gesellschaftsrechtliche Pflichtverletzung immer dann sicher vorliegt, wenn der Geschäftsführer oder das Vorstandsmitglied gegen irgendeine Rechtsnorm verstößt[207].

Im Falle der Bildung schwarzer Kassen und der Schmiergeldzahlung kommen Verstöße gegen gesetzliche Buchführungspflichten, gegen strafrechtliche Korruptionstatbestände sowie Verstöße gegen die Abgabeordnung in Betracht.

Dass diese Pflichtenverstöße gegebenenfalls unternehmensnützlich sind, ist aus gesellschaftsrechtlicher Sicht unerheblich. Bei Rechtsverstößen jeglicher Art, auch außerhalb des Gesellschaftsrechts, liegt ein Verstoß gegen § 93 I AktG bzw. gegen § 43 I GmbHG vor[208].

So sind insbesondere auch unternehmensnützliche Schmiergeldzahlungen gesellschaftsrechtlich pflichtwidrig[209].

Bei der Bewertung des strafrechtlichen Risikogeschäfts hingegen müssen solche allgemeinen Legalitätspflichten außen vor bleiben[210]. Insoweit ist der 2. Strafsenat in der Trienekens – Entscheidung inkonsequent[211].

Er begründete die Pflichtverletzung wie bereits dargestellt auf zwei Ebenen: Zum einen läge die Pflichtwidrigkeit in einem Verstoß gegen die gesellschafts- und aktienrechtlichen Generealklauseln (§ 43 Abs. 1 GmbHG und § 93 Abs. 1 AktG) und zum anderen in dem Verstoß gegen Buchführungsvorschriften.

Während der 2. Strafsenat dogmatisch korrekt bei den Verstößen gegen die Buchführungsvorschriften ausführt, dass diese (auch) dem Vermögensschutz dienen, fehlen solche Ausführungen bei den Pflichten aus den §§ 43 GmbHG und 93 AktG.

Diese „Lücke“ ist fatal, wie noch zu zeigen sein wird.

---

207 BGHSt 55 266.

208 *Fleischer* ZIP 2005 141 (145); *Hopt* in GroßKomm AktG § 93 Rn 98; *Mertens/Cahn* in KK AktG § 93 Rn 21; *Paefgen*, 24; BGHSt 55 266.

209 *Fleischer* ZIP 2005 141 (145).

210 *Bernsmann* GA 2009 296 (307); *Hellmann* ZIS 2007 433 (437); *Schünemann* NStZ 2006 196 (198); *Kubiciel* NStZ 2005 353 (360); *Deiters* ZiS 2006 152 (155), a. A. *Fischer* § 266 Rn 44; SSW/StGB/*Saliger*, der begrifflich in Fällen der formal rechtswidrigen Geschäfte wie Schmiergeldzahlungen schon kein Risikogeschäft annehmen will.

211 BGHSt 266 (276).

Denn die Pflichtverletzung i. S. d. der Untreue setzt voraus, dass die Normen, gegen die verstoßen wird, unmittelbar dem Vermögensschutz dienen. Andernfalls würde die Untreue den Schutz der Redlichkeit des Rechts- und Wirtschaftsverkehrs bezwecken, was jedoch, wie bereits dargestellt, abzulehnen ist[212]. Ob Verstöße gegen das Gesellschaftsrecht oder das sonstige Recht ein strafrechtliches Risikogeschäft pflichtwidrig machen, muss eigenständig unter dem Blickwinkel des Schutzzwecks der verletzten Norm beurteilt werden. Der strafrechtliche Begriff „Risikogeschäft" ist demnach ungleich zur „unternehmerischen Entscheidung" i. S. v. § 93 I 2 AktG.

Da durch die Bildung und Nutzung schwarzer Kassen gegen Regelungen des Gesellschaftsrechts und sonstige Vorschriften verstoßen wird, sind diese Maßnahmen zwar gesellschaftsrechtlich pflichtwidrig und verstoßen gegen die Generalklauseln der §§ 93 I AktG und 43 GmbHG.

Ob dies auch zu einer Pflichtverletzung i. S. d. Untreue führt, muss allerdings im Hinblick auf den Schutzzweck von § 266 StGB selbstständig bewertet werden.

So sieht es auch der 1. Strafsenat des BGH und hat in seinem Beschluss vom 13. September 2010[213] deutlich gemacht, dass auch nach seiner Ansicht eine Normverletzung in der Regel nur dann pflichtwidrig im Sinne des § 266 StGB ist, wenn die verletzte Rechtsnorm ihrerseits wenigstens auch, und sei es nur mittelbar, vermögensschützende Wirkung für das zu betreuende Vermögen hat[214].

Die allgemeine „Legalitätspflicht", die sich aus den gesellschafts- und aktienrechtlichen Generealklauseln wie §§ 93, 116 Aktiengesetz ergeben, bedeute zwar, dass selbst profitable Pflichtverletzungen gesellschaftsrechtlich pflichtwidrig seien[215]. Dies habe aber nicht zur Folge, dass die primär verletzte Rechtsnorm, wenn sie nicht das betreute Vermögen schütze, allein dadurch vermögensschützend werde, dass ihre Verletzung zugleich eine Verletzung aktienrechtlicher Vorschriften darstelle. Liege ein Verstoß gegen die §§ 93, 116 AktG allein darin, dass eine nicht vemögensschützende Norm außerhalb des Aktiengesetzes verletzt werde, führe dies nicht dazu, dass die Verletzung einer vermögensschützenden Norm im Sinne einer Pflichtverletzung gem. § 266 Abs.1 StGB vorläge, nur weil die primär verletzte Pflicht durch die §§ 93, 116 AktG zu einer aktienrechtlichen Pflicht der Organe der Aktiengesellschaft werde. Denn die Vorschriften der §§ 93, 116 AktG seien Vorschriften von erheblicher Unbestimmtheit und generalklauselartigem

---

212 So auch: *Kubiciel* NStZ 2005 353 (360); *Schünemann* NStZ 2006 196 (199); *Hellmann* ZIS 2007 433 (437).

213 BGHSt 55 288 ff, dort auch zum folgenden Text.

214 BGHSt 55 288 (301).

215 BGHSt 55 288 (302).

Charakter. Eine allein auf die Verletzung dieser Vorschriften abstellende Auslegung des Pflichtwidrigkeitsmerkmales des § 266 Abs. 1 StGB wäre daher nicht geeignet, die verfassungsrechtlich gebotene Beschränkung der Anwendung des Untreuetatbestandes auf evidente Fälle pflichtwidrigen Handelns zu bewirken und damit den Charakter des Untreuetatbestandes als reines Vermögensdelikt zu bewahren[216].

Dies sei bei dem im konkret zu beurteilenden Fall verletzten Straftatbestand des § 119 I Nr.1 Betriebsverfassungsgesetz nicht der Fall, weil diese Vorschrift allein die Integrität der Wahl des Betriebsrates schütze.

Verwendet ein Unternehmensmitarbeiter pflichtwidrig Gelder des Unternehmens, um die Wahl im Interesse des Unternehmens zu manipulieren, liege eine untreuespezifische Pflichtverletzung gegenüber der „eigenen" Gesellschaft nicht vor.

Eine **allgemeine** Legalitätspflicht ist demnach bei der Bestimmung der Pflichtwidrigkeit im Rahmen der Untreue abzulehnen.

b) Erforderlichkeit einer gravierenden Pflichtverletzung und strafrechtlich bestimmte Pflichtverletzung

Ob gesellschaftsrechtliche Pflichtverstöße eine strafbare Verletzung der Vermögensbetreuungspflicht im Rahmen des § 266 StGB darstellen, hängt zunächst davon ab, welche Intensität der einzelne gesellschaftsrechtliche Pflichtverstoß haben muss, um als strafrechtlich relevant angesehen werden zu können.

Entscheidend ist, ob der von der Rechtsprechung teilweise geforderte gravierende gesellschaftsrechtliche Pflichtenverstoß Voraussetzung einer untreuerechtlichen Pflichtverletzung ist.

aa) Die Rechtsprechung zur gravierenden Pflichtverletzung

Als Vorreiter dieser Ansicht kann die Entscheidung des Ersten Strafsenats des BGH vom 6.4.2000 bezeichnet werden[217]. Gegenstand des Urteils war eine risikobehaftete Kreditvergabe durch Vorstandsmitglieder einer Sparkasse.

So hat der Erste Strafsenat in seiner Entscheidung deutlich gemacht, dass die Verletzung irgendeiner – wenn auch gesetzlichen – Verpflichtung (im zugrunde liegenden Fall kam ein Verstoß gegen § 18 Satz 1 Kreditwesengesetz (KWG) in Betracht) nicht ausreicht, um eine selbstständige Pflichtverletzung i. S. d. § 266 StGB anzunehmen. Entscheidend dafür sei vielmehr, ob die Entscheidungsträger

---

216 BGHSt 55 288 (302).

217 BGHSt 46 30.

ihrer Prüfungs- und Informationspflicht bezüglich der Vermögensverhältnisse des Kreditnehmers insgesamt nachgekommen seien[218]. Das Gericht war insoweit der Auffassung, dass sich aus der Nichtbeachtung oder Verletzung des § 18 Satz 1 KWG lediglich Anhaltspunkte dafür ergeben könnten, dass dieser Pflicht nicht ausreichend Genüge getan wurde[219].

Mit dieser Entscheidung verdeutlichte der BGH einen nach seiner Ansicht wesentlichen Grundsatz bei der Bestimmung der Pflichtwidrigkeit nach § 266 StGB, nämlich dass allein der Verstoß gegen irgendeine gesellschaftsrechtliche oder sonstige gesetzliche Verpflichtung nicht ausreicht. Ein Verstoß gegen solche Verpflichtungen könne lediglich Anhaltspunkt für das Vorliegen der strafrechtlich relevanten Pflichtverletzung sein.

Entscheidend ist, dass nach dieser Ansicht die untreuerelevante Pflichtverletzung gerade im Zusammenhang mit der Vermögensbetreuungspflicht stehen muss, ein Verstoß irgendeiner (gesellschaftsrechtlichen) Pflicht reicht allein nicht aus.

Das Erfordernis des Zusammenhangs von Treuverhältnis und Pflichtverletzung ist danach eine der wenigen Wortlautgrenzen, die § 266 StGB im Tatbestand der Untreue aufzeigt, wenn er davon spricht, dass die eingeräumte Befugnis missbraucht oder die obliegende Pflicht, fremde Vermögensinteressen wahrzunehmen, verletzt werden muss. Der ohnehin großzügige Wortlaut des § 266 StGB müsse bei der Bewertung der Strafbarkeit nach § 266 die Grenze bilden: Sofern der Wortlaut schon Grenzen aufzeigt, sei es Mindestvoraussetzung, diese auch einzuhalten. Deswegen ist eine andere Auffassung, die für die strafrechtlich relevante Pflichtverletzung die Verletzung irgendeiner gesellschaftsrechtlichen Pflicht ausreichen lässt, abzulehnen[220].

Während die Rechtsprechung diesen Zusammenhang als „inneren“ Zusammenhang bezeichnet[221], spricht Saliger von einem funktionalen Zusammenhang[222], meint jedoch das Gleiche.

---

218 BGH wistra 2000 305 (306).

219 § 18 Satz 1 KWG: *Ein Kreditinstitut darf einen Kredit, der insgesamt 750.000 Euro oder 10 vom Hundert des haftenden Eigenkapitals des Instituts überschreitet, nur gewähren, wenn es sich von dem Kreditnehmer die wirtschaftlichen Verhältnisse, insbesondere durch Vorlage der Jahresabschlüsse, offen legen lässt.*

220 *Wolf* KJ (33) 2000 531 (548).

221 BGH BGHR StGB § 266 I Vermögensbetreuungspflicht; NJW 1992 250 (251); zustimmend *Fischer* § 266 Rn 38.

222 *Saliger* HRRS 2006 10 (19); *ders.*, Parteiengesetz, 33, 35; ebenso *Perron* in Schönke/Schröder § 266 Rn 23; *Mitsch*, BT/2 § 8 Rn 46; *Kubiciel* NStZ 2005 353 (355); *Lackner/Kühl* § 266 Rn 15.

Er konkretisiert die Voraussetzungen des erforderlichen Zusammenhangs indem er fordert, dass die eigenverantwortliche Machtposition dem Täter die Pflichtverletzung inhaltlich ermöglicht, erleichtert oder in sonstiger Weise maßgeblich gefördert hat[223]

In Fortsetzung seiner vorstehend bezeichneten Untreueentscheidung bei risikobehafteter Kreditvergabe konkretisierte der 1.Strafsenat des BGH in seiner Entscheidung vom 15.11.2001 die Anforderungen an die besondere Pflichtwidrigkeit des Untreuetatbestandes[224].

Zum einen betont der Erste Senat, dass lediglich gravierende Verstöße gegen die bankübliche Informations- und Prüfungspflicht bezüglich der wirtschaftlichen Verhältnisse des Kreditnehmers eine Pflichtwidrigkeit i. S. des Missbrauchstatbestandes begründen[225].

Dabei wird erstmalig in der höchstrichterlichen Rechtsprechung der Begriff der „gravierenden" Pflichtverletzung verwandt, wenn auch zunächst noch bezogen auf gravierende Verstöße gegen bankübliche Informations- und Prüfungspflichten.

Zum anderen ist der Senat der Auffassung, dass eine Pflichtwidrigkeit bei der Vergabe von – hoch riskanten – Folgekrediten entfallen kann, wenn diese

Erfolg bei der Sanierung des gesamten Kreditengagements versprechen. Dies sei insbesondere bei einem wirtschaftlich vernünftigen Gesamtplan der Fall, der auf einen einheitlichen Erfolg angelegt sei und bei dem erst nach einem Durchgangsstadium – hier der Sanierung – ein Erfolg erzielt werde[226].

Der BGH stellt sich damit einmal mehr auf den Standpunkt, dass selbst tatsächlich wirtschaftlich nachteilige Handlungen bereits nicht pflichtwidrig sind, wenn sie lediglich als Durchgangsstadium auf einen einheitlichen Erfolg bei einem wirtschaftlich vernünftigen Gesamtplan angelegt sind. Hier schlägt der Senat die Brücke zu den Grundsätzen des Risikogeschäfts, ohne dessen grundsätzliche Straflosigkeit nach § 266 StGB ein wirtschaftlich vernünftiges Handeln jedes Unternehmers unmöglich wäre.

In Übereinstimmung mit dem Zweiten Zivilsenat hob der Erste Strafsenat in der nachfolgenden sog." Sponsoring-Entscheidung" über die Zuwendungen zur Förderung von Kunst, Wissenschaft, Sozialwesen oder Sport durch eine Aktiengesellschaft den weiten Handlungsspielraum des Vorstands der Aktiengesellschaft

223 *Saliger* HRRS 2006 10 (19).

224 BGHSt 47 148.

225 BGHSt 47 148 (150).

226 BGHSt 47 148 (155).

bei der Leitung der Geschäfte des Unternehmens hervor[227]. Zur Einschränkung der Pflichtwidrigkeit i. S. d. § 266 StGB stellte der Strafsenat abermals auf eine „gravierende“ gesellschaftsrechtliche Pflichtverletzung ab[228]. Ob eine Pflichtverletzung gravierend sei, bestimme sich dabei aufgrund einer Gesamtschau insbesondere der gesellschaftsrechtlichen Kriterien. Bedeutsam sei dabei: fehlende Nähe des Förderungsobjekts zum Unternehmensgegenstand, Unangemessenheit im Hinblick auf die Ertrags- und Vermögenslage der Gesellschaft, fehlende innerbetriebliche Transparenz sowie Vorliegen sachwidriger Motive, namentlich persönlicher Referenzen.

Eine gravierende Pflichtverletzung im Sinne des § 266 StGB liege jedenfalls dann vor, wenn bei der Vergabe sämtliche dieser Kriterien erfüllt seien[229].

In der sog. „Kinowelt-Entscheidung“ bestätigte der Erste Strafsenat im Jahre 2005 seine Auffassung zur „gravierenden“ gesellschaftsrechtlichen Pflichtverletzung[230].

Dem Vorstand der beteiligten Kinowelt Medien AG, der aus dem Vermögen der AG Gelder u.a. an lose mit der AG verbundene fremde Unternehmen, Geschäftsfreunde und auf eigene private Konten transferiert hatte, sei bei seinen in Ausfüllung seiner Vorstandspflichten getroffenen Entscheidungen ein weiter Ermessensspielraum zuzubilligen. Würden hingegen die – weit zu ziehenden – äußersten Grenzen unternehmerischer Entscheidungsfreiheit überschritten und würde damit eine Hauptpflicht gegenüber dem zu betreuenden Unternehmen verletzt, so liege eine Verletzung gesellschaftsrechtlicher Pflichten vor, die so gravierend sei, dass sie zugleich eine Pflichtwidrigkeit im Sinne von § 266 StGB begründe[231].

Eine Einschränkung erfährt diese Rechtsprechung durch die sog. „Mannesmann-Entscheidung“ des Dritten Strafsenats des BGH vom 21.12.2005.

Hier ging es um die strafrechtliche Bewertung kompensationsloser Anerkennungs- und Abfindungsprämien für Vorstandsvorsitzende einer Aktiengesellschaft.

Der Senat stellt sich in dieser Entscheidung auf den Standpunkt, dass das Erfordernis der „gravierenden“ gesellschaftsrechtlichen Pflichtverletzung des Ersten Senats keinen grundsätzlichen Charakter einer Voraussetzung i. S. d. § 266 StGB habe und lediglich eine stark einzelfallbezogene Entscheidung zum einen bei der Vergabe von Krediten, zum anderen speziell für den Bereich der

227 BGHSt 47 187 (192); BGHZ 135 244 (253).
228 BGHSt 47 187 (197).
229 BGHSt 47 187 (197).
230 BGH NStZ 2006 221.
231 BGH NStZ 2006 221 (222).

Unternehmensspenden sei[232]. Der Erste Senat beziehe in der Entscheidung zur Kreditvergabe das Merkmal „gravierend“ nicht auf das Tatbestandsmerkmal der Verletzung der Vermögensbetreuungspflicht. Es sei vielmehr – sowohl nach dem Wortlaut der zitierten Wendung als auch nach dem Gesamtzusammenhang der Urteilsgründe – unmissverständlich auf die Verletzung der Informations- und Prüfungspflicht bezogen.

Mit der Klarstellung, dass nicht die Verletzung jeder Sorgfaltspflicht bei der Entscheidungsfindung für ein nach § 266 Abs. 1 StGB tatbestandsmäßiges Verhalten ausreiche, sei nichts anderes zum Ausdruck gebracht als das, was nach dem Gesetz in seiner Auslegung durch die ständige Rechtsprechung ohnehin gelte: § 266 StGB sei nur anwendbar, wenn die in Frage stehende Maßnahme – nach dem Ergebnis der durchgeführten und erforderlichen Prüfungen – die Pflicht zur Wahrnehmung der Interessen des Vermögensinhabers verletze. In der Sache werde danach nur der in der Rechtsprechung und Literatur anerkannte weite Beurteilungs- und Ermessensspielraum, ohne den risikobehaftete unternehmerische Entscheidungen nicht möglich seien, für Fälle der Kreditvergabe weiter ausgestaltet und klargestellt, dass nicht jeder Pflichtenverstoß bereits eine Pflichtverletzung im Sinne des § 266 Abs. 1 StGB begründe.

Auch in seinem Urteil zur Frage der Untreuestrafbarkeit durch Unternehmensspenden[233], habe der Erste Strafsenat nicht die Auffassung vertreten, dass im Bereich risikobehafteter unternehmerischer Entscheidungen der Untreuetatbestand lediglich auf gravierende Verletzungen der Vermögensfürsorgepflicht angewandt werden könne.

Anliegen des Urteils sei es vielmehr gewesen, speziell für den Bereich der Unternehmensspenden in ihren unterschiedlichen Erscheinungsformen unter Berücksichtigung der diese Fallgruppe prägenden Besonderheiten – insbesondere auch mit Blick darauf, dass sich deren Werbewirkung keinesfalls exakt messen ließe und der wirtschaftliche Nutzen für das spendende Unternehmen nicht genau bestimmt werden könne – die Notwendigkeit eines weiten Handlungsspielraums des Entscheidungsträgers zu betonen und Kriterien für die Beurteilung anzubieten, ob sich die Gewährung der Spende im Einzelfall im Rahmen dieses Spielraums halte.

Der Dritte Senat lehnte eine Anwendung der angezweifelten „Grundsätze“ des Ersten Senats im „Mannesmannverfahren“ wegen der Unvergleichbarkeit der Fälle ab. Die Bewilligung der Anerkennungsprämien sei für die Angeklagten

232 BGHSt 50 331 (344 ff.), dort auch zum folgenden Text.
233 BGHSt 47 187.

keine risikobehaftete Entscheidung gewesen. Die Zuerkennung der Prämien habe für das zu betreuende Vermögen der Mannesmann AG ausschließlich nachteilige Wirkungen gehabt. Ein im Übrigen auch nicht angestrebter, irgendwie gearteter Vorteil für die Gesellschaft habe unter den gegebenen Umständen nicht eintreten können. Damit habe für die handelnden Aufsichtsratsmitglieder kein Handlungsspielraum bestanden.

Für solche Fallgestaltungen stehe auch nach der Rechtsprechung des Ersten Strafsenats außer Frage, dass die Entscheidungsträger die ihnen obliegende Vermögensbetreuungspflicht im Sinne des § 266 Abs. 1 StGB verletzen, ohne dass dem Merkmal einer „gravierenden" Pflichtverletzung irgendeine Bedeutung zukommen könne.

Das Urteil des Dritten Senats wird teilweise als „Ausreißer" und *„schwerlich in Einklang"* zu bringende Entscheidung zu der Rechtsprechung des Ersten Senats verstanden[234] und als Aufgabe des Erfordernisses der „gravierenden" Pflichtverletzung gesehen[235].

Doch die Abkehr von der gravierenden gesellschaftsrechtlichen Pflichtverletzung ist nur scheinbar. Den Ausführungen des Dritten Senats kann mit Sicherheit nur entnommen werden, dass die „gravierende" gesellschaftsrechtliche Pflichtverletzung nicht grundsätzlich bei der Untreuestrafbarkeit von Organen in Kapitalgesellschaften vorausgesetzt werden muss.

Anwendbar bleibt dieser Grundsatz aber zumindest bei risikobehafteten unternehmerischen Entscheidungen der Gesellschaftsorgane[236].

Das Bundesverfassungsgericht hat diese Rechtsprechung ausdrücklich gebilligt[237]. Nimmt man die Ausführungen streng, so scheint das Bundesverfassungsgericht sogar weiter zu gehen und grundsätzlich eine gravierende Pflichtverletzung zu fordern, wenn es ausführt, dass die Rechtsprechung, die eine gravierende Pflichtverletzung fordert, eine tatbestandseinschränkende Funktion erfülle, die in Anbetracht der erforderlichen Restriktion des Untreueparagraphen erforderlich sei, um dem Bestimmtheitsgebot Genüge zu tun[238].

Diese Rechtsprechung ist zu begrüßen, denn bei der Bestimmung des strafrechtlichen Verhaltensmaßstabs in Kapitalgesellschaften muss der Tatsache

234 *Thomas* in Anwaltshandbuch § 17 Rn 48; *Krey/Hellmann* StR BT Rn 546, sehen die Entscheidung des Ersten Senats zur gravierenden Pflichtverletzung als Ausreißer.

235 *Wabnitz/Janovsky* 4 Rn 74.

236 Zustimmend MünchKommStGB/*Dierlamm* § 266 Rn 176, der sogar grundsätzlich eine gravierende Pflichtverletzung verlangt.

237 BVerfGE 126 170 (211).

238 BVerfGE 126 170 (211).

Rechnung getragen werden, dass sie als Wirtschaftsunternehmen den Regeln des Wirtschaftslebens unterworfen sind[239].

In erster Linie ist aber das Wirtschaftsunternehmen darauf gerichtet, Gewinne zu erzielen. Eine Marktposition muss ausgebaut werden, der Konkurrent überboten und dem (inter)nationalen Wettbewerb standgehalten werden.

In Zeiten der Abwanderung von Unternehmen in das wirtschaftlich attraktive Ausland haben Gesellschaft und Politik ein immer höheres Interesse daran, Unternehmen im Inland zu halten. Deswegen ist es weder im Interesse der Wirtschaft noch mit dem *ultima-ratio*-Zweck des Strafrechts vereinbar, nötige, zum Teil auch gewollte unternehmerische Entscheidungen und Vorgehensweisen von Wirtschaftsunternehmen mit Mitteln des Strafrechts zu verbieten.

Um diesen Vorgaben gerecht zu werden, ist daher weiterhin zu fordern, dass bei unternehmerischen, oft risikobehafteten Entscheidungen im Bereich wirtschaftlich tätiger Unternehmen eine strafrechtliche Pflichtverletzung i. S. der Untreue voraussetzt, dass dem Täter eine „gravierende" gesellschaftsrechtliche Pflichtverletzung vorzuwerfen ist.

bb) Zwischenergebnis

Anknüpfend an diese Rechtsprechung ist also im Rahmen der Untreuestrafbarkeit eine „gravierende" gesellschaftsrechtliche Pflichtverletzung des Täters zu fordern, wenn es sich bei der Bildung und Nutzung schwarzer Kassen um risikobehaftete unternehmerische Entscheidungen handelt.

Soweit dies nicht der Fall ist, ist es nicht erforderlich, dass es sich für die Pflichtverletzung i. S. d. § 266 StGB um eine gravierende gesellschaftsrechtliche Pflichtverletzung handelt.

Ferner reicht eine „gravierende" gesellschaftsrechtliche Pflichtverletzung zur Bestimmung der strafrechtlichen Pflichtwidrigkeit gem. § 266 StGB allein nicht aus. Erforderlich ist darüber hinaus, dass die gesellschaftsrechtliche Pflicht einen Verstoß gerade gegen die Vermögensbetreuungspflicht des Täters darstellt. Dies ist nur dann der Fall, wenn die gesellschaftsrechtliche Pflichtvorgabe dem Vermögensschutz der Gesellschaft dient und gerade den Täter als Normadressaten verpflichtet. Der Vermögensschutz solcher Pflichten darf nicht lediglich Rechtsreflex sein.

---

239 *Schünemann* in LK § 266 Rn 97.

c) *Die schwarze Kasse als strafrechtliches Risikogeschäft*

Die Frage ist, in welchen Fällen bei der Einrichtung von Schwarzgeldkassen von einem Risikogeschäft i. S. des Vorgesagten ausgegangen werden kann.

In der Literatur vertritt insbesondere Weimann die Auffassung, dass die Bildung schwarzer Kassen in Gesellschaften unter die Kategorie des Risikogeschäfts fallen kann[240].

Dies sei insbesondere in den Fällen denkbar, in denen mit den Mitteln aus der schwarzen Kasse Schmiergelder gezahlt würden, die zum Abschluss ertragreicher Folgegeschäfte führen. Hier könnte die Bildung des Sonderfonds als Teil eines wirtschaftlichen Gesamtplans angesehen werden.

Bei derartigen Fällen fehle es daher bereits an der untreuetypischen Pflichtwidrigkeit, denn im Rahmen der vom Vermögensinhaber vorgegebenen Zwecksetzung können auch solche Entscheidungen pflichtgemäß sein, die zunächst das betreute Vermögen vermindern, auf längere Sicht jedoch einen Vorteil bedeuten.

Bei einem im Sinne des Vermögensinhabers wirtschaftlichen Gesamtplan, dessen Ziel die Vermögensmehrung sei, seien auch etwaige Anfangsverluste noch pflichtgemäß. Daher bestehe bereits kein Bedürfnis, in einen Nachteilsausgleich auch Vorteile einzubeziehen, die durch spätere Handlungen erzielt würden[241].

Ohne diesem Ergebnis zu widersprechen, trifft der Ansatz von Weimann nicht den Kern des Problems.

Weimann schließt ohne genaue Analyse von dem eigentlich angestrebten Risikogeschäft – dem durch die Schmiergeldzahlung motivierten Geschäftsabschluss – auf die schwarze Kasse als Risikogeschäft selbst.

Mit dieser These würde es also für die strafrechtliche Bewertung von Risikogeschäften nicht darauf ankommen, wie das konkrete Risikogeschäft abgewickelt wird. Konsequenz dieses Ansatzes wäre dann, dass immer dann, wenn ein nicht pflichtwidriges Risikogeschäft geplant ist, andere Verstöße, die der Täter im Vorfeld oder bei der Durchführung des Risikogeschäfts begeht, keinen untreuespezifischen Pflichtverstoß begründen könnten, da ja das angestrebte Risikogeschäft selbst nicht pflichtwidrig ist. Das Vermögen des Treugebers wäre quasi schutzlos, sobald der Täter ein an sich nicht pflichtwidriges Risikogeschäft subjektiv anstrebt.

Die Frage muss aber sein, ob es pflichtwidrig ist, solche Risikogeschäfte über schwarze Kassen abzuwickeln, und nicht, ob ein Geschäft – unabhängig von seiner Finanzierung aus einer schwarzen Kasse – pflichtwidrig ist oder nicht.

---

240 *Weimann*, Schwarze Kassen, S. 100.

241 *Weimann*, Schwarze Kassen, S. 100.

Weimann macht es sich zu leicht und verkennt das eigentliche Problem, wenn er meint, die Pflichtwidrigkeit bei risikobehafteten Geschäftsabschlüssen in Verbindung mit schwarzen Kassen sei (ohne differenzierende Überprüfung) genauso zu behandeln wie die Abwicklung risikobehafteter Geschäftsabschlüsse ohne schwarze Kassen.

Es muss daher die Frage vorangestellt werden, ob die Einrichtung der schwarzen Kasse selbst oder in Verbindung mit dem geplanten Geschäftsabschluss ein Risikogeschäft darstellt.

Voraussetzung für die Bejahung einer Risikoentscheidung ist nach höchstrichterlicher Rechtsprechung, der wie oben dargelegt zu folgen ist, dass zumindest ein „*irgendwie gearteter Vorteil*" vom Betreuungspflichtigen angestrebt ist[242]. Genau dies ist aber bei der Bildung einer schwarzen Kasse in Gesellschaften Ziel des Täters; es soll durch sie – wenn auch nicht in ordnungsgemäßer Weise – ein Vorteil für die Gesellschaft erreicht bzw. ermöglicht werden.

aa) Der Wert der schwarzen Kasse

Die Einrichtung einer schwarzen Kasse stellt für sich genommen keine gewinnbringende Investition dar. Sie stellt kein „Geschäft" dar, das unmittelbar Vermögensvorteile mit sich bringt. Hier geht es in der Regel bloß um Verlagerung und Verwaltung von Geldern. Sie ist dabei niemals Selbstzweck. Zu denken wäre hier allenfalls an steuerliche Vorteile, indem aus dem offiziellen Rechnungswerk der Unternehmen Geld herausgezogen wird, so dass eine Versteuerung der Gelder, die in der schwarzen Kasse ruhen, ausbleibt[243].

Solche Vorteile stellen jedoch allenfalls mittelbare Vorteile dar. Der Steueranspruch des Staates bleibt bestehen. Die Versteuerung wird nur brach gelegt.

Zu weit geht Schlösser, wenn er argumentiert, allein die buchungsmäßige Einrichtung einer schwarzen Kasse habe bereits einen wirtschaftlichen Wert für das Unternehmen[244]. Er sieht in der Absicht des Täters, die Gelder bei Gelegenheit im Interesse des Treugebers zu verwenden, eine vermögenswerte Exspektanz, die darin begründet sei, dass der Treugeber die Gelder – möglicherweise mit Gewinn – zurückerhält.

Diese Exspektanz ist jedoch derart subjektiviert, dass ihr ein wirtschaftlicher Wert vor tatsächlich nützlicher Verwendung schwerlich beizumessen ist. Ein solcher genereller Rückgabewille ist derart abstrakt und ungewiss, dass kaum von

---

242 BGHSt 50 331 (346).

243 Vgl. auch die Fälle der verdeckten Gewinnausschüttung.

244 *Schlösser* HRR 2009 19 (24), dort auch zum folgenden Text.

einer gesicherten Gewinnoption die Rede sein kann. Darüber hinaus führt allein eine Rückgabe von entzogenem Geld niemals zum Gewinn, bestenfalls zu einem Ausgleich.

Die eigentliche gewinnorientierte Maßnahme besteht in der tatsächlichen Verwendung der Gelder aus der Kasse, namentlich der durch Schmiergeldzahlungen bedingten Auftragserlangung. Die schwarze Kasse stellt die Mittel für die Förderung des Geschäftsabschlusses zur Verfügung – hier geht es zunächst um die Art und Weise der Mittelbeschaffung für die geplante Investition.

Wird eine schwarze Kasse jedoch eigens dafür eingerichtet, um die Mittel für den sicheren Abschluss eines bestimmten, etwa durch Schmiergeldzahlung zu fördernden, lukrativen Geschäfts (Schmiergeldgeschäft) zur Verfügung zu stellen, dann kann aber die Einrichtung der schwarzen Kasse nicht von dem geplanten Geschäft isoliert beurteilt werden. In diesem Fall handelt es sich um einen geschäftlichen Gesamtplan, der mit der Einrichtung der Kasse beginnt und mit dem Abschluss des Geschäfts endet und man könnte der schwarzen Kasse selbst einen eigenen Vermögenswert für das Unternehmen beimessen.

Die Einrichtung einer solchen schwarzen Kasse – im Folgenden *geschäftsbezogene* schwarze Kasse genannt – stellt einen Teilakt eines unternehmerischen Gesamtgeschäfts dar. Sie ist als „Werkzeug" des noch abzuschließenden Geschäfts anzusehen. Eine Abtrennung der so im Unternehmensinteresse eingerichteten schwarzen Kasse von dem geplanten und aus der Kasse geförderten Geschäftsabschluss würde sich als eine unnatürliche Abspaltung darstellen.

Zu fragen bleibt noch, wann von einer solchen geschäftsbezogenen schwarzen Kasse die Rede sein kann.

Erforderlich ist nicht, dass die Finanzierung über die schwarze Kasse für den Erfolg eines Geschäfts nötig oder sogar zwingend ist, ausreichend ist ein innerer Zusammenhang von schwarzer Kasse und Gewinngeschäft. Im Falle von Schmiergeldgeschäften kann die Bildung einer schwarzen Kasse zum Zwecke der Durchführung der Schmiergeldzahlungen erforderlich, jedenfalls förderlich sein. Gerade im Bereich unlauterer Geschäftsvorgänge wird die Durchführung eines solchen Geschäfts ohne eine schwarze Kasse kaum möglich sein. Die schwarze Kasse ist als Ort der Verschleierung für die Durchführung solch verbotener Geschäfte oft nötig, um das Gelingen zu garantieren, zumal eine Geheimhaltung vor der Öffentlichkeit und Mitbewerbern häufig als förderlich erscheint. Hier muss die Bildung einer schwarzen Kasse in den wirtschaftlich vernünftigen Gesamtplan des Treuhänders mit eingebunden werden. In einer solchen Strategie stellt die Bildung einer schwarzen Kasse ein „Werkzeug" dar und damit einen Teilakt eines umfassenden unternehmerischen Projektes.

Voraussetzung für eine solche Sichtweise ist aber, dass der „Täter" hier von vornherein einen solchen Gesamtplan anstrebt. Daraus folgt dann, dass die schwarze Kasse im Zusammenhang mit dem geplanten Risikogeschäft selbst Teil des Risikogeschäfts ist und ihr auch ein eigener Wert für das Unternehmen zukommt.

bb) Gravierende Pflichtverletzung bei der geschäftsbezogenen schwarzen Kasse

Die Bildung und Unterhaltung einer schwarzen Kasse kann ein Werkzeug, einen Teilakt eines unternehmerischen Geschäfts darstellen. Sie stellt insoweit einen Teil eines Risikogeschäfts im strafrechtlichen Sinne dar.

Für die Bewertung geschäftsbezogener schwarzer Kassen muss es daher im Rahmen der Untreue bei dem Grundsatz einer „gravierenden" gesellschaftsrechtlichen Pflichtverletzung bleiben.

Fraglich ist, ob die bereits festgestellten gesellschaftsrechtlichen Pflichtverstöße bei geschäftsbezogenen schwarzen Kassen gravierend sind.

Wann eine gravierende Pflichtverletzung anzunehmen ist, ist nicht klar definiert.

Der Erste Strafsenat des BGH nahm in der „Sponsoringentscheidung" an, dass sich eine gravierende Pflichtverletzung aufgrund einer Gesamtschau insbesondere der gesellschaftsrechtlichen Kriterien bestimme[245]. Bedeutsam sei dabei: fehlende Nähe des Zahlungsempfängers zum Unternehmensgegenstand, Unangemessenheit der Zahlung im Hinblick auf die Ertrags- und Vermögenslage des Geld gebenden Unternehmens, fehlende innerbetriebliche Transparenz sowie Vorliegen sachwidriger Motive, namentlich persönlicher Referenzen. Eine gravierende Pflichtverletzung im Sinne des § 266 StGB liege jedenfalls dann vor, wenn bei der Vergabe eines Kredites sämtliche dieser Kriterien erfüllt seien.

Überprüft man diese einzelnen Kriterien, lässt sich bei der zielgerichteten Einrichtung schwarzer Kassen als Teilakt eines aktuellen unternehmerischen Geschäftes häufig lediglich die fehlende innerbetriebliche Transparenz feststellen. Dabei darf aber nicht allein von der fehlenden innerbetrieblichen Transparenz darauf geschlossen werden, dass die Einrichtung einer schwarzen Kasse nicht im Unternehmensinteresse liegt[246]. Sieht man allein den mit der Schmiergeldzahlung angestrebten Gewinn versprechenden Geschäftsabschluss, ist das Gegenteil der Fall.

---

245 BGHSt 47 187 (197), dort auch zum folgenden Text.

246 *Deiters* ZIS 2006 152 (155).

Eine Gesamtschau ergibt, dass allein die fehlende Transparenz um die Einrichtung und Nutzung der schwarzen Kasse nicht ausreicht, eine gravierende Pflichtverletzung zu begründen. Die geschäftsbezogene schwarze Kasse wird unzweifelhaft im Unternehmensinteresse eingerichtet. Das Folgegeschäft entspricht dabei in der Regel dem Unternehmensgegenstand. Dass das Folgegeschäft durch Schmiergeldzahlungen ermöglicht wurde, ist für die Beurteilung des Gesamtgeschäftes als betriebsnützlich unerheblich.

Auch auf der Grundlage der „Mannesmannentscheidung" stellt die Einrichtung und Nutzung einer geschäftsbezogenen schwarzen Kasse keine gravierende gesellschaftsrechtliche Pflichtverletzung dar.

Der Dritte Strafsenat nimmt in der Entscheidung eine gravierende Pflichtverletzung in Sinne des § 266 StGB auch dann an, wenn der Verpflichtete bei unternehmerischen Risikoentscheidungen wegen der damit verbundenen Unwägbarkeiten das ihm eingeräumte Ermessen fehlgebraucht[247].

Von einem solchen Ermessensfehlgebrauch wird aber bei der Einrichtung einer schwarzen Kasse zur Förderung eines lukrativen Geschäftsabschlusses kaum die Rede sein können.

Dies ergibt sich aus der Überlegung, dass es nicht unwahrscheinlich ist, dass der Vermögensinhaber bei ausreichender Einbindung in die unternehmerische Entscheidung selbst die Einrichtung einer schwarzen Kasse zu diesem Zweck beschlossen hätte[248]. Denn die Entscheidung, eine unternehmensnützliche, geschäftsbezogene schwarze Kasse einzurichten, ist nicht nur vertretbar, sondern geradezu wirtschaftlich sinnvoll, solange es Märkte gibt, zu denen nur Zugang erhält, wer zuvor ein Schmiergeld entrichtet hat[249]. Dabei sei nicht nur an die vielen, nicht demokratisch organisierten Länder in aller Welt zu erinnern, mit denen die deutsche Wirtschaft einen Großteil ihres Handels betreibt.

Wie die Erfahrung lehrt, sind Schmiergeldzahlungen auch auf manchen Märkten in demokratisch verfassten Ländern nicht unüblich und sicherlich von Unternehmensführern in ihre strategischen Überlegungen mit einzubeziehen.

Damit liegt es nahe bzw. ist es zumindest nicht ausgeschlossen, dass der Vermögensinhaber in manchen Fällen selbst bei Kenntnis aller Umstände die Einrichtung einer geschäftsbezogenen schwarzen Kasse beschlossen hätte. Sind die Risiken des der schwarzen Kasse folgenden Schmiergeldgeschäfts vertretbar,

---

247 BGHSt 50 331 (344 ff.).

248 Das Einverständnis zur Bildung schwarzer Kassen ist wirksam, siehe dazu unten V 3.a.; für eine Bestimmung des Merkmals *gravierend* anhand der mutmaßlichen Entscheidung des Vermögensinhabers: *Kubiciel* NStZ 2005 353 (360).

249 *Bernsmann/Gatzweiler* Rn 709.

fehlt es daher an einer gravierenden Pflichtverletzung[250]. Die Entscheidung zur Einrichtung einer geschäftsbezogenen schwarzen Kasse kann dann nicht mehr als ermessensfehlerhaft bezeichnet werden.

Die Einrichtung einer geschäftsbezogenen schwarzen Kasse stellt also in der Regel keine gravierende gesellschaftsrechtliche Pflichtverletzung dar.

Eine solche kann nur ausnahmsweise dann angenommen werden, wenn durch das auf die Einrichtung der schwarzen Kasse folgende (Schmiergeld-) Geschäft dem Verpflichteten wirtschaftlich und rechtlich unvertretbare Risiken aufgebürdet werden[251].

Dies kommt in der Praxis schwarzer Kassen aber kaum vor.

Daher ist die Einrichtung einer geschäftsbezogenen schwarzen Kasse regelmäßig nicht pflichtwidrig i. S. d. Untreue.

cc) Pflichtwidrigkeit bei einer allgemeinen schwarzen Kasse

Eine *allgemeine* schwarze Kasse liegt im Gegensatz zu einer geschäftsbezogenen schwarzen Kasse vor, wenn die Kasse nicht zum Zwecke des Abschlusses eines (Schmiergeld-)Geschäfts eingerichtet wird. Das ist insbesondere dann der Fall, wenn die Kasse allein deswegen eingerichtet wird, um Gelder ständig zur Verfügung zu haben, damit Vorgaben des Vermögensinhabers umgangen werden und die Geschäfte nach Gutdünken des Treunehmers geführt werden können.

Der wesentliche Unterschied zur geschäftsbezogenen schwarzen Kasse liegt darin, dass der Täter diese ohne konkrete Zweckbindung einrichtet, also der Einsatz der Gelder aus dem Sonderfonds noch nicht genau feststeht.

Der allgemeinen schwarzen Kasse fehlt grundsätzlich der wirtschaftliche Aspekt, der bei der geschäftsbezogenen schwarzen Kasse die Unternehmensnützlichkeit ausmacht, und damit der Zweck, dem Unternehmensinteresse zu dienen.

Ohne die Kombination der Einrichtung einer schwarzen Kasse mit einem geplanten (Risiko-)Geschäft fehlt der allgemeinen Kasse ferner die „Werkzeugqualität“, so dass sie nicht als Teil eines Risikogeschäfts anzusehen ist.

---

250 Vgl. auch *Tiedemann* in Tröndle-FS, 319 (328), der eine Pflichtverletzung des Vorstandes und Aufsichtsrates bei Geldzahlungen ablehnt, wenn ein Handeln im Unternehmensinteresse festgestellt werden kann; als ausreichend erachtet er jedes wirtschaftlich irgendwie sinnvolle Ziel der Geldzahlung.

251 Zu diesem Ergebnis dürfte auch *Helmrich* in NZG 2011 1252 (1254) kommen, wenn er für die gravierende Pflichtverletzung fordert, dass die Handlung „evident unvertretbar, willkürlich oder schädigend“ ist.

Ohne den prognostischen Charakter des Risikogeschäfts lässt sich dann aber das den Täter privilegierende Erfordernis einer gravierenden gesellschaftsrechtlichen Pflichtverletzung bei der Untreuepflichtverletzung nicht mehr begründen.

Daher ist davon auszugehen, dass die Einrichtung und Nutzung einer solchen schwarzen Kasse grundsätzlich strafrechtlich pflichtwidrig erfolgt.

Zwar lässt sich auch in diesem Fall die Pflichtwidrigkeit nicht allein etwa mit einem Verstoß gegen Compliance-Regelungen begründen.

Compliance-Regelungen sind üblicherweise eher programmatisch gehalten und dienen eher einer positiven Außendarstellung des Unternehmens[252]. Ihnen fehlt es daher am Vermögensbezug. Die Untreue verlangt aber eine Verletzung der Vermögensbetreuungspflicht, so dass bei außerstrafrechtlichen Pflichtverletzungen zu fordern ist, dass diese Vorschriften zumindest auch dem Vermögensschutz des Geschäftsherrn dienen[253].

Allerdings ergibt sich bei ihr die strafrechtlich relevante Pflichtwidrigkeit anders als bei der geschäftsbezogenen schwarzen Kasse schon allein aus der Verletzung der Vorschriften zu unternehmerischen Buchführungs- und Bilanzierungspflichten und der damit einhergehenden fehlenden Offenbarung. Denn die Vorschriften zur Buchführung und Bilanzierung bezwecken neben Gläubigerinteressen zumindest auch den Vermögensschutz[254].

Die gesetzlich geforderte Bilanzwahrheit soll dem Vermögensinhaber eine zwanglose Übersicht über seinen Vermögensbestand ermöglichen. Die mangelnde Vermögenstransparenz und die fehlende Offenbarung von Vermögensverschiebungen bei der Einrichtung einer schwarzen Kasse stellen daher eine Verletzung der Vermögensbetreuungspflicht dar, wenn ein konkretes Handeln im Unternehmensinteresse nicht feststellbar ist.

Daher ist die Einrichtung und Nutzung einer allgemeinen schwarzen Kasse gem. § 266 StGB pflichtwidrig.

252 *Bernsmann* GA 2009 296 (307); *Knauer* NStZ 2009 151 (152).

253 *Satzger* NStZ 2009 297 (300); *Rönnau* in Tiedemann-FS, 713 (722); *Kubiciel* NStZ 2005 353 (355); *Schünemann* NStZ 2006 196 (198).

254 *Knauer* NStZ 2009 151 (152); *Weimann*, Schwarze Kassen, 69 ff.; *Rönnau* in Tiedemann-FS, 713 (722).

5. Zusammenfassung der Ergebnisse

Die Bildung und Unterhaltung schwarzer Kassen ist aus gesellschaftsrechtlicher Sicht pflichtwidrig.

Bei strafrechtlichen Risikogeschäften muss das Risikogeschäft eine „gravierende“ gesellschaftsrechtliche Pflichtverletzung darstellen, damit es pflichtwidrig i. S. d. Untreue ist.

Die geschäftsbezogene schwarze Kasse stellt im Zusammenhang mit dem geplanten (Schmiergeld-)Geschäft ein strafrechtliches Risikogeschäft dar. Ihre Einrichtung und Unterhaltung ist in der Regel nicht pflichtwidrig i. S. der Untreue gem. § 266 StGB, wenn der Gesamtplan aus wirtschaftlicher Sicht vertretbar ist. Buchführungsverstöße und die fehlende Offenbarung machen die Einrichtung geschäftsbezogener schwarzer Kassen nicht pflichtwidrig.

Eine allgemeine schwarze Kasse stellt kein strafrechtliches Risikogeschäft dar. Für die Pflichtwidrigkeit i. S. d. der Untreue ist es in diesem Fall nicht erforderlich, dass die Pflichtverletzung gesellschaftsrechtlich gravierend ist. Deswegen sind Einrichtung und Nutzung einer allgemeinen schwarzen Kasse auch aus strafrechtlicher Sicht pflichtwidrig i. S. d. Untreue. Die Pflichtwidrigkeit ergibt sich aus den Verstößen gegen die gesetzlichen Buchführungsvorschriften und der fehlenden Offenbarung.

V. Einverständnis zur Bildung schwarzer Kassen

Eine Strafbarkeit nach § 266 StGB kann ausgeschlossen werden, wenn ein wirksames Einverständnis des Geschäftsherrn in die Einrichtung und Verwendung einer schwarzen Kasse in Betracht kommt.

Dieses Einverständnis macht die Handlung des Täters nicht nur rechtmäßig, sondern tatbestandslos[255].

Das Gleiche gilt für ein mutmaßliches Einverständnis[256].

Ein nachträgliches Einverständnis entfaltet bei der Untreue keine Wirkung, weil Tatbestandsmäßigkeit und Rechtswidrigkeit sich nach dem Zeitpunkt der Tat bestimmen[257].

---

255 BGHSt 3 23 (24, 25); 34 379 (384); 49 147 (157); NJW 2009 89 (91); *Schünemann* in LK § 266 Rn 100; *Perron* in Schönke/Schröder § 266 Rn 21, 38; *Fischer* § 266 Rn 90; SSW-StGB/*Saliger* § 266 Rn 45; MünchKommStGB/*Dierlamm* § 266 Rn 143; *Seier* in Achenbach/Ransiek V 2 Rn 89; *Kindhäuser* in NK § 266 Rn 66; *Rengier* BT 1 § 18 Rn 39; *Wessels/Hillenkamp* BT/2 Rn 758; *Mitsch* BT/2 § 8 Rn 47.

256 *Mitsch* BT/2 § 8 Rn 47.

257 *Schünemann* LK § 266 Rn 100.

Ist die Bildung und Unterhaltung einer schwarzen Kasse vom Einverständnis des Geschäftsherrn gedeckt, scheidet folglich eine Strafbarkeit nach § 266 StGB aus[258].

Grundsätzlich kann derjenige über ein Rechtsgut disponieren, der Inhaber des fraglichen Rechtsguts ist[259].

Da durch § 266 StGB das Vermögen geschützt wird[260], kann dessen Inhaber auch der Schädigung des Vermögens strafbefreiend zustimmen.

So kann z.B. der Eigentümer der Zerstörung einer ihm gehörenden Sache ebenso wirksam zustimmen, wie auch der Boxer der Beeinträchtigung seines Wohlbefindens, ja seiner Gesundheit durch den Gegner im Kampfe.

Im Bereich des strafrechtlichen Einverständnisses in pflichtwidrige, schädigende Handlungen in Kapitalgesellschaften sind jedoch viele Gebiete umstritten.

Zum einen ist die strafrechtliche Vermögenszuordnung in Kapitalgesellschaften nicht immer zweifelsfrei.[261]

Hintergrund dieser Diskussion ist, dass juristische Personen, als welche die meisten großen Wirtschaftsunternehmen gegründet sind, als „Denkgebilde" selbst willensbildungs- und handlungsunfähig sind und stattdessen deren Organe – namentlich die Gesellschafter – Interessen und Handlungsziele der Gesellschaft festlegen.

§ 266 StGB verlangt seinem Wortlaut nach, dass der Vermögensinhaber „Vermögensinteressen" hat, was bei einem „Denkgebilde" schwerlich vorstellbar ist. Des Weiteren treffen die Gesellschafter faktisch alle wirtschaftlichen Bewegungen der Gesellschaft. So wirken sich z. B. Gewinne und Verluste der Gesellschaft mittelbar auf den Anspruch der Gesellschafter beziehungsweise Anteilseigner auf den Reingewinn aus.

---

258 *Fischer* § 266 Rn 90; *Rönnau* in Tiedemann-FS, 713 (718), der aber grundsätzlich davon ausgeht, dass bei einer mit Einverständnis des Geschäftsherrn eingerichteten schwarzen Kasse schon begrifflich keine „schwarze Kasse" vorliegt.

259 *Amelung/Eymann* JuS 2001 937 (939); *Fischer* vor § 32 Rn 3b; BGHSt 6 232 (234); 9 203 (216).

260 RGSt 71 155 (158); BGHSt 8 254 (255); 47 293 (297); *Fischer* § 266 Rn 2; *Perron* in Schönke/Schröder § 266 Rn 1; *Schünemann* in LK § 266 Rn 28; *Krey/Hellmann* § 17 Rn 541.

261 Der Streit entzündet sich insbesondere bei der Einmanngesellschaft; gegen die „Fremdheit" des Vermögens sprechen sich aus: *Nelles*, Untreue, 461 ff., 491 ff.; *Labsch* Jus 1985 602 (604); *ders.* wistra 1985 1 (7); *Perron* in Schönke/Schröder § 266 Rn 21; *Wilhelm*, juristische Person, 12; *Wabnitz/Janowsky* 7 Rn 243.

Diese faktische Wirkung wird insbesondere bei der von den § 1 GmbHG erlaubten Einmann-Gesellschaft deutlich, bei der in der Regel Gesellschafter und Geschäftsführer ein und dieselbe Person sind.

Zum anderen ist bis heute im Bereich der Aktiengesellschaft umstritten, welches konkrete Organ der Aktiengesellschaft die Bildung schwarzer Kassen wirksam bestimmen kann.

Daher sollen für die Kapitalgesellschaften diese grundsätzlichen Fragen zunächst näher beleuchtet werden.

1. Vermögenszuordnung in der Kapitalgesellschaft

Kapitalgesellschaften sind Aktiengesellschaften (AG), Kommanditgesellschaften auf Aktien (KGaA) und Gesellschaften mit beschränkter Haftung (GmbH).

Diese begriffliche Bestimmung ergibt sich u. a. aus dem Handelsgesetzbuch, in dem in den §§ 264 ff. HGB ergänzende Vorschriften für Kapitalgesellschaften geregelt sind. Zudem befindet sich im Umwandlungsgesetz eine Legaldefinition gem. § 3 I Nr. 2 UmwG, in dem die drei vorbenannten Gesellschaften als Kapitalgesellschaften bezeichnet werden.

Das Wesen der Kapitalgesellschaft liegt in der vom Gesetzgeber aufgestellten Verpflichtung, ein bestimmtes Eigenkapital aufzubringen und es nur in bestimmter Weise zu verwenden[262]. Kapitalgesellschaften gehören zu der gesellschaftsrechtlichen Gruppe der Körperschaften.

Körperschaften sind Vereinigungen, deren Zielverwirklichung unabhängig von den Gründern oder bestimmten Personen gedacht ist[263].

Demgegenüber stehen die Personengesellschaften. Zu den Personengesellschaften zählen z. B. die Gesellschaft bürgerlichen Rechts, die offene Handelsgesellschaft oder die Kommanditgesellschaft.

Bei den Personengesellschaften steht der persönliche Einsatz der Mitglieder und ihr Verhältnis untereinander im Vordergrund[264], während bei den Kapitalgesellschaften die Kapitalbeteiligung prägend ist[265]

Körperschaften sind mit Ausnahme des nicht rechtsfähigen Vereins juristische Personen[266].

---

262 *Hirte*, Kapitalgesellschaftsrecht, § 1 Rn 1.1; *Raiser*, Kapitalgesellschaftsrecht, § 1 Rn 2.

263 *Hirte*, Kapitalgesellschaftsrecht, § 1 Rn 1.3; *Wiedemann*, Gesellschaftsrecht I, 90.

264 *Hirte*, Kapitalgesellschaftsrecht, § 1 Rn 1.3; *Kübler/Assmann* § 4 IV.

265 *Klunzinger*, 2.

266 *Hirte*, Kapitalgesellschaftsrecht, § 1 Rn 1.8.

Eine juristische Person ist eine zweckgebundene Organisation, der die Rechtsordnung die Rechtsfähigkeit verliehen hat[267]. Juristische Personen sind somit selbst Träger von Rechten und Pflichten[268].

Personengesellschaften unterscheiden sich unter anderem dadurch von Kapitalgesellschaften, dass es Personengesellschaften mit nur einem Gesellschafter nicht gibt.

Kapitalgesellschaften hingegen, die grundsätzlich auch als Ein-Mann-Gesellschaften zulässig sind (§ 1 GmbH-Gesetz und § 2 AktG), haben als juristische Person aus gesellschaftsrechtlicher Sicht ein rechtlich verselbstständigtes, eigenes Vermögen, das von dem Vermögen der Gesellschafter zu unterscheiden ist[269] und über das die Gesellschafter nur nach den besonderen Bestimmungen des GmbHG und AktG sowie den Unternehmenssatzungen verfügen können. Das Gesellschaftsvermögen kann daher auch für die Gesellschafter als fremdes Vermögen eigenständiges Angriffsobjekt im Rahmen von § 266 BGB sein.

Anders liegt es bei Personengesellschaften, wie der Offenen Handelsgesellschaft (OHG) oder der Gesellschaft Bürgerlichen Rechts (GBR).

Hier besteht für die Gesellschafter Gesamthandsvermögen an den eingebrachten Gesellschaftsanteilen, so dass für den einzelnen Gesellschafter das Vermögen der Gesellschaft nicht fremd ist[270]. Die Schädigung eines Gesamthandvermögens ist daher nur insoweit ein Vermögensnachteil i. S. d. § 266 StGB, als zugleich das Vermögen der Gesellschafter geschädigt wird[271].

Bei Personengesellschaften kommt es daher – anders als bei Kapitalgesellschaften – strafrechtlich nur auf die Schädigung der Gesellschafter an, nicht auf eine Schädigung der Gesellschaft selbst.

Teilweise wird diese Sichtweise auf Kapitalgesellschaften übertragen[272].

Dagegen spricht jedoch die Wertung des Strafgesetzbuches, dem die juristische Person als eigenständige, geschützte Rechtspersönlichkeit nicht fremd ist.

So regelt § 14 StGB im ersten Satz, dass besondere persönliche Merkmale, die eine Strafbarkeit begründen, auch auf vertretungsberechtigte Organe einer

---

267 *Palandt* Einf. v. § 21 Rn 1; MünchKommBGB/*Reuter* vor § 21 Rn 2; *Raiser* AcP 199 104 (105); *Kübler/Assmann* § 4 IV.

268 *Palandt* Einf. v. § 21 Rn 9; *Kübler/Assmann* § 4 IV; KpK GesR/*Schwerdtfeger* Kap. 1 § 1 Rn 62.

269 *Kübler/Assmann* § 4 IV.

270 *Palandt* § 718 Rn 1; *Kübler/Assmann* § 4 III.

271 BGHSt 34 222; *Fischer* § 266 Rn 57; *Schünemann* in LK § 266 Rn 140.

272 *Labsch* wistra 1985 1 (7).

juristischen Person anzuwenden sind, wenn sie zwar nicht bei den Vertretern, wohl aber bei der vertretenen juristischen Person vorliegen.

In Anerkennung der Handlungs- und Deliktsunfähigkeit von juristischen Personen regelt § 14 StGB damit eine Zurechnung der Handlungen der Organe der juristischen Person.

Demzufolge kann die juristische Person bereits nach dem Strafgesetzbuch besondere persönliche Eigenschaften, Verhältnisse und Umstände (besondere persönliche Merkmale) aufweisen, die auf eine Anerkennung der eigenen Rechtspersönlichkeit schließen lassen.

Ferner wird eine zivilakzessorische Auslegung des Merkmals „fremd“ auch in anderen Straftatbeständen vorgenommen.

Nach herrschender Auffassung wird das Tatbestandsmerkmal „fremd“ in § 242 StGB, Diebstahl, zivilrechtlich bestimmt[273].

Eine zivilakzessorische Bewertung der Vermögensträgerstellung hat daher auch bei der Untreue zu erfolgen[274].

Kapitalgesellschaften sind daher aus strafrechtlicher Sicht Träger von Rechten und Pflichten und daher selbstständige Vermögensinhaber[275].

2. Zuständigkeit und Wirksamkeit des Einverständnisses

Mit der Anerkennung der Fremdheit des Gesellschaftsvermögens für die Gesellschafter, Anteilseigner und erst Recht die Unternehmensangestellten stellt sich die Frage, welche Grenzen den vertretungsberechtigten Organen der handlungs- und willensbildungsunfähigen Kapitalgesellschaften bei Schädigungen des für sie fremden Gesellschaftsvermögens zu setzen sind.

Da die juristische Person keine natürliche Person, sondern ein Denkgebilde ist, handelt es sich bei der Untreue zu Lasten einer Kapitalgesellschaft quasi um ein Delikt „ohne Opfer“. Trotzdem unterliegt die Kapitalgesellschaft mit der Anerkennung als eigene Rechtspersönlichkeit mit eigenem Vermögen dem Schutz des Strafrechts und des Untreueparagraphen des § 266 StGB.

Diese besondere Problematik tut sich dabei in der Rechtspraxis erfahrungsgemäß gerade bei den in unserer Wirtschaft am häufigsten vorhandenen

---

273 BGHSt 6 377 (378); *Fischer* § 242 Rn 5.

274 *Wabnitz/Janowsky* 7 Rn 243; *Müller-Gugenberger/Bieneck* § 31 Rn 20.

275 BGHSt 3 32 (39); 34 379 (385); *Müller-Christmann/Schnauder* JuS 1998 1080 (1082); *Gehrlein* NJW 2000 1089 (1090); *Schäfer* GmbHR 1993 780 (789); *Radtke* GmbHR 1998 361 (362); *Kohlmann* in Werner-FS, 387 (397); *Fischer* § 266 Rn 11; *Müller-Gugenberger/Bieneck* § 31 Rn 20; *Gribbohm* ZGR 1990 1 (3).

Kapitalgesellschaften GmbH und AG auf, so dass sie gerade an deren Beispiel untersucht werden soll.

a) Das Einverständnis in der GmbH

Die Problematik der Wirksamkeit des Einverständnisses der Gesellschafter einer GmbH in pflichtwidrige Handlungen der Geschäftsführer oder anderer Gesellschaftsorgane stellt ein klassisches Untreuekapitel dar.

Rechtsprechung und Literatur setzen sich umfangreich mit diesem Problemkreis auseinander[276].

Bei der GmbH sind die Gesellschafter zuständig für die Zustimmung in vermögensmindernde und vermögensschädigende Handlungen im Rahmen des Geschäftsbetriebes. Die Gesamtheit der Gesellschafter ist das willensbildende Organ der GmbH[277].

Umstritten ist aber, welche Voraussetzungen vorliegen müssen, damit das Einverständnis der Gesellschafter in pflichtwidrige Handlungen strafrechtlich wirksam ist.

Das Reichsgericht hat früher im Bereich der Gesellschaft mit beschränkter Haftung die Auffassung vertreten, dass die Zustimmung der Gesellschafter zu Schädigungen des Gesellschaftsvermögens regelmäßig unzulässig und daher treuwidrig sei[278].

Dagegen spricht jedoch, dass die Gesellschafter der GmbH nach der gesetzlichen Konzeption im Gesellschaftsrecht grundsätzlich frei sind, über das Gesellschaftsvermögen zu verfügen. Bereits mit der Geschäftsaufnahme werden in der Regel die Einlagen und damit das Vermögen der GmbH mindernde Verfügungen zu treffen sein, wie etwa Begleichung der laufenden Kosten des Geschäftsbetriebes, Einkauf von Waren und Zahlung von Löhnen der Mitarbeiter. Auch müssen Investitionen in die Zukunft des Unternehmens getätigt werden, deren Erfolg oder Misserfolg zunächst nicht absehbar sind.

Der BGH erkannte daher, dass bei der strafrechtlichen Bewertung vermögensmindernder Verfügungen in der GmbH sowohl der Eigenständigkeit des Vermögens der Gesellschaft als auch der gesellschaftsrechtlich konzipierten Dispositionsfreiheit der Gesellschafter Rechnung getragen werden muss.

---

276 Einen Überblick über die Ansätze von Literatur und Rechtsprechung geben unter anderem SSW-StGB/*Saliger* § 266 Rn 85, 86; MünchKommStGB/*Dierlamm* § 266 Rn 146 ff.

277 *Kübler/Assmann* § 18 V; *Klunzinger*, S. 284.

278 RGSt 47 279 (283).

Deswegen schränkte er die Rechtsprechung des Reichsgerichts dahingehend ein, dass die Zustimmung aller Gesellschafter in vermögensschädigende Handlungen im Rahmen des Geschäftsbetriebes – um wirksam und nicht strafbar zu sein – nicht gegen zwingendes Recht oder gegen die Grundsätze eines ordentlichen Kaufmannes verstoßen dürfe[279].

Nach neuerer höchstrichterlicher Rechtsprechung und herrschender Meinung in der Literatur ist die Zustimmung in gesellschaftsvermögensschädigende Handlungen durch die Gesellschafter nur dann unwirksam, wenn dadurch eine Existenzgefährdung für die Gesellschaft entsteht[280].

Eine solche Existenzgefährdung liege jedenfalls dann vor, wenn das geschützte Stammkapital der Gesellschaft unter Verstoß gegen § 30 GmbHG angegriffen wird oder die wirtschaftliche Existenz der Gesellschaft in anderer Weise gefährdet wird, wie etwa durch Herbeiführung einer Überschuldungssituation[281].

Teilweise wird im Schrifttum unter Berufung auf die wirtschaftliche Vermögensträgerschaft der Gesellschafter gar vertreten, dass das Einverständnis grundsätzlich keinerlei Beschränkungen unterliege und damit jede Zustimmung der Gesellschafter in vermögensmindernde Verfügungen der Gesellschaft wirksam und damit strafausschließend sei[282].

Andere wiederum fordern, dass es unabhängig von der Frage, in welchem Umfang die genehmigte schädigende Handlung das Vermögen der Gesellschaft trifft, entscheidend für die Wirksamkeit des Einverständnisses der Gesellschafter sein müsse, ob die genehmigte Handlung ihrerseits gegen Rechtsvorschriften

---

279 BGHSt 34 379 (389).

280 BGHSt 35 333 (337); BGH in NJW 1997 66 (69); 2000 154 (155); wistra 2002 58 (59); BGHZ 151 181 (186); *Müller-Christmann/Schnauder* JuS 1998 1080 (1084); *Ulmer* in Pfeiffer-FS, 853 (870); *Müller-Gugenberger/Bieneck* § 31 Rn 151 b; *Achenbach* in 50 Jahre BGH Bnd IV 593 (598); *Schäfer* GmbHR 1993 780 (789); so jetzt auch BGH 3 StR 228 11 in NStZ-RR 2012 80 und BGH 3 StR 118 11 in NStZ 2012 89.

281 Sog. eingeschränkte Gesellschaftertheorie: BGHSt 3 32 (39); 9 203 (216); 49 147 (158); NJW 2000 154 (155); wistra 2006 229 (230); *Schünemann* in LK § 266 Rn 125; *Kindhäuser* in NK § 266 Rn 71; MünchKommStGB/*Dierlamm* § 266 Rn 148; *Müller-Christmann/Schnauder* JuS 1998 1080 (1084); *Ulmer* in Pfeiffer-FS, 853 (870); *Müller-Gugenberger/Bieneck* § 31 Rn 151 b; *Achenbach* in 50 Jahre BGH Bnd IV 593 (598); *Schäfer* GmbHR 1993 780 (789).

282 Sog. strenge Gesellschaftertheorie: *Perron* in Schönke/Schröder § 266 Rn 21 b; *Fischer* § 266 Rn 93 ff; *Schramm*, Untreue und Konsens, 123 ff.; *Nelles,* Untreue, 533; SSW-StGB/*Saliger* § 266 Rn 86, unter dem Hinweis darauf, dass jede Annahme von kapitalerhaltenden Dispositionsgründen im Kern bloßen Gläubigerschutz betreibe.

verstoße bzw. pflichtwidrig sei[283]. Tut sie das nicht, sei von der Wirksamkeit der vermögensschädigenden Genehmigung der Gesellschafter auszugehen.

Welche Anforderungen dabei an die Qualität der verletzten Rechtsvorschriften zu stellen sind, damit das Einverständnis seinerseits unwirksam ist, ist wiederum umstritten[284].

Einigkeit besteht jedenfalls in Literatur und Rechtsprechung insoweit, dass die Gesellschafter einer GmbH ein strafrechtlich wirksames Einverständnis in das Vermögen der Gesellschaft schädigende Handlungen abgeben können. Umstritten ist lediglich, ob dieser Dispositionsbefugnis der Gesellschafter Grenzen zu setzen sind, wobei die Existenzgefährdung der Gesellschaft sicherlich eine nachvollziehbare, äußerste Grenze darstellen sollte.

Anders stellt sich der Meinungsstand bei der Aktiengesellschaft dar.

b) Das Einverständnis in der Aktiengesellschaft

Welche Anforderungen an die Wirksamkeit an ein strafrechtlich bedeutsames Einverständnis bei pflichtwidrigen Vermögensverschiebungen innerhalb einer Aktiengesellschaft zu stellen sind, ist in Rechtsprechung und Literatur heftig umstritten.

Der Kern des Streits liegt in der Frage, welches konkrete Organ in einer Aktiengesellschaft ein strafrechtlich wirksames Einverständnis erklären kann.

In der sog. „Mannesmannentscheidung" forderte der Dritte Strafsenat des BGH im Falle einer Aktiengesellschaft für eine strafrechtlich bedeutsame Einwilligung in die das Gesellschaftsvermögen mindernde Zahlung einer kompensationslosen Anerkennungsprämie, dass sie entweder von dem Alleinaktionär oder von der Gesamtheit der Aktionäre durch einen Beschluss der Hauptversammlung über die Verwendung des Bilanzgewinns (§ 58 Abs. 3 Satz 1, § 174 Abs. 1 Satz 1 AktG) erteilt worden sei, nicht gegen Rechtsvorschriften verstoße oder aus sonstigen Gründen ausnahmsweise als unwirksam zu bewerten sei[285].

Manche entnehmen dieser Entscheidung, dass bei Aktiengesellschaften generell entweder der Alleinaktionär oder die Gesamtheit der Aktionäre für ein strafrechtlich wirksames Einverständnis zuständig sei[286].

---

283 BGHSt 30 247 (249); 31 379 (384); *Fischer* § 266 Rn 51; *Wessels/Hillenkamp* Rn 761.

284 *Arloth* NStZ 1990 570 (572); *Vonnemann* GmbHR 1988 327 (333).

285 BGHSt 50 331 (342) = StV 2006 301 (307).

286 SSW-StGB/*Saliger* § 266 Rn 87; *Rönnau* in Tiedemann-FS, 713 (717); für eine Zuständigkeit der Aktionäre sprechen sich ferner aus: *Fischer* § 266 Rn 54; MünchKommStGB/*Dierlamm* in der Vorauflage zu § 266 Rn 140; *Perron* in Schönke/

In dieser Grundsätzlichkeit kann dies allerdings nicht angenommen werden, weil den Aktionären eine so weitreichende Kompetenz nach dem Aktienrecht gar nicht zusteht. Die Hauptversammlung wird zwar wegen ihrer grundlegenden Zuständigkeiten als „oberstes Organ" oder als „Parlament" der Aktiengesellschaft bezeichnet, es besteht aber grundsätzlich keine rechtliche Hierarchie zum Vorstand oder zum Aufsichtsrat[287], den beiden anderen Organen der AG. Eine Überordnung oder gar Allzuständigkeit der Hauptversammlung für nicht ausdrücklich gesetzlich oder satzungsgemäß geregelte Fragen der Geschäftsführung besteht nicht.

Die Zuständigkeiten der Hauptversammlung sind enumerativ in § 119 AktG aufgezählt, wobei diese Gesetzesvorschrift die Zuständigkeit der Hauptversammlung positiv und negativ beschränkt[288].

Eine ausdrückliche Zuständigkeitsregelung zur Entscheidung über die Bildung von Sondervermögen der Gesellschaft findet sich im Aktiengesetz nicht.

Daneben sind sowohl dem Vorstand der AG (§ 76 ff AktG, Leitung, Geschäftsführung und Vertretung) als auch dem Aufsichtsrat (§ 95 ff AktG, Beratung und Kontrolle) vom Gesetz Betätigungsfelder zugewiesen worden, die jeweils eigenverantwortlich wahrzunehmen sind, ohne dass die Hauptversammlung dort eigenmächtig hineinregieren könnte.

Nur in ganz besonderen Ausnahmefällen besteht eine Pflicht, z.B. des Vorstandes, zur Vorlage an die Hauptversammlung bzgl. Fragen der Geschäftsführung[289].

Solche Ausnahmefälle liegen etwa vor, wenn Eingriffe in Mitgliedschaftsrechte der Aktionäre zu fürchten sind oder wesentliche Betriebsteile übertragen oder stillgelegt werden sollen.

Der Gesamtheit der Aktionäre als Kapitaleigner kommt daher im Gegensatz zur Gesamtheit der Gesellschafter in der GmbH nicht die grundsätzliche Rolle des willensbildenden Organs in der Aktiengesellschaft zu.

Auch der Vorstand kann nicht als das generell zuständige Organ der Gesellschaft für die Erteilung eines strafrechtlich wirksamen Einverständnisses in pflichtwidrige Vermögensverschiebungen innerhalb der AG angesehen werden,

---

Schröder § 266 Rn 21 c; *Rönnau* in Tiedemann-FS, 713 (717); *ders.* anders in Amelung-FS, 247 (259, 267).

287 *Henn/Frodermann/Janott,* Handbuch Aktienrecht, 443 Rn 1; *Hüffer* § 118 Rn 4.

288 *Hüffer* § 119 Rn 5.

289 BGH NJW 1982 1703 (1705).

auch wenn er gem. § 76 I AktG die Gesellschaft unter eigener Verantwortung leitet.

Damit ist aber unzweifelhaft die Leitung der Gesellschaft nach Recht und Gesetz und gemäß den Gepflogenheiten eines ordentlichen Kaufmanns gemeint, wozu pflichtwidrige Handlungen sicher nicht gehören.

Hinzu kommt, dass die Mitglieder des Vorstandes fremdes Vermögen verwalten und betreuen und ihr Eingriff in das Gesellschaftsvermögen immer auch ein „doppelter" Eingriff in fremdes Vermögen ist, der bei Pflichtwidrigkeit dieses Eingriffs strafrechtlich sicher keine tatbestandsausschließende oder rechtfertigende Wirkung haben kann.

Denn das Gesellschaftsvermögen ist nicht nur Vermögen der AG selbst, sondern wirtschaftlich auch als solches der Anteilseigner, der Gesamtheit der Aktionäre, anzusehen.

Ebenso scheidet der Aufsichtsrat als generell zuständiges Organ für die Abgabe eines strafrechtlich relevanten Einverständnisses aus, da ihm lediglich eine Beratungs- und Kontrollfunktion zukommt.

Er kontrolliert den Vorstand (§§ 95–116 AktG), überwacht die Geschäftsführung gem. § 111 AktG und vertritt gem. § 112 AktG die Gesellschaft gegenüber den Vorstandsmitgliedern.

Aus dem Kompetenzgefüge der Organe der AG folgt daher, dass keines der Organe der AG generell dazu berufen ist, ein strafrechtlich wirksames Einverständnis in pflichtwidrige, vermögensschädigende Handlungen im Geschäftsbetrieb zu erteilen, auch nicht die Aktionäre[290].

Eine solche Kompetenz könnte sich aber aus dem Einzelfall ergeben.

Dann kann aber nur das Organ zur Genehmigung von pflichtwidrigen Vermögensverschiebungen zu Lasten der Gesellschaft berufen sein, das im fraglichen Einzelfall unter Berücksichtigung seiner gesetzlich und satzungsgemäß zugewiesenen Aufgaben am ehesten aufgerufen erscheint, eine Entscheidung mit diesem Inhalt zu treffen.

Dies wäre nach Meinung des BGH im „ Mannesmannfall", in dem es um die pflichtwidrige Gewährung von Sonderzahlungen an Vorstandsmitglieder ging, die Gesamtheit der Aktionäre in der Hauptverhandlung gewesen, die nach § 119 I Ziffer 2 AktG über die Verwendung des Bilanzgewinns – aus dem die Zahlungen erfolgt sind – zu beschließen hat.

290 *Bernsmann* GA 2009 296 (308); *Rönnau* in Amelung-FS 247 (267); *Kaufmann*, Organuntreue, 149 ff.

In Fortführung dieser Überlegungen ist es nahe liegend, auch bei der Anlegung und Verwendung schwarzer Kassen in der AG die Gesamtheit der Anteilseigner, wie sie in der Hauptversammlung vertreten ist, als zuständig für die Genehmigung dieser Maßnahmen anzusehen.

Während Vorstand und Aufsichtsrat bei der Entscheidung über Anlegung und Verwendung schwarzer Kassen zweifelsfrei über fremdes Vermögen verfügen würden, entscheidet die Gesamtheit der Aktionäre zwar über das formal fremde Sondervermögen der Gesellschaft, das aber wirtschaftlich im vollen Umfang den Anteilseignern zusteht.

Die Anteilseigner sind damit die eigentlichen Herren des Gesellschaftsvermögens, was einen Anklang darin findet, dass sie gem. § 119 I Ziffer 2 AktG in der Hauptversammlung allein über die Verwendung des Bilanzgewinnes zu entscheiden haben.

Da die Anlegung und Verwendung schwarzer Kassen diesen Bilanzgewinn schmälern oder im Erfolgsfalle erhöhen können, ist die Zuständigkeit der Hauptversammlung für die Genehmigung solcher Maßnahmen auch ausreichend gesetzlich verankert.

Soweit man gemäß diesen Überlegungen von einer Zuständigkeit der Hauptversammlung hinsichtlich der Zustimmung zu schwarzen Kassen ausgeht, stellt sich in einem zweiten Schritt wie bei der GmbH die Frage, bis zu welcher Grenze die Hauptversammlung wirksam ihre Zustimmung zu pflichtwidrigen Handlungen zulasten des Vermögens der AG erklären kann.

Insoweit deckt sich die Problematik in der AG mit der oben aufgezeigten Schutzwürdigkeit der GmbH. Die insoweit gegebene Vergleichbarkeit der Interessen der beiden Gesellschaften und der Rechtsordnung legen eine Gleichbehandlung nahe.

Das Einverständnis ist daher auch in der AG nur dann wirksam, wenn durch die genehmigte Maßnahme das Stammkapital der AG nicht gefährdet wird, das Einverständnis nicht gegen Rechtsvorschriften verstößt und seinerseits nicht treuwidrig ist[291].

3. Das Einverständnis in die Bildung schwarzer Kassen

Anders als im Falle schwarzer Kassen im öffentlichen und parteipolitischen Bereich, wird das Problem der schwarzen Kassen in der Wirtschaft von Rechtsprechung und insbesondere der rechtswissenschaftlichen Literatur vorrangig unter

---

291 MünchKommStGB/*Dierlamm* § 266 Rn 159.

dem Gesichtspunkt der Wirkung des Einverständnisses der Vermögensinhaber diskutiert [292].

a) *Zur Wirksamkeit des Einverständnisses in die Bildung schwarzer Kassen*

Sind die zuständigen Organe in einer Kapitalgesellschaft mit der Bildung und Nutzung einer schwarzen Kasse einverstanden, kommt nach einer weit verbreiteten Ansicht im Schrifttum eine Untreuestrafbarkeit unabhängig von der Frage, ob die schwarze Kasse wirtschaftlich nachteilig ist, nicht mehr in Betracht[293].

Ein solches Einverständnis sei uneingeschränkt wirksam[294].

Allein aus dem Umstand, dass es durch die Bildung schwarzer Kassen zu sonstigen Rechtsverstößen kommt – namentlich zu Buchführungsverstößen oder im Falle der Schmiergeldzahlungen zu weiteren Strafbarkeiten nach den §§ 299 ff. StGB –, könne sich die Unwirksamkeit eines solchen Einverständnisses nicht ergeben.[295].

Andernfalls käme der unternehmerischen Dispositionsbefugnis des Geschäftsherrn keine grundlegende Bedeutung mehr zu.

Untreue wäre immer auch dann verwirklicht, wenn das Einverständnis gegen Rechtsvorschriften verstößt, die nicht primär dem Vermögensschutz dienen. Dies widerspräche aber dem Untreuetatbestand, der unzweifellos Vermögensschutzdelikt sei.

Würde man – wie manche Rechtsprechung es andeutet – auch bei sonstigen Rechtsverstößen die Unwirksamkeit der Einwilligung annehmen, bestünde die Gefahr, dass es bei einer solchen Sichtweise zu einer Rechtsgutsvertauschung käme[296].

---

292 *Bernsmann/Gatzweiler* Rn 711 ff.; *Fischer* § 266 Rn 46 c; *Sünner* ZIP 2009 937 (939); *Satzger* NStZ 2009 297 (301); *Rönnau* StV 2009 246 (247); *Knauer* NStZ 2009 151 (152); *Bosch* JA 2009 233; *Saliger/Gaede* HRRS 2008 57 (68); BGHSt 55 266.

293 Dies hat der Zweite Senat in der Siemens-Entscheidung-BGHSt 52 323- offengelassen, da bereits die tatsächlichen Voraussetzungen eines – mutmaßlichen – Einverständnisses fehlten; das Landgericht hatte ein solches Einverständnis nicht festgestellt.

294 *Bernsmann* GA 2009 296 (305); *ders./Gatzweiler* Rn 711 ff.; *Rönnau* in Tiedemann-FS, 713 (718); *ders* StV 2009 246 (247); *Fischer* § 266 Rn 46c.

295 *Bernsmann* GA 2009 296 (305); *Rönnau* in ZStW 119 (2008) 887 (924); *ders.* in Tiedemann-FS 713, (718).

296 *Rönnau* in ZStW 119 (2008) 887 (924); *ders.* in Tiedemann-FS, 713 (718); zustimmend *Saliger/Gaede* HRRS 2008 57 (69); *Weber* in Seebode-FS, 437 (441).

Diese Kritik wird – trotz der vereinzelt in der Literatur geäußerten Zweifel[297] – der einschlägigen Rechtsprechung nicht gerecht.

Zwar ging der Dritte Strafsenat des BGH ursprünglich davon aus, dass die Gesellschafter einer GmbH Buchführungsverstößen, durch die existenzgefährdende Gewinnentnahmen verschleiert würden, nicht wirksam zustimmen könnten[298].

Der BGH stellte aber in seinen nachfolgenden Entscheidungen ausdrücklich klar, dass die Missachtung der Formalien des GmbH-Rechts oder die Falschverbuchung oder sonstige Verdeckung einer Kapitalausschüttung, etwa zum Zwecke der Steuerhinterziehung, keine Rolle für die Wirksamkeit des Einverständnisses spiele[299].

Es komme nur auf die Rechtswidrigkeit gerade des Kapitalentzugs als solchem an; die Vermögensverschiebung und damit die Zustimmung seien nur dann rechtswidrig, wenn die Vermögensverschiebung geeignet sei, das Stammkapital der GmbH konkret zu gefährden[300].

Daraus ergibt sich, dass auch im Falle der Bildung schwarzer Kassen das Einverständnis der zuständigen Organe nach höchstrichterlicher Rechtsprechung nur dann unbeachtlich ist, wenn es durch die Bildung oder Unterhaltung schwarzer Kassen unmittelbar zu einer Existenzgefährdung der Gesellschaft kommt. Dies dürfte aber kaum jemals der Fall sein[301].

Bei den hier diskutierten Sonderfonds geht es ja gerade um Gelder, die gewinnorientiert für die Gesellschaft eingesetzt werden sollen.

Die Handelnden bilden diese Fonds, um der Gesellschaft Vorteile zu verschaffen, nicht um sie in den Ruin zu treiben. Dass die Handelnden der Gesellschaft für derartige Vorhaben Vermögen bis zur Grenze der Existenzgefährdung entziehen, widerspricht dem Sinn und Zweck und der Praxis solcher Sonderdepots und ist daher als absoluter Ausnahmefall anzusehen.

Damit dürften Literatur und Rechtsprechung in dieser Frage wohl auf einer Linie liegen.

Das Einverständnis ist deswegen in der Regel wirksam.

---

297 *Rönnau* in Tiedemann-FS, 713 (718); *Saliger/Gaede* HRRS 2008 57 (69).
298 BGHSt 34 379 (388).
299 BGHSt 35 333 (336); NJW 1997 66 (69).
300 BGH NJW 1997 66 (69).
301 *Bernsmann* GA 2009 296 (306); *ders./Gatzweiler* Rn 711.

b) *(Hypothetisches) Einverständnis der zuständigen Organe zur Einrichtung der schwarzen Kasse – Regelfall oder Ausnahme?*

Zu diskutieren bleibt, ob das Wissen der zuständigen Organe um ein eingerichtetes Schwarzkassensystem in Aktiengesellschaften oder in Gesellschaften mit beschränkter Haftung den Regelfall oder die Ausnahme darstellt.

Fischer geht davon aus, dass in größeren Unternehmen meist eine ausdrückliche, entgegenstehende Willensbildung vorliegt, durch die nicht nur Schmiergeldzahlungen, sondern auch die Unterhaltung von „Schattenkassen" zu solchen Zwecken untersagt wird[302].

Diese These stützt er vornehmlich darauf, dass gerade in Aktiengesellschaften regelmäßig aufwendige Compliance-Abteilungen, Innenrevisionen und Kontrollmechanismen mit dem ausdrücklichen Auftrag der Aufdeckung und Verfolgung von Bestechung und schwarzen Kassen errichtet werden. Beschlüsse der Vorstände oder sonstiger Organe von Aktiengesellschaften, schwarze Kassen für Zwecke der Schmiergeldzahlung zu errichten, seien nicht bekannt.

Allerdings liefert Fischer den wirklichen Grund für das Fehlen solcher offenen Entscheidungen selbst. Denn die Entscheidung, Gesellschaftsvermögen in verdeckten Kassen außerhalb der ordentlichen Buchführung und Bilanzierung zu führen, sei zum einen gesellschafts-, bilanz- und steuerrechtlich illegal und würde verfolgt werden und zum anderen ziele die Einrichtung und Vorhaltung der verdeckten Kassen meist auf rechtswidrige, oft auch strafbare Verwendung (namentlich Bestechung) ab, die weder mit der Rechtslage noch mit der öffentlichen Moral vereinbar sei.

Die fehlende offene Entscheidung der zuständigen Organe gibt daher nicht zwangsläufig eine zuverlässige Auskunft darüber, ob die schwarze Kasse mit dem Einverständnis des zuständigen Organs gebildet wurde oder nicht.

Im Gegenteil dürfte es kaum vorstellbar sein, dass bei Schmiergeldzahlungen in Millionen- oder gar Milliardenhöhe, die über ein etabliertes, über Jahre eingerichtetes Schwarzkassensystem liefen (wie im Beispiel Siemens) die Mitglieder des Zentralvorstandes davon nichts gewusst haben sollen[303].

In der Regel werden zumindest einzelne Vorstandsmitglieder oder der Finanzvorstand insgesamt über derartige Vermögensbewegungen Bescheid wissen. Auch liegt es eher fern, dass leitende Angestellte eigenmächtig ohne Zustimmung des unmittelbar Vorgesetzten einen Sonderfonds zugunsten der Gesellschaft bilden, in den solche Summen fließen.

302 *Fischer* § 266 Rn 81, dort auch zum folgenden Text.

303 *Rönnau* StV 2009 246 (248).

Letztlich kommt es aber auf die Kenntnis Einzelner sowie die Kenntnis des Vorstands insgesamt für ein wirksames Einverständnis nicht an, da sie nicht Inhaber des Gesellschaftsvermögens sind.

Größere Konzerne werden zwar in der Praxis vom Vorstand geführt, dennoch fehlt ihm die relevante Dispositionsbefugnis für ein strafrechtlich wirksames Einverständnis[304], wie auch dem Geschäftsführer der GmbH, der nicht auch zugleich Alleingesellschafter ist.

Von daher konnte die Verteidigung im „Trienekens"- Fall auch nicht mit ihrer Argumentation durchdringen[305], dass die Einrichtung und Nutzung der schwarzen Kasse durch Trienekens keine Untreue gewesen sei, weil er zur Zeit des Bestehens der T-GmbH als alleinvertretungsberechtigter Geschäftsführer und Mehrheitsgesellschafter (51% der Gesellschaftsanteile) und später bei Existenz der T-AG als deren alleinvertretungsberechtigter Vorstand mit 50%igem Aktienanteil die Geldverlagerungen wirksam und damit tatbestandsausschließend habe genehmigen können[306].

Sie vertrat die Auffassung, der Fall sei mit den schwarzen Kassen bei Siemens nicht vergleichbar. Dort habe ein Angestellter hinter dem Rücken des Vorstands eine Kasse für Schmiergelder eingerichtet. Dagegen sei Trienekens bei seinen Aktionen selbst Chef gewesen.

Schon allein das Einverständnis des Mehrheitsgesellschafters in die pflichtwidrige Handlung des Geschäftsführers entfalte eine den Tatbestand der Untreue ausschließende Wirkung unabhängig davon, ob überhaupt eine Willensbildung aller Gesellschafter erfolgt sei. Dies ergebe sich aus den auch sonst dem Mehrheitsprinzip folgenden Willensbildungsregeln des GmbH-Rechts (§ 47 I GmbHG).

Dieser Rechtsauffassung ist der zweite Strafsenat des BGH entgegengetreten und hat zutreffend darauf hingewiesen, dass diese Argumentation bereits unschlüssig sei, soweit die Geldverschiebungen zu Zeiten der T-AG stattgefunden haben[307].

Mit der Umwandlung der T-GmbH in die T-AG sei der Anteil der anderen Gesellschafterin, der RWE Umwelt AG, am Gesellschaftsvermögen auf 50% aufgestockt worden, mit der Folge, dass Trienekens seine Mehrheit am Gesellschaftsvermögen verloren habe.

Aber auch für die Zeit des Bestehens der T- GmbH lehnt das Gericht die Argumentation mit der angeblich entscheidenden Mehrheitsbeteiligung am

---

304 Ähnlich *Niehaus* in: Korruptionsfall Siemens, 1 (13).

305 BGHSt 55 266 (279).

306 vgl zur Argumentation oben Kapitel B. 2 I 3. c) aa) (4).ff.

307 BGHSt 55 266 (280).

Gesellschaftsvermögen ab und verweist auf die Rechtsprechung in BGHSt 50 331, wonach nur das Einverständnis sämtlicher Gesellschafter einer Kapitalgesellschaft oder ein Mehrheitsbeschluss des die Gesamtheit der Gesellschafter repräsentierenden Geschäftsorgans tatbestandsausschließende Wirkung habe.

Selbst wenn man sich dem Mehrheitsprinzip anschließen würde, setze dieses aber in jedem Falle zur Wirksamkeit der Erteilung eines tatbestandsausschließenden Einverständnisses durch die Gesellschaftermehrheit die Befassung *sämtlicher* Gesellschafter mit der Billigung der betreffenden Pflichtwidrigkeit voraus.

Dies ergebe sich aus den Vorschriften des GmbHG über die Minderheitenrechte[308], die die Minderheitsgesellschafter nicht wahrnehmen könnten, wenn sie von den Maßnahmen der Geschäftsführung nichts erfahren. Dies umso mehr, als im vorliegenden Fall das Vermögen der Gesellschaft mindernde Verhalten des Geschäftsführers von diesem in den Büchern und Bilanzen nicht erkennbar dokumentiert, ja vor der Mitgesellschafterin bewusst verschleiert worden war.

Bedenke man die gesetzliche Kompetenzverteilung zwischen den Organen der Aktiengesellschaft nach dem AktG, so habe Trienekens auch als alleiniger Vorstand während der Zeit des Bestehens der AG seine Pflichtverletzung bei der Einrichtung und Nutzung seiner „Kriegskasse“ nicht durch die Erteilung des eigenen Einverständnisses rechtfertigen und diese, den anderen Organen der AG verschwiegene, gesellschaftliche Pflichtwidrigkeit dispensieren können.

Bei der Aktiengesellschaft sei das für die Regelung der inneren Angelegenheiten zuständige oberste Willensorgan die Hauptversammlung und diese müsse als Vertretung der Anteilseigner letztendlich die Frage der Beeinträchtigung des Gesellschaftsvermögens durch Auslagerung von Unternehmensgeldern in eine externe schwarze Kasse entscheiden[309].

Da dieses fehlte, schied ein strafrechtlich wirksames Einverständnis aus.

Diese Bewertung ist auf Kritik gestoßen.

Brand[310] hält diesen Ansatz der neuen Rechtsprechung für eine untreuerelevante Pflichtverletzung auch an der Nichtbeachtung von Minderheitsrechten in der Gesellschaft anzuknüpfen, für verfehlt, weil für den Geschäftsführer/Vorstand im Verhältnis zu seiner Gesellschaft die Beachtung solcher Rechte keine Pflicht sei und ihr zudem kein Vermögensbezug zukomme.

---

308 z.B. auf Einberufung der Gesellschafterversammlung nach § 50 GmbHG, auf Auskunftserteilung und Einsicht in die Bücher und Schriften nah § 51 a GmbHG zur Anfechtung oder Feststellung der Nichtigkeit von Mehrheitsentscheidungen.

309 BGHSt 55 266 (281).

310 *Brand* NJW 2010 3458 (3464), dort auch zum folgenden Text.

Bei dieser Kritik dürfte aber nicht ausreichend berücksichtigt worden sein, dass das Gericht mit dem Augenmerk auf die Rechte der Minderheitsgesellschafter weniger die untreuerelevante Pflichtverletzung des Geschäftsführers, sondern die Frage der tatbestandsausschließenden Genehmigung durch den Mehrheitsgesellschafter erörtern wollte.

In diesem Zusammenhang wird vom Gericht darauf hingewiesen, dass die gesetzlich vorgesehenen Minderheitsrechte der Gesellschafter in Bezug auf ein bestimmtes, gesellschaftsschädigendes Verhalten des Geschäftsführers, der zugleich Mehrheitsgesellschafter ist, nicht wahrzunehmen seien, wenn der Geschäftsführer das Geschäft bei bloßer Genehmigung durch sich selbst ohne Beteiligung, ja gar ohne Kenntnis der andern, wirksam absegnen könnte[311].

Die Begründung einer Pflicht zur Beteiligung aller Gesellschafter an einer solchen Genehmigung erscheint daher durchaus sachgerecht.

Auch der zweite Kritikpunkt Brands erscheint wenig überzeugend.

Wenn er beanstandet, dass der BGH in seiner Entscheidung offenbar von der potentiellen Wirksamkeit eines tatbestandsausschließenden Einverständnis der Gesamtheit der GmbH-Gesellschafter ausgehe, selbst wenn dieses unter Verstoß gegen wesentliche Buchführungspflichten gebildet wird, verkennt er den Ansatz des BGH bei dieser Problematik.

Seine Schlussfolgerung, ein solcher Gesellschafterbeschluss sei analog § 241 Nr. 3 AktG nichtig und könne daher keine strafbarkeitsausschließende Wirkung im Rahmen der Untreue haben, wendet er zunächst recht zwanglos das Aktienrecht auf die GmbH an, obwohl deren Ausgestaltung vom Gesetzgeber in einem eigenen, dem GmbH-Gesetz, geregelt worden ist.

Entscheidend gegen die Kritik Brands spricht aber, dass der BGH das tatbestandsausschließende Einverständnis im Rahmen der Untreue im Wirtschaftsverkehr auch wirtschaftlich betrachtet und bewertet wissen will.

Dabei stellt sich konkret die Frage, unter welchen Voraussetzungen z.B. eine Bestechungsvereinbarung, die aus einer schwarzen Kasse bedient werden soll, rechtsunwirksam ist?

Wie steht es mit der Wirksamkeit des Hauptvertrages, auf dessen Abschluss die Bestechung gerichtet war?

Unstreitig ist, dass Schmiergeldvereinbarungen unter Deutschen generell wegen Sittenwidrigkeit unwirksam sind[312].

Sie verstoßen gegen Strafvorschriften des StGB (§§ 299 bis 300 und 331 bis 334).

311 BGHSt 55 266 (280).

312 BGH NJW 1989 26, NJW-RR 1999 442.

Wenn aber einer der Beteiligten Ausländer ist, muss nach der herrschenden Rechtsprechung die auf dem ausländischen Markt vorherrschende Auffassung berücksichtigt werden[313].

Dabei ist – wie bereits erörtert wurde – insbesondere zu berücksichtigen, dass es ausländische Märkte gibt, auf denen ohne die Zahlung von Schmiergeld nicht mal die einfachsten Geschäftsaktivitäten wie Einholung von notwendigen Genehmigungen oder Zollabfertigung möglich sind. Erst recht kommen wichtige und ertragreiche Handelsgeschäfte in solchen Ländern ohne Schmiergeldzahlungen nicht zustande.

Daher wurden solche Schmiergeldgeschäfte mit Ausländern bis 1999 generell als wirksam und die von den Deutschen Wirtschaftsunternehmen gezahlten Schmiergeld- und Bestechungsgeldbeträge von der Deutschen Steuerverwaltung als betriebsbezogene Aufwendungen bewertet und als steuerlich absetzbar behandelt.

Mit Inkrafttreten des Gesetzes zur Bekämpfung internationaler Bestechung am 15.2.1999 ist nunmehr auch die Bestechung ausländischer Amtsträger und Abgeordneter strafbar, die „Bestechung" ausländischer Geschäftspartner aber nicht.

Deshalb führt die Schmiergeldzahlung an ausländische „Geschäftspartner" in korrupten Ländern nicht zur Unwirksamkeit, sondern zu bloßer Anfechtbarkeit solcher Geschäfte[314].

Damit aber kann nicht von der generellen Unwirksamkeit einer Zustimmung der Gesellschafter zur Einrichtung schwarzer Kassen gesprochen werden. Es kommt auf den Einzelfall an[315].

c) Hypothetisches Einverständnis

Fehlt eine derartige ausdrückliche Zustimmung der Anteilseigner einer AG oder aller Gesellschafter einer GmbH zur Einrichtung einer schwarzen Kasse, lässt sich aber noch über ein hypothetisches Einverständnis nachdenken[316].

Das hypothetische Einverständnis darf nicht mit der mutmaßlichen Einwilligung verwechselt werden.

Die mutmaßliche Einwilligung, die einen gewohnheitsrechtlichen Rechtfertigungsgrund darstellt, kommt in Betracht, wenn eine Zustimmung des

313 *Schlüter*, Schmiergeldvereinbarung u. S. 89 ff.

314 BGH ZIP 2000 123.

315 Zur Wirksamkeit des Einverständnisses siehe auch oben Kapitel B.2. V. 3. A9.

316 *Bernsmann/Gatzweiler* Rn 714.

Rechtsgutinhabers nicht rechtzeitig eingeholt werden kann, das Handeln aber im Interesse des Betroffenen liegt bzw. der Betroffene an der Rechtsguterhaltung kein Interesse hat[317].

In den hier diskutierten Fällen fehlt es aber an der zeitlichen Notstandslage; die Anteilseigner bzw. die Gesellschafter hätten jederzeit befragt werden können[318].

Demgegenüber setzt das hypothetische Einverständnis nicht voraus, dass die Zustimmung der zuständigen Organe in der Gesellschaft nicht rechtzeitig eingeholt werden konnte[319]. Bei dem hypothetischen Einverständnis bzw. der hypothetischen Zustimmung stellt sich die Frage, ob der Rechtsgutsinhaber der Anlegung der schwarzen Kasse hypothetisch zugestimmt hätte, wenn er von ihr gewusst hätte. Das liegt immer dann nahe, wenn die schwarze Kasse unternehmensnützlich ist, insbesondere wenn in den bereits erläuterten Fällen der profitablen Schmiergeldzahlungen der Sonderfonds ein nützliches Werkzeug darstellt[320].

Wenn ein hypothetisches Einverständnis festgestellt werden kann, fehlt der Tat – also hier der Einrichtung und Verwendung schwarzer Kassen – das strafrechtliche Erfolgsunrecht; durch die hypothetische Zustimmung wird im Rahmen der objektiven Zurechnung der Zurechnungszusammenhang bzw. der Pflichtwidrigkeitszusammenhang unterbrochen[321].

Untreue verlangt ihrem Wortlaut nach, dass der Täter seine Treuepflichten verletzt und *dadurch* dem Vermögensinhaber ein Vermögensnachteil entsteht. Diese besondere Kausalitätsverknüpfung wird auch als Pflichtwidrigkeitszusammenhang bezeichnet[322].

Hat vorliegend der Einrichter und Verwender der schwarzen Kasse keine Zustimmung eingeholt, liegt der Kern des Pflichtwidrigkeitsvorwurfs in dem fehlenden Einverständnis des Vermögensinhabers.

Denn die Tathandlung des Treubruchs – bei Pflichtverstößen bis zur Grenze der existenzgefährdenden Vermögensentziehung – ist nur dann eine untreuerelevante Pflichtverletzung, wenn sie nicht dem Willen des Treugebers entspricht.

---

317 *Wessels/Beulke* Rn 380.

318 *Bernsmann/Gatzweiler* Rn 718; *Rönnau* in Tiedemann-FS, 713 (719).

319 *Bernsmann/Gatzweiler* Rn 718.

320 In der Regel scheidet aber in diesen Fällen bereits die Pflichtwidrigkeit aus; s. o. unter B. IV 4. c) bb).

321 *Bernsmann/Gatzweiler* Rn 715, 717; *Rönnau* in Tiedemann-FS, 713 (719), dort auch zum folgenden Text.

322 *Thomas* in Anwaltshandbuch § 17 Rn 124; SSW-StGB/*Saliger* § 266 Rn 79.

Die fehlende Zustimmung ist daher Tatbestandsvoraussetzung. Sieht man demnach die Pflichtverletzung in der fehlenden Zustimmung, muss der Vermögensnachteil auf der fehlenden Zustimmung beruhen. Ergibt eine Hypothese aber, dass der Vermögensinhaber zugestimmt hätte, das pflichtwidrige Verhalten also entfallen würde, der durch die Bildung der schwarzen Kassen mutmaßliche Vermögensnachteil aber bestehen bleibt, ist der Vermögensnachteil nicht „durch" die Pflichtverletzung entstanden. Damit entfällt das Erfolgsunrecht der Tat[323]. Übrig bliebe eine versuchte Untreue, die bekanntlich nicht strafbar ist.

Das hypothetische Einverständnis des Rechtsgutinhabers wird in Rechtsprechung und Literatur bisher nur im Bereich des Arztstrafrechtes diskutiert[324], wobei es mehr um die Frage der hypothetischen Einwilligung geht. Das Problem ist hier, ob ein Arzt wegen Körperverletzungsdelikten strafbar ist, wenn sich bei einem Eingriff Risiken verwirklichen, über die der Patient nicht aufgeklärt wurde. Für eine mutmaßliche Einwilligung ist auch hier kein Raum, da der Patient vor dem Eingriff rechtzeitig aufgeklärt werden konnte. Ein Aufklärungsmangel begründet aber nur dann eine Strafbarkeit des Arztes, wenn der Patient bei einer den Anforderungen genügenden Aufklärung in den Eingriff nicht eingewilligt hätte[325]. Andernfalls entfällt die Rechtswidrigkeit der Tat aufgrund einer hypothetischen Einwilligung. Dass der hypothetische Wille des Patienten im Falle der Körperverletzungsdelikte – anders als bei der Untreue auf der Tatbestandsebene – auf Rechtfertigungsebene Berücksichtigung findet, hat zum einen den Grund darin, dass die Körperverletzung nicht auf Tatbestandsebene verlangt, dass die Körperverletzung gegen oder ohne den Willen des Verletzten erfolgt.

Der Wille des Verletzten hat daher nur Auswirkungen auf der Rechtswidrigkeitsebene. Zum anderen verlangt der Tatbestand der Körperverletzung nicht wie die Untreue einen besonderen Pflichtwidrigkeitszusammenhang zwischen Tathandlung und Erfolg.

---

323 *Bernsmann/Gatzweiler* Rn 715, 717; zustimmend *Rönnau* in Tiedemann-FS, 713 (719).

324 Für eine Übertragung der Rechtsprechung zum hypothetischen Einverständnis auch *Edlbauer/Irrgang* in JA 2010 786, (788).

325 BGH NStZ 1996 34 (35); StV 2004 377; BGHR StGB § 223 I Heileingriff; *Eser* in Schönke/Schröder § 223 Rn 40 40 ff; *Ulsenheimer*, Arztstrafrecht, Rn 130, 132 ff.; zur zivilrechtlichen Haftung: NGH NJW 1983 1397 (1399).

Rönnau geht davon aus, dass im Rahmen des Untreuetatbestandes bei schwarzen Kassen das hypothetische Einverständnis bei großen (Publikums-) Gesellschaften kaum praktische Bedeutung hat[326].

Wegen (bei Entdeckung) drohender Sanktionen und Imageschäden für das Unternehmen werde zumindest bei einem Teil der Anteilseigner die Zahlung von Schmiergeldern (und in deren Vorbereitung die Bildung schwarzer" Kassen) grundsätzlich keine Billigung finden und dies sei den Handelnden wohl bewusst.

Dies darf aber nicht vorschnell dazu führen, das Vorliegen eines hypothetischen Einverständnisses mangels Beweisbarkeit abzulehnen.

Zwar ist davon auszugehen, dass der Geschäftsherr von dem Vermögensbetreuungspflichtigen grundsätzlich ein gesetzmäßiges Verhalten sowie die Einhaltung sonstiger Pflichten – wie etwa die des DCGK – wünscht[327].

Sobald aber Indizien vorliegen, die für ein hypothetisches Einverständnis sprechen, muss unter Anwendung des *in-dubio-pro-reo*-Grundsatzes von dem Vorliegen eines hypothetischen Einverständnisses ausgegangen werden[328]. Solche Indizien können insbesondere die ins Auge fallende Unternehmensnützlichkeit der schwarzen Kassen oder das Bestehen eines langjährigen gut funktionierenden Schwarzkassensystems im Unternehmen sein.

Dies dürfte auch der Ansatzpunkt für berechtigte Kritik an der Begründung der „Trienekens-Entscheidung" sein, weil der BGH nach Ablehnung einer tatbestandsausschließenden Genehmigung der „Kriegskasse" durch Vorstand oder Gesellschafter nicht den nächst logischen Schritt ging und die Rechtsfigur des hypothetischen Einverständnisses der zweiten Gesellschafterin, der RWE Umwelt AG, prüfte.

Ansatzpunkt für eine solche Prüfung könnte die vom Vorgericht getroffene Feststellung sein, dass die unlauteren Geschäftspraktiken von Trienekens wirtschaftlich sehr erfolgreich waren und der RWE Umwelt AG erhebliche Gewinne aus der T-AG bescherten.

Auch hätte das Gericht bei Ablehnung eines wirksamen hypothetischen Einverständnisses prüfen können, ob Trienekens nicht vielleicht bei der Nutzung seiner „Kriegskasse" im Interesse der gemeinsamen T-AG subjektiv von einem solchen hypothetischen Einverständnis seiner Mitgesellschafterin ausgegangen ist, was eine für die Frage der Strafbarkeit des Handelns von Trienekens rechtlich interessante Irrtumsproblematik aufgeworfen hätte.

---

326 *Rönnau* in Tiedemann-FS, 713 (720), dort auch zum folgenden Text; grundsätzliche Beweisprobleme sieht auch *Bosch* JA 2009 233.

327 So auch *Hellmann* ZIS 2007 433 (436).

328 BGH NStZ 1996 34 (35).

Grund für eine Nichtbehandlung dieser Problematiken könnte sein, dass das Gericht die Rechtskonstruktion des hypothetischen Einverständnisses im Rahmen der Untreue für nicht anwendbar hält.

Wahrscheinlicher dürfte aber wohl sein, dass das erstinstanzliche Landgericht Köln, für das Revisionsgericht bindend, festgestellt hatte, dass die RWE Umwelt AG als Tochtergesellschaft eines im DAX notierten Großunternehmens die Betriebspolitik verfolgte, schwarze Kassen und Schmiergeldzahlungen nicht zuzulassen. Konzernmitarbeiter, die sich hieran nicht hielten, wurden in der Vergangenheit entlassen.

Aus diesem tatsächlichen Grund schied daher ein hypothetisches Einverständnis der RWE Umwelt AG in die Praktiken um die schwarze Kasse aus und es ist wohl mehr als wahrscheinlich, dass Trienekens von dieser Einstellung seiner Mitgesellschafterin Kenntnis hatte.

Bemerkenswert an der juristischen Aufarbeitung der „Trienekens-Affäre" ist zudem, dass die Hauptfigur Trienekens, dem in seinem Verfahren vor dem LG Köln von der Staatsanwaltschaft die Umleitung von umgerechnet 7,3 Millionen Euro aus seinen hiesigen Gesellschaften in seine schwarze Kasse in der Schweiz zur Last gelegt worden war, wegen Untreue in vier Fällen lediglich zu einer Gesamtfreiheitsstrafe von zwei Jahren mit Strafaussetzung zur Bewährung, einer zusätzlichen Geldstrafe von gut einer Million Euro und einer Bewährungsauflage auf Zahlung einer weiteren Million als Geldbuße verurteilt worden ist.

Grund für dieses milde Urteil war unter anderem, das der gesundheitlich angeschlagene Angeklagte im Wesentlichen geständig war und so der auf eine lange Dauer ausgerichtete Prozess deutlich abgekürzt werden konnte.

Dem Geständnis des Angeklagten war zudem eine Verständigung zwischen den am Prozess beteiligten Parteien nach § 257 c StPO vorausgegangen.

Sowohl Trienekens als auch die Staatsanwaltschaft haben auf Rechtsmittel verzichtet.

e) Zwischenergebnis

Die Vermögensinhaber einer Kapitalgesellschaft können – soweit dadurch die Existenz der Gesellschaft wirtschaftlich nicht gefährdet ist und gesetzliche Vorschriften nicht entgegenstehen – ihr strafrechtlich wirksames Einverständnis in die Bildung und Unterhaltung schwarzer Kassen in ihrem Unternehmen erklären.

Dieses Einverständnis beseitigt in der Regel die Strafbarkeit der bei der Anlegung und Verwaltung der schwarzen Kassen handelnden Unternehmensmitarbeiter oder Unternehmensorgane nach der Vorschrift der Untreue gem. § 266 StGB.

Da auch aus strafrechtlicher Sicht die als juristische Person konzipierten Kapitalgesellschaften über rechtlich verselbständigtes Eigenvermögen verfügen, das grundsätzlich rechtlich vom Vermögen der Gesellschafter und Anteilseigner getrennt ist, die juristischen Personen aber selbst nicht handlungs- und einwilligungsfähig sind, sind die aus wirtschaftlicher Sicht betrachteten Inhaber des Betriebsvermögens zur Einverständniserklärung berufen, soweit diese Befugnis nicht durch Unternehmenssatzung ausgeschlossen ist.

Dies sind bei der GmbH die Gesellschafter in ihrer Gesamtheit und bei der AG die Anteilseigner in der Hauptversammlung.

Liegt kein ausdrückliches Einverständnis vor, erlangt das hypothetische Einverständnis Bedeutung.

Das hypothetische Einverständnis ist über den Bereich des Arzthaftungsrechts auch bei der Untreue nach § 266 StGB anwendbar und wirkt hier auf der Tatbestandsebene.

Ein hypothetisches Einverständnis der wirtschaftlichen Vermögensinhaber unterbricht den Pflichtwidrigkeitszusammenhang und nimmt der Tat das Erfolgsunrecht der Untreue.

Bei fehlender Beweisbarkeit des Vorliegens eines solchen Einverständnisses muss in Anwendung des *in-dubio-pro-reo*-Grundsatzes im Zweifel von dem Vorliegen eines solchen hypothetischen Einverständnisses ausgegangen werden mit der Folge, dass das Untreueunrecht bei Anlegung und Verwendung der schwarzen Kasse nicht feststellbar ist.

VI. Der Erfolg der Untreue: Der Vermögensnachteil

Durch die Tathandlung muss in den beiden Tatvarianten des § 266 StGB dem Inhaber des betreuten Vermögens ein Nachteil zugefügt werden.

Der Begriff des Vermögensnachteils ist dabei nach der herrschenden Auffassung in Rechtsprechung und Literatur mit dem des Vermögensschadens bei § 263 StGB – Betrug – identisch[329].

329 RGSt 73 283 (285); BGHSt 15 342 (343); BGH NJW 1975 1234 (1235); *Fischer* § 266 Rn 110; *Schünemann* in LK § 266 Rn 132; *Perron* in Schönke/Schröder § 266 Rn 39 b; *Lackner/Kühl* § 266 Rn 17; *Kindhäuser* in NK § 266 Rn 94; MünchKommStGB/ *Dierlamm* § 266 Rn 201; *Cramer*, Vermögensbegriff, S. 117; *Hefendehl*, Vermögensgefährdung, S. 85; *Maurach/Schroeder/Maiwald* Str BT 1 § 45 II Rn 41; *Bittmann* NStZ 2012 57; a.A: *Safferling* in NStZ 2011 376 (378).

Wegen der vermeintlichen Weite des Untreuetatbestands wird jedoch teilweise gefordert, dass der Begriff des Vermögensnachteils enger zu fassen sei als der Begriff des Vermögensschadens[330].

Andere wiederum wollen den Vermögensnachteil bei der Untreue weiter als den Vermögensschaden beim Betrug fassen[331].

Begründet wird diese Auffassung im Wesentlichen damit, dass so auch Nachteile erfasst werden könnten, die keinen wirtschaftlichen Vermögensschaden darstellen, aber dennoch regelmäßig durch die pflichtwidrige Verletzung der Vermögensbetreuungspflicht einträten, wie z. B. finanziell nicht messbare Minderungen des geschäftlichen Ansehens eines Unternehmens.

Beiden von der herrschenden Meinung abweichenden Auffassungen kann nicht gefolgt werden.

Die einzige Möglichkeit, mit der eine Abkehr des Vermögensnachteils vom Begriff des Vermögensschadens begründet werden könnte, wäre eine strenge Wortlautauslegung des Gesetzestextes. Wenn der Gesetzgeber in § 266 StGB den Begriff Vermögensnachteil und in § 263 StGB den des Vermögensschadens verwendet, könnte man meinen, dass damit auch eine unterschiedliche Bedeutung einhergeht. Das ist aber den Gesetzesmaterialien nicht zu entnehmen. Die Untreue ist danach streng als Vermögensdelikt zu begreifen, die systematisch mit dem Betrug in einem Abschnitt untergebracht ist.

Die Vermögensdelikte – zu denen z. B. auch die Erpressung nach § 253 StGB zählt[332] – pönalisieren zwar die unterschiedlichsten Verhaltensweisen wie Drohung, Gewalt, Täuschung oder treuwidriges Verhalten, werden jedoch erst dann als vollendetes Erfolgsdelikt – als welches § 266 StGB ausgestaltet ist – strafbar, wenn es zur Vermögensbeeinträchtigung gekommen ist.

Aus dieser Gemeinsamkeit resultiert die gleiche Behandlung und Bewertung der Begriffe Vermögensnachteil und Vermögensschaden[333].

---

330 *Matt/Saliger*, Irrwege der Strafgesetzgebung, 217 (230 ff.); *Saliger* ZStW 112 (2000), 563 (612); *Dierlamm* NStZ 1997 534 (535); *Weber* in Dreher-FS, 555 (559); *Riemann*, Vermögensgefährdung, 157; *Labsch*, Untreue, S. 318 ff.

331 *Otto* JZ 1985 69 (74); *Hellmann* wistra 1989 214 (217); *Hillenkamp* NStZ 1981 161 (166).

332 § 253 StGB verwendet den Begriff „Vermögensnachteil“.

333 *Mathias*, Vermögensbegriff, S. 1.

1. Das Vermögen – Begriff, Inhalt und Relevanz

Da der Vermögensnachteilsbegriff gleichbedeutend mit dem Vermögensschaden beim Betrug ist, ist der Begriff des Vermögens ebenso wie beim Betrug im Untreuestrafrecht bis heute umstritten.

Sowohl in der Literatur als auch in der Rechtsprechung wird der Vermögensbegriff immer wieder modifiziert.

Auch wenn die Diskussion um den Vermögensbegriff eine altbekannte ist und beinahe in jeder größeren wissenschaftlichen Abhandlung zu § 263 oder § 266 StGB dargestellt wird, sollte man nicht zu dem Schluss gelangen, sie sei erschöpft und eine neuerliche Auseinandersetzung mit ihr sei für diese Untersuchung nicht erforderlich. Denn mit der Bestimmung des Vermögens kann die Strafbarkeit der Untreue stehen und fallen.

In der heutigen Diskussion wird von einem wirtschaftlichen Verständnis des Vermögens ausgegangen, wobei die einzelnen Akzentuierungen umstritten sind[334].

Zum Verständnis soll zunächst ein Überblick über die Entwicklung des Vermögensbegriffs geschaffen werden.

Kennzeichnend in der Vermögenslehre ist die Entwicklung von einem extremen Verständnis hin zu vermittelnden Auffassungen.

Der von Binding entwickelte rein juristische Vermögensbegriff, von dem anfänglich auch tendenziell das Reichsgericht ausging[335], wird heute nicht mehr vertreten.

Nach diesem Verständnis besteht das Vermögen einer Person aus der Summe der von der Rechtsordnung anerkannten und durchsetzbaren Vermögensrechte und Vermögenspflichten ohne Rücksicht auf den wirtschaftlichen Wert[336]. Ein Vermögensschaden liegt nach diesen Grundsätzen vor, wenn es zu einem Verlust eines solchen Rechtes oder zur Belastung mit einer derartigen Verbindlichkeit kommt[337].

---

334 RGSt 44 230 (236); BGHSt 8 254 (256); wistra 1999 103 (107); *Gutmann*, Vermögensschaden, S. 5; *Hirschberg*, Vermögensbegriff, S. 319 ff., insbesondere S. 329 ff.; *Tenckhoff* JR 1988 125 (128); *Cramer*, Vermögensbegriff, S. 100; *Gössel*, BT 2, § 21 Rn 121.

335 RGSt 3 332 (333); RGSt 11 72 (73).

336 RGSt 3 332 (333); 11 72 (73). *Binding*, S. 238; *Merkel*, S. 101.

337 *Bindin*, S. 283 ff.; *Merkel*, S. 101; RGSt 3 332 (333); *Kindhäuser* JR 1997 299 (303), der den juristischen Vermögensbegriff als „*den allein sachgemäßen*" bezeichnet, obwohl er selbst einen funktionalen Vermögensbegriff vertritt.

Da nach diesem Verständnis der wirtschaftliche Wert von Gütern irrelevant war, konnten weder Angriffe auf das Vermögen im Ganzen noch auf schutzwürdige Güter wie Arbeitskraft, Besitz, Exspektanz oder auch eine Vermögensgefährdung als Schaden erfasst werden. Darüber hinaus war durch die Einbeziehung wirtschaftlich wertloser Rechte und durch das Abstellen auf die isolierte Rechtseinbuße eine Schadenskompensation im Ergebnis nicht möglich, wodurch der Schadensbegriff subjektivierte und Vermögensdelikte in Delikte zum Schutze der Dispositionsfreiheit verkehrte[338].

Ähnlich weit geht der noch heute in der Literatur vertretene sog. personale Vermögensbegriff[339].

Danach ist unter Vermögen die wirtschaftliche Potenz des Rechtssubjekts zu verstehen, die auf der Herrschaft über Objekte beruht, die von der Rechtsgesellschaft als selbstständige Gegenstände des wirtschaftlichen Verkehrs anerkannt werden, unabhängig von einem etwa vorhandenen Veräußerungswert[340]. Der Schutz der vernünftigen, individuellen Zwecksetzung des Vermögensträgers sei integraler Bestandteil des Vermögens selbst, so dass derjenige einen Vermögensschaden erleide, der bspw. zwar die in Geld geforderte Gegenleistung erhalte, dessen damit verbundene wirtschaftliche oder soziale Ziele jedoch vereitelt würden[341].

Dieses Verständnis vom Vermögen ist gerade im Hinblick auf die nicht durch § 266 StGB geschützte Dispositionsfreiheit abzulehnen. Durch ein personales Verständnis bzw. die Zweckverfehlung als Vermögensschaden wird der Schadensbegriff derart subjektiviert, dass es im Ergebnis auf den Schutz der Dispositionsfreiheit hinausläuft[342].

Noch weiter geht der aus denselben Gründen abzulehnende Vermögensbegriff von Kindhäuser. Er vertritt einen sog. funktionalen Vermögensbegriff. Danach versteht man unter Vermögen die Verfügungsmacht einer Person über die (Gesamtheit der) ihr rechtlich zugeordneten übertragbaren (abstrakt geldwerten) Güter[343]. Kindhäuser zählt nach diesem Verständnis zum Vermögen einer Person alle Güter und Nutzungsmöglichkeiten (wie z. B. auch Know-how,

338 *Hillenkamp*, 40 Probleme, 161.

339 *Bockelmann* BT I, 88; *Lackner* in LK § 263 Rn 124; *Kindhäuser* in NK § 263 Rn 32.

340 *Geerds* Jura 1994 309 (320); *Schmidhäuser* BT, 112ff.; *Bockelman* JZ 1952 461 (465); *Otto*, BT, § 38 Rn 7; *ders.* Jura 1993 424 (425); *ders.* JZ 1993 652 (656); *ders.* Jura 2002 606 (613); *ders.* Vermögensschutz, 34, 36.

341 *Geerds* Jura 1994 309 (320); *Otto* JZ 1993 652 (656); *Schmidhäuser* BT, 212; *Bockelmann* JZ 1952 461 (465).

342 *Perron* in Schönke/Schröder § 263 Rn 81; *Kindhäuser* in NK § 263 Rn 32.

343 *Kindhäuser* LPK-StGB § 263 Rn 122.

Geschäftsgeheimnisse, Anwartschaften), die auf eine andere Person (rechtswirksam) übertragen und damit auch auf Kosten des Berechtigten rechtswidrig erlangt werden können[344]. Damit will Kindhäuser jegliche Güter, auch solche ohne (Markt-)Wert, in den Vermögensschutz mit einbeziehen[345]. Nicht zum Vermögen sollen lediglich persönliche Familienrechte und die Gegenstände höchstpersönlicher Rechte, wie Leben, Leib oder Ehre gehören.

Ein derartiges Verständnis hat mit dem Wortverständnis „Vermögen" nichts mehr zu tun. Denn der Gesetzgeber hat sich bewusst für unterschiedliche Tatbestände entschieden, die entweder – primär – das Vermögen schützen (wie Betrug und Untreue) oder das Eigentum (wie etwa Diebstahl und Raub), bei denen es auf den (Geld-)Wert der Sache nicht ankommt.

Der Ansatz von Kindhäuser ist daher abzulehnen. Allerdings darf nicht unberücksichtigt bleiben, dass Kindhäuser diesen Vermögensbegriff speziell zum Betrugstatbestand entwickelt hat.

Die strafrechtliche Rechtsprechung ging mit einer Grundsatzentscheidung des Reichsgerichts aus dem Jahre 1910 alsbald zu einem rein wirtschaftlichen Vermögensbegriff über, wonach das Vermögen *„die Summe der geldwerten Güter einer Person"* ist[346]. Dieser Rechtsprechung hat sich auch der BGH im Grundsatz angeschlossen[347].

Kennzeichnend für dieses Verständnis ist, dass es kein strafrechtlich ungeschütztes Vermögen gibt.

Damit steht dieses Verständnis im Wertungswiderspruch zum Zivilrecht, denn sowohl nichtige Ansprüche aus verbotenen oder unsittlichen Geschäften als auch widerrechtlich oder sonst in missbilligter Weise erlangte Werte sind nach dem rein wirtschaftlichen Verständnis vom strafrechtlich geschützten Vermögen umfasst.

Diesem Wertungswiderspruch innerhalb der Rechtsordnung begegnend, entwickelte die Literatur einen vermittelnden Vermögensbegriff.

Nach diesem sog. juristisch-ökonomischen Vermögensbegriff ist das Vermögen die Gesamtheit aller wirtschaftlichen Güter einer Person, die unter dem

---

344 *Kindhäuser* LPK-StGB § 263 Rn 123, dort auch zum folgenden Text.

345 *Kindhäuser* LPK-StGB § 263 Rn 123, der davon ausgeht, dass nicht auszuschließen sei, dass ein Gut irgendwann einmal Geldwert besitze.

346 RGSt 44 230 (233).

347 BGHSt 1 262 (264); 2 364 (365); 15 83 (86); 16 220 (221).

Schutz der Rechtsordnung stehen bzw. ohne rechtliche Missbilligung zustande gekommen sind[348].

Dieses Verständnis von Vermögen ist in unterschiedlichen Ausprägungen vorherrschend in der heutigen Rechtslehre[349].

Die Rechtsprechung hat sich in neuerer Zeit dem juristisch-ökonomischen Vermögensbegriff angenähert. Zwar hält sie im Grundsatz an dem rein wirtschaftlichen Vermögensbegriff fest, schränkt aber den strafrechtlichen Schutz des Vermögens in bestimmten Bereichen normativ ein.

Im sog. „Dirnenlohnfall" entschied der BGH 1953 erstmals, dass keinen Betrug begehe, wer eine Prostituierte um den vereinbarten Lohn prellt[350]. Zwar ist dieser Beschluss durch das Gesetz zur Regelung der Rechtsverhältnisse der Prostituierten überholt[351]. Er ist aber die erste Entscheidung der Rechtsprechung, in der dem wirtschaftlichen Wert einer Leistung wegen der rechtlichen Missbilligung kein Vermögenswert i. S. d. Betrugstatbestandes zugebilligt wurde.

Im Einzelfall lehnt die Strafrechtsprechung seitdem trotz wirtschaftlichen Wertes rechtlich missbilligte Positionen als Bestandteil des Vermögens ab, hält aber grundsätzlich am wirtschaftlichen Verständnis des Vermögens fest, um rechtsfreie Räume zu vermeiden. Die Rechtsordnung kenne im Bereich der Vermögensverbrechen allgemein kein wegen Herkunft, Entstehung oder Verwendung schlechthin schutzunwürdiges Vermögen[352].

An dieser Stelle entwickelte sich in Rechtsprechung und Literatur ein grundsätzlicher Streit darüber, welche Positionen im Bereich von rechtlich missbilligten, sittenwidrigen und gesetzeswidrigen wirtschaftlichen Werten unter dem strafrechtlichen Vermögensschutz stehen.

Im Problemfeld der rechts- oder sittenwidrigen Geschäfte sind im Wesentlichen zwei Aspekte zu unterscheiden. Zum einen geht es um die Frage, ob „nichtige Ansprüche" aus verbotenen oder sittenwidrigen Geschäften als Vermögensbestandteile anerkannt werden, was etwa von der juristisch-ökonomischen

348 *Gutmann*, Vermögensschaden, 5; *Hirschberg*, Vermögensbegriff, 319 ff., insbesondere 329 ff.; Tenckhoff in JR 1988 126, 128; *Cramer*, Vermögensbegriff, 100; *Gössel*, BT 2, § 21 Rn 121.

349 *Perron* in Schönke/Schröder § 263 Rn 82; *Fischer* § 263 Rn 90; *Maurach/Schroeder/Maiwald*, BT I, § 41 Rn 99; *Tiedeman* in LK, § 263 Rn 132.

350 BGHSt 4 373.

351 ProstG vom 20.12.200, BGBl I S. 3983.

352 BGHSt 8 254 (256).

Vermögenslehre und von der neueren Rechtsprechung verneint wird[353]. Die Frage ist hier, ob in dem nichtigen Anspruch, soweit ihm wirtschaftlicher Wert zukommt, eine vermögenswerte Exspektanz zu sehen ist, die einen etwaigen Vermögensnachteil ausgleichen kann.

Zum anderen wird diskutiert und gestritten, wie der Einsatz von rechtmäßig erworbenen Vermögenswerten zu verbotenen und sittenwidrigen Zwecken unter dem Gesichtspunkt des strafrechtlichen Vermögensschutzes zu bewerten ist, etwa wenn jemand seine grundsätzlich vermögenswerte Arbeitskraft zur Schwarzarbeit oder Durchführung eines Auftragsmordes verwendet[354]. Hier stellt sich beispielsweise die Frage, ob der Schwarzarbeiter durch die Vermögensdelikte geschützt ist, etwa wenn er um seinen Lohn geprellt wird.

Fraglich ist in diesem Zusammenhang, ob bei der Bildung und Nutzung schwarzer Kassen Vermögenswerte berührt werden, die nicht unter dem Schutz der Rechtsordnung stehen.

In Betracht kommt dieser Gedanke deshalb, weil Schmiergeldvereinbarungen regelmäßig zivilrechtlich gem. § 134 oder 138 BGB nichtig sind[355].

Dagegen ist jedoch einzuwenden, dass der auf einer Schmiergeldvereinbarung folgende Vertrag in der Regel nicht – jedenfalls nicht wegen der Schmiergeldzahlung – verboten oder sittenwidrig i. S. v. §§ 134, 138 BGB ist und damit Ansprüche aus derartigen Verträgen nicht nichtig sind[356].

Zwar ist die Schmiergeldvereinbarung an sich nichtig. Wenn die Schmiergeldvereinbarung gegen §§ 331 ff. StGB oder gegen § 299 StGB verstößt, folgt die Nichtigkeit der Schmiergeldabrede aus § 134 BGB, im Übrigen ist sie nach § 138 BGB nichtig[357]. Die Nichtigkeit der Schmiergeldabrede hat aber in der Regel keinen Einfluss auf den daraufhin abgeschlossenen Folgevertrag. Für eine Nichtigkeit nach § 134 BGB aufgrund eines wettbewerbsrechtlichen Verstoßes gem. §§ 331 ff. StGB oder § 299 StGB wäre Voraussetzung, dass dem Folgevertrag selbst die Wettbewerbswidrigkeit des Verhaltens innewohnt, was regelmäßig nicht der Fall ist[358]. Eine Nichtigkeit käme allenfalls wegen Sittenwidrigkeit gem.

---

353 *Perron* in Schönke/Schröder § 263 Rn 93; *Kindhäuser* in NK § 263 Rn 30; *Hoyer* in SK § 263 Rn 129.

354 SSW-StGB/*Satzger* § 263 Rn 160 m. w. N.

355 MünchKommBGB/*Armbrüster* § 138 Rn 128; Staudinger/*Sack* BGB § 138 Rn 469.

356 BGH NJW 1975 1234; *Weber* in Seebode-FS, 437 (443); so auch herrschende zivilrechtliche Auffassung: BGH NJW 1999 2266 (2267); MünchKommBGB/*Armbrüster* § 138 Rn 128; Staudinger/*Sack* BGB § 134 Rn 299, § 138 Rn 472, 473.

357 MünchKommBGB/*Armbrüster* § 138 Rn 128; Staudinger/*Sack* BGB § 138 Rn 469.

358 BGHZ 110 156 (175); BGH NJW 2266 (2267).

§ 138 BGB in Betracht. Dies ist jedoch nach herrschender Ansicht in Rechtsprechung und Literatur nur dann der Fall, wenn der Folgevertrag (auch Hauptvertrag genannt) nachteilig für den Geschäftsherrn ist, die Schmiergeldabrede also ungünstigen Einfluss auf den Inhalt des Folgevertrags hatte[359]. Dies scheidet aber bei den hier in Rede stehenden Schmiergeldzahlungen aus, denn bei den uneigennützigen schwarzen Kassen will der Täter ja gerade durch die Schmiergeldzahlung einen für den Geschäftsherrn (die Kapitalgesellschaft) wirtschaftlich vorteilhaften Vertrag abschließen.

Sittenwidrige – nachteilige – Folgeverträge kommen in der Regel nur dann in Betracht, wenn der Täter als Vertreter des Geschäftsherrn eine Schmiergeldabrede trifft, die eine an ihn gerichtete Provisionszahlung enthält, die dann der Vertragspartner – zu Lasten des Geschäftsherrn des Täters – über den Folgevertrag refinanziert und dadurch für den Geschäftsherrn Kosten entstehen, die ohne die Provisionsabsprache nicht entstanden wären.

Durch Schmiergeldzahlungen kommt es daher bei für den Geschäftsherrn in der Regel günstigen Folgegeschäften nicht zum Abschluss nichtiger Verträge. Die Ansprüche aus den aufgrund von Schmiergeldern zustande gekommenen Verträgen sind damit nicht nichtig und stehen unter dem Schutz der Rechtsordnung.

Daher werden im Zusammenhang mit der Bildung und Nutzung schwarzer Kassen in der Regel keine Vermögenswerte berührt, die nicht unter dem Schutz der Rechtsordnung stehen.

2. Die Vermögensgefährdung

Wie beim Betrug steht auch bei der Untreue die konkrete Vermögensgefährdung dem Vermögensschaden gleich[360].

Eine solche dem Vermögensnachteil gleichzustellende Gefährdung liegt nach herrschender Auffassung vor, wenn die Gefahr des endgültigen Verlusts eines Vermögensbestandteils so groß ist, dass sie nach wirtschaftlicher Betrachtung bereits eine gegenwärtige Minderung des Gesamtvermögens zur Folge hat[361].

359 BGH NJW-RR 1990 442 (443) (wonach auch eine Anwendung des § 139 BGB ausscheidet); Staudinger/*Sack* BGB § 138 Rn 472.

360 RGSt 16 1 (11); 16 77 (81); BGHSt 44 376 (384); *Fischer* § 266 Rn 150; *Schünemann* in LK § 266 Rn 146; *Wessels/Hillenkamp* Rn 775; *Perron* in Schönke/Schröder § 266 Rn 45; *Maurach/Schroeder/Maiwald*, BT I, § 45, Rn 41; *Mitsch* BT II § 8 Rn 35; *Lackner/Kühl* § 266 Rn 17 ff.; *Otto* BT, § 22 Rn 75.

361 RGSt 73 61 (64); BGHSt 21 112 (113); 44 376 (384); *Fischer* § 263 Rn 159; *Schünemann* in LK § 266 Rn 146; *Tiedemann* in LK § 263 Rn 151; *Perron* in Schönke/Schröder § 263 Rn 143; *Lackner/Kühl* § 263 Rn 40; *Küper*, 380.

Im Zusammenhang mit schwarzen Kassen hat das Institut der Vermögensgefährdung eine maßgebliche Bedeutung, denn jegliche Entscheidungen der Rechtsprechung – mit Ausnahme der „Siemens-Entscheidung" – haben einen Vermögensnachteil in der Form der schadensgleichen Vermögensgefährdung durch die Bildung und Nutzung schwarzer Kassen angenommen[362].

Mit der Anerkennung der schadensgleichen konkreten Vermögensgefährdung als tatbestandsmäßigen Vermögensnachteil im Sinne des § 266 StGB geht eine folgenschwere Vorverlagerung des Vollendungszeitpunkts bei der Untreue einher. Denn die Gleichsetzung der Vermögensgefährdung mit dem Vermögensschaden zieht anders als etwa beim Betrug Folgeprobleme nach sich, weil die versuchte Untreue im Gegensatz zum versuchten Betrug nach dem Willen des Gesetzgebers eigentlich straflos ist[363].

Während beim Betrug die Gleichsetzung von Vermögensgefährdung und Schaden lediglich eine Verwischung der Grenzen von Versuch und Vollendung zur Folge haben kann – was angesichts der Möglichkeit der Anwendung des verminderten Strafrahmens beim Versuch durchaus auch problematisch sein kann –, entscheidet die Bejahung oder Verneinung des Vorliegens einer schadensgleichen konkreten Vermögensgefährdung bei der Untreue über Strafbarkeit oder Straflosigkeit.

Deswegen müssen nach einer weit verbreiteten Ansicht in der Literatur solche Gefährdungen durch den Treuhänder als Vermögensnachteil ausscheiden, bei denen es sich eigentlich um Fälle des – straflosen – Versuchs handelt[364].

Dies richtet sich insbesondere nach Ansicht auch der Rechtsprechung danach, ob eine bloß abstrakte oder bereits eine konkrete Vermögensgefährdung eingetreten ist, die eine tatsächliche Vermögenseinbuße darstellt[365].

---

362 RGSt 71 155 (158); 75 227; BGHSt 40 287; 51 100; GA 1956 154 (155); wistra 1985 69 (71); LG Wiesbaden NJW 2002 1510, 1511; OLG Frankfurt NJW 2004 2028 (2030); LG Bonn NStZ 2001 375 ff.; OLG Frankfurt NStZ RR 2004 244.

363 *Matt/Saliger*, Irrwege der Strafgesetzgebung, 217, 230 ff.; *Riemann*, Vermögensgefährdung, 157; *Dierlamm*, NStZ 1997 534 (535).

364 *Schröder* JZ 1965 513 (516); *Lenckner* JZ 1971 320 (321); *Riemann*, Vermögensgefährdung, 121 ff.; *Haft*, NJW 1996 238; *Saliger*, ZStW 112 (2000) 563 (576 ff.); *ders.* HRRS 2006 10 (13); *Matt/Saliger*, Irrwege der Strafgesetzgebung, 217 (235 ff.); *Hefendehl*, Vermögensgefährdung und Exspektanzen, 80, 128 ff.; *Cramer*, Vermögensbegriff, 130 ff.

365 RGSt 73 61 (64); BGHSt 3 370 (372); 15 83 (87 ff.); 21 112 (113); 44 376 (384).

Dabei geht die Rechtsprechung bei der Annahme einer – konkreten – schadensgleichen Vermögensgefährdung in Untreuefällen recht weit, was in der Literatur aufgrund der vorstehend beschriebenen Bedenken stark kritisiert wird[366].

Eine Analyse der einschlägigen Rechtsprechung zeigt jedoch, dass sie angesichts der Kritik in der Rechtswissenschaft um ein Korrektiv bei der Feststellung der schadensgleichen Gefährdung bemüht ist.

So hat die Praxis bei der Feststellung der konkreten, schadensgleichen Vermögensgefährdung eine Einschränkung durch die Rechtsprechung zum Notaranderkonto erfahren[367] .

Danach scheidet bei unberechtigter Verwendung der „fremden" Gelder vom Anderkonto eine konkrete, schadensgleiche Vermögensgefährdung aus, wenn der vermögensbetreuungspflichtige Notar unter Berücksichtigung der Höhe der verwahrten Summe und der Dauer der Verwahrung nach den Umständen uneingeschränkt fähig und bereit ist, das verwahrte Geld aus eigenen flüssigen Mitteln jederzeit vollständig auszukehren[368]. Der wirtschaftliche Wert des Ausgleichsanspruchs gegenüber dem Treunehmer entspreche dem Wert des weggefallenen Vermögensstückes, wenn der Täter ersatzfähig und ersatzbereit sei[369].

Dies wird von der Rechtsprechung nicht nur angenommen, wenn der Notar eigene flüssige Mittel ständig bereithält, sondern auch dann, wenn er das Geld in gleich sicherer Weise vorhält[370].

Diese Sichtweise war zunächst nur im Bereich der Notar- und Anwaltsanderkonten zu finden, wird jedoch zunehmend im Bereich schwarzer Kassen angewendet[371].

An dieser Jurisdiktion ist die Tendenz der Rechtsprechung zu erkennen, das Korrektiv zur notwendigen Abgrenzung zwischen Straflosigkeit der versuchten

---

366 *Saliger* HRRS 2006 10 (13).

367 RGSt 73 283 (285); BGHSt 15 372 (376); BGH wistra 1982 150 (152). Bei einem Anderkonto handelt es um ein vom Anwalt in eigenem Namen eingerichtetes Konto, das allein seiner Verfügungsmacht unterliegt, dessen Guthaben aber der treuhänderischen Bindung zugunsten eines Dritten unterliegt, der als Treugeber dem Zugriff eines Gläubigers des Anwalts gem. § 771 ZPO widersprechen kann.

368 RGSt 73 283 (285); BGHSt 15 372 (376); BGH in wistra 1982 150 (152); NStZ 1995 233 (234).

369 KG NJW 1972 218.

370 RGSt 73 283 (285); BGHSt 15 344 (345); BGH NStZ 1995 233, 234; OLG Koblenz NStZ 1990 82 (84).

371 Zu schwarzen Kassen im öffentlichen Bereich: *Hefendehl*, Vermögensgefährdung, S. 291; *Schünemann* in LK § 266 Rn 148; zu schwarzen Kassen in der Wirtschaft: *Krekeler/Werner*, Unternehmer und Strafrecht, Rn 1182.

Untreue und der vorverlagerten Strafbarkeit bei bloßer Vermögensgefährdung in subjektiven Elementen zu suchen.

Deswegen fordert die Rechtsprechung seit jeher auch eine besonders sorgfältige Feststellung des Vorsatzes bei der Untreue und hat ihre Auffassung dazu immer wieder einschränkend modifiziert[372].

3. Ermittlung des Vermögensnachteils – Kompensation durch Vermögensvorteile

Ein Vermögensnachteil im Sinne des § 266 StGB ist – wie ausgeführt – dann anzunehmen, wenn durch die Untreuehandlung eine Vermögensminderung verursacht wird.

Bei der Ermittlung des Vermögensnachteils sind alle wertbestimmenden Faktoren der Untreuehandlung zu berücksichtigen, das heißt sowohl die mindernden als auch die etwaigen werterhöhenden.

Wesentliche Bedeutung erlangt hier die Möglichkeit der Kompensation.

An einem Vermögensnachteil fehlt es nämlich dann, wenn wertmindernde und werterhöhende Faktoren einer Handlung sich gegenseitig aufheben, so dass Anfangs- und Endwert des Vermögens einander gleich sind.

Voraussetzung für eine solche Verrechnung, durch die der Vermögensnachteil entfallen kann, ist aber, dass der ausgleichende Vorteil unmittelbar mit der zugleich schädigenden Handlung zusammenhängt.

Vorteil und Nachteil müssen im inneren Zusammenhang stehen. Ein Ausgleich durch andere rechtlich selbstständige Handlungen lässt den Schaden nicht entfallen. Auch ist der durch die schädigende Handlung entstandene vertragliche oder deliktische Schadenersatzanspruch des Treugebers gegenüber dem Täter kein adäquater, kompensationsfähiger Vermögensvorteil, zumal diese zivilrechtlichen Ansprüche einen Schaden voraussetzen[373].

Nachträgliche – mittelbare – Vorteile können ebenso wenig eine Kompensation des eingetretenen Schadens bewirken, sondern stellen eine bloße tatbestandsunerhebliche Wiedergutmachung dar[374].

Eine Kompensation eines verursachten Vermögensnachteils kann grundsätzlich nur in Frage kommen, wenn sich wertmindernde und werterhöhende

---

372 BGHSt 47 295 (302); 51 100 (120); BGH NJW 1975 1234 (1236); OLG Frankfurt NStZ RR 2004 244.

373 BGHSt 21 384 (386); 23 300 (302); *Perron* in Schönke/Schröder § 266 Rn 42; SSW-StGB/*Saliger* § 266 Rn 57.

374 BGH NStZ 1986 455; *Wessels/Hillenkamp* Rn 777.

Faktoren gleichzeitig aufheben, so dass unter dem Strich keine Vermögenseinbuße mehr festzustellen ist[375].

Der nachträgliche Schadensausgleich ist, da der Nachteil nicht anzudauern braucht, tatbestandlich für die Untreue bedeutungslos[376].

Das gilt auch dann, wenn zunächst ein „bloßer" Gefährdungsschaden eintritt und im Anschluss daran der endgültige Vermögensverlust oder ein wirtschaftlicher Vorteil. Denn eine vollendete Untreue kann nicht durch den nachträglichen Eintritt eines Vermögensvorteils straflos werden.

Bezieht sich die Untreue auf einen in mehreren Teilakten eintretenden Schaden, ist die Untreue bereits mit dem ersten Akt der Schadensrealisierung – oder der schadensgleichen Gefährdung – vollendet.

Die weiteren Schadensfaktoren verrücken lediglich den Beendigungszeitpunkt und sind damit allenfalls für Beteiligungs- oder Konkurrenzfragen relevant, eine Kompensation nach dem ersten Schadenseintritt ist jedoch nicht mehr möglich[377].

Diese Bewertung entspringt dem bei der Prüfung der Strafbarkeit allgemein anwendbaren Grundsatz der Einzelbetrachtung.

Davon werden jedoch gerade im Bereich des Wirtschaftslebens zahlreiche Ausnahmen gemacht, weil dort bei vielen strategischen Unternehmensentscheidungen ihre positiven und negativen Auswirkungen für das Unternehmen nicht separat beurteilt werden können. Vorteile und Nachteile stehen hier häufig auch dann in einem inneren Zusammenhang, wenn z.B. das eine, das Unternehmen belastende Geschäft gerade das lukrativere Folgegeschäft befördert.

Solche Ausnahmen sind insbesondere dann relevant, wenn eine für sich allein betrachtet verlustbringende Handlung Teil eines einheitlichen wirtschaftlichen Vorhabens ist, in dem sich die Verluste lediglich als Durchgangsstadium erweisen, das Handeln aber insgesamt Gewinne einbringt[378].

Das ist insbesondere dann der Fall, wenn nach einem wirtschaftlich vernünftigen Gesamtplan ein Handlungsbündel auf einen einheitlichen Erfolg so

---

375 BGHSt 31 232 (234); 40 287 (294); 43 293 (297); MünchKommStGB/*Dierlamm* § 266 Rn 206; *Schünemann* in LK § 266 Rn 137; SSW-StGB/*Saliger* § 266 Rn 55.

376 RGSt 39 335 (341).

377 MünchKommStGB/*Dierlamm* § 266 Rn 207; SSW-StGB/*Saliger* § 266 Rn 55; *Perron* in Schönke/Schröder § 266 Rn 42.

378 RGSt 64 422 (430); 75 227 (230); *Perron* in Schönke/Schröder § 266 Rn 41; SSW-StGB/*Saliger* § 266 Rn 59.

angelegt ist, dass dieser nicht anders als über zunächst nachteilige Maßnahmen erreicht werden kann[379].

Diese Gesamtbetrachtung ist geboten, wenn z.B. die Umstellung eines Landguts auf eine andere, erfolgversprechendere Art oder Methode der Bewirtschaftung oder der Wechsel in der Viehzucht zunächst Verluste mit sich bringt[380].

Grundsätzlich besteht bei jeder Entscheidung, die mit finanziellem Aufwand verbunden ist, die Gefahr des Fehlschlags der intendierten Ziele oder der nicht adäquaten Gegenleistung[381]. Eine auf Gewinnerzielung ausgerichtete Maßnahme im Außenverhältnis des Wirtschaftssubjekts wird in der Regel mit Anfangsverlusten oder – im Rahmen strategischer Langzeitplanungen – sogar mit mehrjährigen Belastungen verbunden sein[382].

Dies ist auch bei der Bewertung der Einrichtung und Nutzung schwarzer Kassen im Wirtschaftsbereich mit zu berücksichtigen.

4. Ansätze der Rechtsprechung und Literatur zum Vermögensnachteil bei schwarzen Kassen

Ob und wann ein Vermögensnachteil durch die buchungsmäßige Einrichtung einer schwarzen Kasse angenommen werden kann, ist stark umstritten. Dabei wird diskutiert, ob die Absicht des Täters, die Gelder aus dem Sonderdepot im Interesse des Vermögensinhabers zu verwalten, Relevanz hat. Weiter ist umstritten, ob bei Bejahung eines Vermögensschadens mit der buchungsmäßigen Einrichtung einer schwarzen Kasse lediglich ein Vermögensnachteil in Form der schadensgleichen konkreten Vermögensgefährdung in Betracht kommt oder ob bereits ein tatsächlicher Vermögensnachteil eingetreten ist.

a) Die Rechtsprechung zum Vermögensnachteil im öffentlichen Bereich

Die Rechtsprechung spricht sich in Bezug auf schwarze Kassen im öffentlichen Bereich im Wesentlichen für eine verwendungszweckunabhängige Betrachtung dieses Vorganges aus. Grundsätzlich wird eine Untreuestrafbarkeit gem. § 266 StGB durch die Bildung einer schwarzen Kasse mit Geldern des Fiskus bejaht.

---

379 RGSt 65 422 (430); 75 227 (230); BGHSt 47 295 (302); SSW-StGB/*Saliger* § 266 Rn 59; *Schünemann* in LK § 266 Rn 137; *Perron* in Schönke/Schröder § 266 Rn 42.

380 *Schünemann* LK § 266 Rn 137; *Perron* in Schönke/Schröder § 266 Rn 42; HK-GS/*Beukelmann* § 266 Rn 26, nennt Großinvestitionen als Beispiel für die Gesamtbetrachtung.

381 *Thomas* in Riess – FS, 795 (800).

382 *Thomas* in Riess – FS, 795 (800).

Schon die Zuführung staatlicher Gelder in einen Sonderfonds wird als schadensgleiche Vermögensgefährdung angesehen, weil die ordnungsgemäße Haushaltsüberwachung beeinträchtigt und der Staat in der Verfügungsfreiheit über seine Mittel eingeengt werde[383].

Das Reichsgericht prägte dazu im Jahre 1937 den häufig im Zusammenhang mit der Problematik schwarzer Kassen zitierten Satz zur Begründung eines Vermögensnachteils nach § 266 StGB: „*Die Gelder fehlten dort, wo sie hätten sein sollen*"[384].

Nach Auffassung des Reichsgerichts kann die (spätere) Verwendung der angesammelten Gelder im Staatsinteresse diesen Nachteil nicht ausgleichen, sondern stellt lediglich eine tatbestandsunerhebliche Wiedergutmachung dar[385].

Dass die Gelder später im Interesse des Vermögensinhabers ausgegeben werden, besagt nach Einschätzung des Reichsgerichts nur, dass dem Täter nicht noch eine weitere Untreuehandlung zur Last fällt[386].

Mit dieser Begründung bejahten das Reichsgericht und anschließend auch der ihm im Jahre 1956 folgende BGH[387] einen Vermögensschaden in Form der schadensgleichen Vermögensgefährdung durch die bloße Einrichtung einer schwarzen Kasse im öffentlichen Bereich.

In dem oben beispielhaft geschilderten Fall, in dem der Angeklagte in seiner Eigenschaft als Bürgermeister gegen Zahlung von nicht offiziellen Geldbußen darauf verzichtete, Anzeigen wegen Beleidigung städtischer Beamter zu erstatten, und das so eingenommene Geld in einer Zigarrenkiste verwahrte und es für die Armen verwandte, nahm der BGH eine Vermögensgefährdung wegen unordentlicher Buchführung an[388].

Denn durch die unordentliche Buchführung habe der öffentliche Dienstherr keine Übersicht über seine Rechte und Pflichten, mithin über seinen Vermögensstand, so dass er verhindert sei, Ansprüche geltend zu machen, weil er sie nicht kenne[389].

383 RGSt 71 155 (157).
384 RGSt 71 155 (158).
385 RGSt 71 155 (158); BGH GA 1956 154 (155).
386 RGSt 71 155 (158).
387 Unter Zitierung dieses Satzes erschienene Urteile des RG und des BGH: RGSt 73 283; BGH GA 1956 154 (155); wistra 1985 69 (71).
388 BGH GA 1956 121.
389 BGH GA 1956 121 (122).

Eine häufig zitierte Entscheidung zur Problematik schwarzer Kassen im öffentlichen Bereich ist ein Urteil des Zweiten Strafsenats des BGH aus dem Jahre 1985[390].

Hier hatte der Leiter eines städtischen Kulturamtes unrichtige Rechnungen ausstellen lassen, die einen noch nicht ausgeschöpften Haushaltsposten betrafen, um Etatprobleme einer von ihm verwalteten Stadthalle zu beheben. Die Rechnungswerte führte er über eine schwarze Kasse dem Etat der Halle zu, indem er sie entweder in bar vom Hausmeister abholen oder sie nach Überweisung an die als Rechnungsaussteller erscheinenden Firmen sich wieder zurückgeben ließ.

Der Zweite Strafsenat spricht sich auch hier für die bis dahin ständige Rechtsprechung aus und sieht in dem tatsächlichen Aufbewahren von Geldern in einer schwarzen Kasse grundsätzlich einen Vermögensnachteil i. S. d. § 266 StGB, weil die öffentlichen Gelder durch das Aufbewahren in der dafür nicht vorgesehenen anderen Kasse zweckentfremdet und dazu noch durch die Anfertigung falscher Belege der ordnungsgemäßen haushaltsrechtlichen Überwachung entzogen würden[391].

Eine Ausnahme von diesem Grundsatz sei nur zu machen, wenn ein dringender, auf ordnungsgemäßem Weg nicht zu erledigender Ausnahmefall vorliege oder nicht ausgeschlossen werden könne. Ein solcher Ausnahmefall liege beispielsweise vor, wenn eine dringend erforderliche Reparatur nur aus einem damit nicht vorgesehenen Titel bezahlt werden könne und die nachträgliche Bewilligung der Mittel durch die zuständige Stelle mit Sicherheit zu erwarten sei.

Der Zweite Strafsenat nahm allerdings nicht nur zu der grundsätzlichen Frage der Strafbarkeit der Bildung und Unterhaltung einer schwarzen Kasse im öffentlichen Bereich Stellung, sondern knüpfte bei seiner rechtlichen Bewertung schon an die Art und Weise der Einrichtung der schwarzen Kasse an und sah bereits im Vorstadium zur schwarzen Kasse einen Vermögensnachteil. Bereits in der Überweisung der öffentlichen Gelder an die Privatfirmen, denen kein Anspruch auf die Gelder zustand, läge ein Vermögensschaden, da die Beträge mit der Überweisung aus dem Vermögen der Stadt ausgeschieden seien.

Diese Einschätzung werde dadurch bestärkt, dass dem Angeklagten die Vermögenslage der Empfängerfirmen nicht bekannt war, so dass nicht auszuschließen gewesen sei, dass die vereinbarte Rückzahlung erschwert oder verhindert sei.

Anders würde es sich in den Fällen verhalten, in denen der Angeklagte die Gelder in bar durch den städtischen Hausmeister transportieren ließ.

---

390 BGH wistra 1985 69 ff.

391 BGH wistra 1985 69 (71), dort auch zum folgenden Text.

Die Gelder blieben auch während der Überbringung durch ihn in die schwarze Kasse im Eigentum und Gewahrsam der Stadt. Auch ließe sich eine konkrete Vermögensgefährdung nicht bejahen, da keine Anhaltspunkte für die Unzuverlässigkeit des Hausmeisters vorgelegen hätten.

Teilweise wird in dieser Entscheidung eine Hinwendung der Rechtsprechung zu einer zweckabhängigen Auffassung gesehen[392], die von einem Teil der Literatur vertreten wird. Da der Zweite Strafsenat von einer „Zweckentfremdung" spreche und diesen „Ausnahmefall" formuliere, sei hier die Tendenz der Rechtsprechung zu erkennen, die Strafbarkeit davon abhängig zu machen, zu welchem Zweck die Kasse eingerichtet werde.

Dieser Einschätzung kann nicht gefolgt werden.

Der Zweite Strafsenat spricht sich bei Berücksichtigung seiner Gesamtwertung auch in dieser Entscheidung für eine zweckunabhängige Bestimmung des Vermögensschadens aus.

Unter Verweis auf die bisherige Rechtsprechung, die unstreitig eine zweckunabhängige Auffassung vertritt, verwendet der Zweite Strafsenat zwar den Begriff „Zweckentfremdung", meint hier allerdings nicht den konkreten Finanzierungszweck der Kasse, sondern sieht in der Einrichtung der schwarzen Kasse an sich bereits eine Zweckentfremdung öffentlicher Gelder und damit einen Vermögensnachteil.

Das wird insbesondere in den Ausführungen des Urteils zu der „Füllung der schwarzen Kasse" deutlich, in denen klar anhand objektiver Kriterien Gefahren und Nachteile für das Vermögen ausgemacht werden. Von dem beabsichtigten Zweck der schwarzen Kasse ist dabei gerade nicht die Rede, dieser ist nach Auffassung des Gerichts für die Strafbarkeit nach § 266 StGB auch nicht relevant.

Dem widerspricht auch nicht der vom Zweiten Strafsenat formulierte Ausnahmefall dringender Reparatur mit nicht dafür vorgesehenen Geldern aus anderen Haushaltstiteln.

Der Täter richtet in einem solchen Notfall sicher nicht zunächst eine schwarze Kasse ein, so dass in einem solchen Fall nicht von einem bestimmten „Verwendungszweck" einer schwarzen Kasse die Rede sein kann, sondern lediglich von einer tatsächlichen Fremdverwendung öffentlicher Mittel.

Von einem „Verwendungszweck" einer schwarzen Kasse kann nur dort die Rede sein, wo der Zweck der Kasse vor der tatsächlichen Verwendung durch den Täter bestimmt wurde.

392 *Saliger*, Parteiengesetz, S. 414.

Von solchen Fällen ist der Gebrauch von Haushaltsgeldern „bei Gelegenheit" unter Verstoß gegen Haushaltsgrundsätze zu unterscheiden.

Wenn der Täter erst deutlich nach der Einrichtung der schwarzen Kasse entscheidet, was mit den dort angesammelten Geldern passiert, hat die Kasse keinen von vornherein bestimmten „Verwendungszweck". Darin liegt der wesentliche Unterschied.

Der Zweite Strafsenat spricht sich im Grundsatz für eine zweckunabhängige Bewertung der Einrichtung einer schwarzen Kasse aus.

Der formulierte Ausnahmefall zeigt lediglich, dass das Gericht nicht ausschließen wollte, dass eine Strafbarkeit wegen der späteren, tatsächlichen Verwendung der Gelder aus der Kasse unter Umständen ausgeschlossen sein könne und zwar unabhängig von der Frage, zu welchem Zweck die Kasse ehemals angelegt wurde.

Ein Jahr später konkretisierte der Vierte Strafsenat diese Auffassung und statuierte, dass ein derartiger Ausnahmefall bei der Einrichtung der schwarzen Kasse nicht vorliege, wenn der Täter – selbst wenn er von Anfang an plane, die Gelder aus der schwarzen Kasse für den Vermögensinhaber zu verwenden – die Gelder anschließend tatsächlich im Sinne des Vermögensinhabers ausgebe[393]. Denn diese tatsächlichen Zahlungen seien rechtlich nicht Teil der ursprünglichen Untreuehandlung, sondern würden auf neuem, von diesem unabhängigem Handeln beruhen. Diese Zahlungen seien jedoch – wie der Zweite Strafsenat bereits 1956 annahm[394] – eine tatbestandslose Wiedergutmachung des bereits durch die Bildung der schwarzen Kasse eingetretenen Vermögensnachteils.

Hervorzuheben im Zusammenhang mit der Problematik schwarzer Kassen im öffentlichen Bereich ist zudem eine Entscheidung des Zweiten Strafsenats aus dem Jahre 1994:

In dem der Entscheidung zugrunde liegenden Sachverhalt hatte der Angeklagte als Verantwortlicher Mittel des Bundesverteidigungsministeriums, die sonst mangels Inanspruchnahme zum Jahresende verfallen wären, unter Verstoß gegen Haushaltsgrundsätze an den Bundesnachrichtendienst überwiesen[395].

Zur Begründung eines untreuespezifischen Vermögensschadens in Form der schadensgleichen Vermögensgefährdung stellte das Gericht fest, dass eine solche Gefährdung dann anzunehmen sei, wenn durch den Mitteltransfer dem Täter die Möglichkeit verschafft werde, nach *„seinem Gutdünken eigenmächtig und unkontrolliert über die überwiesenen Gelder zu verfügen, (...) sie – nach Art*

393 BGH in NStZ 1986 455 (456), dort auch zum folgenden Text.
394 BGH GA 1956 154 (156).
395 BGHSt 40 287.

einer ‚schwarzen Kasse' (...) zeitweise als geheimen, keiner Zweckbindung unterliegenden Dispositionsfonds zu nutzen, aus dem, je nach selbst eingeschätztem ‚Bedarf', künftig Mittel für erst noch zu bestimmende Zwecke entnommen werden könnten."[396].

Diese Entscheidung fällt zwar nicht direkt in die Kategorie der schwarzen Kassen, dennoch nahm der Zweite Strafsenat vergleichend zu dieser Problematik Stellung, so dass diese Passage in der nachfolgenden Rechtsprechung zur Problematik der Bildung schwarzer Kassen regelmäßig zitiert wird[397].

b) Auswertung unter Berücksichtigung der Literatur

Die Rechtsprechung zu schwarzen Kassen im öffentlichen Bereich spricht sich bei ihrer Schadensbewertung für eine zweckunabhängige Auffassung aus[398].

Allein die Bildung einer schwarzen Kasse aus öffentlichen Geldern erfüllt nach der Rechtsprechung den Tatbestand der Untreue. Der Vermögensnachteil trete in Form einer konkreten Vermögensgefährdung ein. Begründet wird dies damit, dass der Täter durch die Bildung der schwarzen Kasse die Möglichkeit habe, nach eigenem Gutdünken ohne Kontrolle frei über das fremde Vermögen zu verfügen[399]. Der Vermögensinhaber, der öffentliche Dienstherr, werde dadurch seinerseits daran gehindert, selbst über sein Vermögen frei zu verfügen[400]. Allein die fehlende Kontrolle über das Vermögen begründe bereits einen Vermögensnachteil. Die Gelder fehlten dort, wo sie hätten sein sollen[401].

Die anschließende Verwendung der Gelder aus der schwarzen Kasse im Interesse des Vermögensinhabers stelle eine tatbestandslose Schadenswiedergutmachung dar[402].

Eine Ausnahme von einer Strafbarkeit nach dem Untreuetatbestand könne im öffentlichen Bereich nur gemacht werden bei einer Mittelfremdverwendung in dringenden Notfällen.

Ein solcher liege z.B. vor, wenn etwa eine dringend erforderliche Reparatur, die nur aus einem damit nicht vorgesehenen Titel bezahlt werden könne,

396 BGHSt 40 287 (296).

397 BGHSt 51 100 (112); LG Wiesbaden NJW 2002 1510 (1511).

398 Dieser Rechtsprechung anschließend: *Müller-Gugenberger/Bienek* § 32 Rn 17 a; *Kohlmann*, Fehlleitung, 34 Beispiel Nr. 44, 95 Beispiel Nr. 44; *Bienek* wistra 1998 249 (251); *Coenen*, 50 ff.

399 BGHSt 40 287 (296).

400 RGSt 71 155 (157).

401 RGSt 71 155 (158); BGHSt 40 287 (296, 297); GA 1956 154 (155); wistra 1985 69 (71).

402 RGSt 71 155 (158); BGH GA 1956 154 (155); 1986 455 (456).

durchgeführt würde und die nachträgliche Bewilligung der Mittel durch die zuständige Stelle mit Sicherheit zu erwarten sei[403].

Ferner könne eine Untreue bereits dann angenommen werden, wenn es durch die Aussonderung von Geldern aus dem Vermögen zum Zwecke des Transfers in eine schwarze Kasse zum Eigentumsverlust der Behörde an dem Geld komme[404].

aa) Unkontrollierte Verfügungsmöglichkeit als Vermögensnachteil

Diese Rechtsprechung bedeutet im Ergebnis nichts anderes, als die Missachtung von Vorgaben und Pflichten des öffentlichen Treugebers unter Strafe zu stellen[405].

Allein die tatsächliche oder rechtliche Möglichkeit des Täters, über fremde Gelder eigenmächtig zu verfügen, reicht nicht aus, einen Vermögensnachteil zu begründen.

Denn Vermögensbetreuungspflichtige haben grundsätzlich die Möglichkeit, eigenmächtig über die ihnen anvertrauten Gelder zu verfügen.

Die Pflicht, fremdes Vermögen zu betreuen, beinhaltet schon für sich die Gefahr, dass der Vermögensbetreuungspflichtige die Gelder nicht im Sinne des Vermögensinhabers verwendet. Es kann aber nicht ausreichen, mit einer allgemein bestehenden Gefahr, die praktisch bei jedem, dem fremde Vermögenswerte anvertraut sind, besteht, einen Vermögensnachteil im Sinne des Untreuetatbestandes zu begründen[406].

Dies gilt auch für die Herbeiführung einer Vermögensgefährdung durch den Vermögensbetreuer, denn diese stellt nur dann einen Vermögensnachteil im Sinne der Untreue dar, wenn die Gefahr des endgültigen Verlustes eines Vermögensbestandteils so groß ist, dass sie nach wirtschaftlicher Betrachtung bereits eine gegenwärtige Minderung des Gesamtvermögens zur Folge hat[407].

Nicht weiter führt auch der Ansatz der Rechtsprechung, für die Begründung des Vermögensnachteils auf die fehlende Verfügungsmöglichkeit des Vermögensinhabers abzustellen.

---

403 BGH wistra 1985 69 (71).

404 BGH wistra 1985 69 (71).

405 *Neye,* Untreue im öffentlichen Dienst, 75.

406 *Schlösser* HRRS 2009 19 (26), führt dazu das Beispiel an, dass schließlich auch eine Kassiererin immer die Möglichkeit habe, eigenmächtig über den Kassenbestand zu verfügen, da der Vermögensinhaber nicht immer den genauen Kassenbestand kenne.

407 RGSt 73 61 (64); BGHSt 21 112 (113); 44 376 (384); *Fischer* § 263 Rn 160; *Schünemann* in LK § 266 Rn 146; *Tiedemann* in LK § 263 Rn 151; *Cramer/Perron* in Schönke/Schröder § 263 Rn 143; *Lackner/Kühl* § 263 Rn 41; *Küper*, 380.

Denn diese Sichtweise würde voraussetzen, dass die Möglichkeit, immer und jederzeit über Vermögen zu verfügen, wirtschaftlichen Wert hat[408].

So ist zwar im Zivilrecht anerkannt, dass Gebrauchsvorteile und Verfügungsmöglichkeiten über Gegenstände unter bestimmten Voraussetzungen einen wirtschaftlichen Wert haben. So kann der – temporäre – Entzug eines Kraftfahrzeugs, eines Wohnmobils, eines Hauses oder Flugzeugs einen ersatzfähigen Schaden darstellen, da die grundsätzliche Nutzungsmöglichkeit dieser Sachen Geldwert haben kann[409].

Der Entzug von Gegenständen bedeutet nach der Rechtsprechung des BGH in Zivilsachen immer dann einen Schaden, wenn der Berechtigte auf deren ständige Verfügbarkeit für die eigenwirtschaftliche Lebenshaltung typischerweise angewiesen ist[410].

Sicherlich wird man diese Voraussetzung bei Vermögen grundsätzlich bejahen können. Ein Ersatzanspruch wird aber nur unter der zusätzlichen Voraussetzung bejaht, dass der Gebrauchsentzug eine fühlbare Beeinträchtigung der eigenen Lebensführung bedeutet.

Erforderlich sind ein Nutzungswille und eine hypothetische Nutzungsmöglichkeit[411]. Voraussetzung ist damit zumindest die Beeinträchtigung eines Nutzungswillen, was denklogisch voraussetzt, dass der Vermögensinhaber von der fehlenden Dispositionsmöglichkeit Kenntnis hat.

Selbst im Falle der gänzlichen Aufhebung der Verfügungsmöglichkeit, bspw. bei einer unberechtigten Kontopfändung in der Zwangsvollstreckung, hat der Schuldner jedoch nur dann einen Schadensersatzanspruch, wenn durch die Aufhebung der Verfügungsmöglichkeit Folgeschäden eintreten[412].

Das ist etwa der Fall, wenn der Schuldner durch diese Maßnahme in Liquiditätsschwierigkeiten kommt und beispielsweise zusätzliche Kosten durch eine Kreditaufnahme hat.

Allein die unkontrollierte Verfügungsmöglichkeit des Treunehmers über Gelder oder vergleichbare Vermögensbestandteile des Treugebers begründet in der Regel keinen Vermögensschaden in Sinne des § 266 StGB, selbst wenn die eigene Dispositionsbefugnis des Geschäftsherrn dadurch aufgehoben oder eingeschränkt worden ist.

---

408 Dagegen: *Weimann*, Schwarze Kassen, 105; *Strelczyk*, Schwarze Kassen, 104; *Schlösser* HRRS 2009 19 (27).

409 BGHZ 40 345; 86 128; 98 212; *Palandt* § 249 Rn 41.

410 BGHZ 98 212.

411 BGH NJW 1966 1260; 1985 2471.

412 BGHZ 85 110 (113).

Die zeitweise fehlende Verfügungsmöglichkeit des Geschäftsherrn hat nämlich in einem solchen Fall keinen wirtschaftlichen Wert, der entzogen sein könnte. Dies muss gerade dann gelten, wenn der Vermögensinhaber von der fehlenden Verfügungsmöglichkeit gar nichts weiß.

bb) Eigentumsverlust als Vermögensnachteil

Der zweite Strafsenat des BGH nahm an, dass ein Vermögensnachteil darin gesehen werden kann, dass es bei der Art und Weise der Einrichtung der schwarzen Kasse zu einem Eigentumsverlust an den in die schwarze Kasse fließenden Geldern kommt[413].

Auch Wolf ist im Fall der Spendenaffäre der CDU der Ansicht, dass durch einen Eigentumsverlust am Barvermögen ein Vermögensnachteil i. S. d. Untreue eintritt[414].

Der (pflichtwidrig herbeigeführte) Nachteil bestehe danach darin, dass Barvermögen in Millionenhöhe *weg* sei. Deshalb sei bereits in der Bildung einer schwarzen Kasse ein Vermögensschaden zu sehen und nicht bloß eine Vermögensgefährdung, selbst wenn der Täter *„ständig flüssige Mittel zum Ausgleich bereithält“*[415].

Durch das heimliche Verbuchen der Gelder auf Treuhandkonten sei es im Ausgangsfall zum Eigentumsverlust der CDU an dem Geld gekommen. Diesen Eigentumsverlust könne der damit einhergehende Ausgleichsanspruch nicht saldieren, da Bargeld juristisch etwas anderes sei als der Anspruch auf Zahlung von Bargeld. Der Schaden des Berechtigten bestehe daher bei sämtlichen pflichtwidrig abgeschlossenen synallagmatischen Rechtsgeschäften darin, dass ein real vorhandener Vermögensgegenstand entgegen oder ohne die Entscheidung des Berechtigten weggegeben werde, dieser also durch den pflichtwidrig Handelnden vor die vollendete Tatsache gestellt werde, sich insoweit mit einem (mehr oder weniger sicheren) Anspruch begnügen zu müssen.

Dieser Einschätzung ist in ihrer Allgemeinheit nicht zuzustimmen.

Die Möglichkeit, auf den Eigentumsverlust als Vermögensschaden abzustellen, besteht von vornherein nur dann, wenn es sich bei den Mitteln, die für eine schwarze Kasse bestimmt sind, um Bargeld handelt.

---

413 BGH wistra 1985 69 (71).

414 *Wolf* KJ (33) 2000 531 (535), dort auch zum folgenden Text.

415 *Wolf* KJ (33) 2000 531 (535) ist grundsätzlich der Auffassung, dass die konkrete Vermögensgefährdung dem Vermögensschaden nicht gleichzusetzen sei.

Handelt es sich um Buchgeld, hat der Vermögensinhaber ohnehin nur einen schuldrechtlichen Auszahlungsanspruch gegen die Bank oder den Treuhänder. In diesen Fällen stehen sich zur etwaigen Saldierung zwei schuldrechtliche Ansprüche gegenüber, so dass nicht von einem Ungleichgewicht der sich gegenüberstehenden Ansprüche die Rede sein kann.

Dass Bargeld weggegeben wird, stellt zudem bei schwarzen Kassen die Ausnahme dar.

Letztlich kann das Abstellen auf den Eigentumsverlust allenfalls dann überzeugen, wenn die Weggabe des Bargeldes, also die Eigentumsübertragung (zu welchem Zweck auch immer), an sich verboten und damit pflichtwidrig ist. Wenn der Vermögensbetreuungspflichtige grundsätzlich befugt ist, das Eigentum an Bargeld des Geschäftsherrn zu übertragen, kann die Eigentumsübertragung keinen aus der Pflichtverletzung resultierenden Vermögensnachteil darstellen.

Der Vermögensnachteil kann sich dann nur aus dem Verwendungszweck ergeben[416], nicht aber aus der Eigentumsübertragung selbst.

Das heißt, nur wenn der Vermögensbetreuungspflichtige aus Vorgaben aus dem Gesetz, Satzung oder Vertrag verpflichtet ist, das Eigentum am Geld nicht zu übertragen, kann der Eigentumsverlust einen Untreuenachteil darstellen.

Geschäftsführer, Vorstandsvorsitzende, aber auch Parteigeschäftsführer oder Schatzmeister haben aber grundsätzlich die Befugnis, Eigentum an Geld der jeweiligen Treugeber zu übertragen. Ob dies einen Vermögensnachteil bedingen kann, kann sich dann nur aus dem der Bargeldübertragung anschließenden Geschäft ergeben.

Deswegen kann auf den Eigentumsverlust bei der Übertragung von Geld als Vermögensnachteil allenfalls im öffentlichen Bereich abgestellt werden, denn hier gibt es bestimmte (Verwaltungs-)Vorgaben, wie Gelder zu übertragen sind.

cc) Kompensationsmöglichkeit

Entscheidend kann daher grundsätzlich nur der mit der Einrichtung verfolgte Zweck der schwarzen Kasse sein[417].

---

416 Für eine verwendungszweckabhängige Auffassung im öffentlichen Bereich sprechen sich aus: *Seier* in Achenbach/Ransiek, V 2 Rn 199; *Hefendehl*, Vermögensgefährdung, 287 ff.; *Schünemann* in LK § 266 Rn 180; *Perron* in Schönke/Schröder § 266 Rn 45; *Neye* NStZ 1981 369 (372); *Sax* JZ 1977 743 (749).

417 *Seier* in Achenbach/ Ransiek, V 2 Rn 199; *Hefendehl*, Vermögensgefährdung, 287 ff.; *Schünemann* in LK § 266 Rn 180; *Perron* in Schönke/Schröder § 266 Rn 45 c; *Neye* NStZ 1981 369 (372); *Sax* JZ 1977 743 (749).

Eine zweckwidrige Verwendung von Vermögensteilen des Geschäftsherrn bedeutet aber nicht immer einen Vermögensnachteil im Sinne des Untreuetatbestandes.

Da der Vermögensnachteil wirtschaftlich zu bestimmen ist, muss grundsätzlich an eine Kompensation des Vermögensnachteils durch Vermögensvorteile gedacht werden[418].

So nehmen Neye und Seier an, dass es dann an einem Vermögensnachteil durch die Bildung bzw. Verwendung einer schwarzen Kasse auch im öffentlichen Bereich fehle, wenn sie für Zwecke eingerichtet oder verwendet werde, die dem Fiskus notwendige Aufwendungen in gleicher Höhe ersparen[419]. Damit würden sich Verlust und Gewinn nach anerkannter Berechnungsweise zum Schaden ausgleichen.

Auch wenn der konkrete Verwendungszweck im Haushalt nicht vorgesehen ist, dürfe ein Vermögensnachteil nicht allein auf die Erwägung gestützt werden, dass die Mittelverwendung gegen Vorgaben des Haushalts verstößt. Denn die Untreue schütze nicht die Dispositionsfreiheit, sondern das fremder Hand anvertraute Vermögen.

Das sieht die Rechtsprechung anders und lehnt eine Kompensation in der Regel ab, da es sich bei der anschließenden Verwendung der schwarzen Kasse im Interesse des Vermögensinhabers lediglich um eine tatbestandslose Wiedergutmachung handele[420].

Dies setzt aber voraus, dass die Untreue bereits mit der buchungsmäßigen Einrichtung der schwarzen Kasse vollendet ist.

Grundsätzlich liegt eine strafbare Untreuetat vor, wenn sie vollendet wurde. Bei der Untreue liegt der Vollendungszeitpunkt mit Eintritt des Vermögensnachteils vor[421]. Das gilt sowohl für den tatsächlichen Schaden als auch für den Gefährdungsschaden[422].

Tritt also ein Schaden ein, ist die Untreue vollendet. Nachträgliche – mittelbare – Vorteile können dann keine Kompensation des eingetretenen Schadens bewirken, sondern stellen, wie der BGH feststellt, eine bloße tatbestandslose

---

418 BVerfG NJW 2013 365 (367).

419 *Neye* NStZ 1981 369 (372); *Seier* in Achenbach/ Ransiek V2 Rn 199.

420 RGSt 71 155 (158); BGH GA 1956 154 (155); 1986 455 (456).

421 BGHSt 20 304 (305); 47 16 (27); *Schünemann* in LK § 266 Rn 207; HK-GS/*Beukelmann* § 266 Rn 52; SSW-StGB/*Saliger* § 266 Rn 108; *Perron* in Schönke/Schröder § 266 Rn 51; *Wessels/Hillenkamp* Rn 781.

422 BGHSt 20 304 (305); *Schünemann* in LK § 266 Rn 207; *Perron* in Schönke/Schröder § 266 Rn 51; *Wessels/Hillenkamp* Rn 786.

Wiedergutmachung dar[423]. Der nachträgliche Schadensausgleich ist, da der Nachteil nicht anzudauern braucht, tatbestandlich bedeutungslos[424].

Bezieht sich die Untreue auf einen in mehreren Teilakten eintretenden Schaden, ist die Untreue bereits mit dem ersten Akt der Schadensrealisierung (oder schadensgleichen Gefährdung) vollendet – die weiteren Schadensfaktoren verrücken lediglich den Beendigungszeitpunkt und sind damit allenfalls für Beteiligungs- oder Konkurrenzfragen relevant –, eine Kompensation nach dem ersten Schadenseintritt ist nicht mehr möglich[425]. Von diesem Grundsatz kann nur eine Ausnahme gemacht werden, wenn der eingetretene Vermögensnachteil einen bloßen Teilschaden in einem wirtschaftlich vernünftigen Gesamtplan darstellt, der insgesamt auf Gewinn abzielt (Gesamtbetrachtung)[426].

Im öffentlichen Bereich ist aber eine solche Gesamtbetrachtung in der Regel nicht geboten, da diese lediglich im privaten Wirtschaftsverkehr maßgeblich ist, in dem die Riskierung von Betriebsvermögen zum Zwecke der Profitmaximierung üblich ist.

In der öffentlichen Verwaltung hingegen kann nicht von einem solchen auf Gewinnsteigerung ausgerichteten Gesamtplan die Rede sein, wenn die bereitgestellten Gelder ausweislich des Haushaltsplans dazu bestimmt sind, einem ganz bestimmten Verwendungszweck zu dienen.

Deswegen ist bei schwarzen Kassen im öffentlichen Bereich grundsätzlich die Einzelbetrachtung maßgeblich. Eine Kompensation durch den nachträglichen, interessengerechten Einsatz von Haushaltsmitteln scheidet daher in der Regel in der öffentlichen Verwaltung aus.

Ein Vermögensnachteil im Sinne der strafbaren Untreue kann nach der ständigen Rechtsprechung zum Notaranderkonto allerdings auch dadurch ausgeschlossen werden, dass der Täter ständig eigene Mittel bereithält, die er nötigenfalls zum Ausgleich einsetzen will[427].

Hintergrund dieser Annahme ist, dass der wirtschaftliche Wert des Ausgleichsanspruchs dem Wert des weggefallenen Vermögensstückes entspricht, wenn der Täter ersatzfähig und ersatzbereit ist[428].

---

423 BGH NStZ 1986 455; *Wessels/Hillenkamp* Rn 777.

424 RGSt 39 335 (341).

425 MünchKommStGB/*Dierlamm* § 266 Rn 207; SSW-StGB/*Saliger* § 266 Rn 55; *Perron* in Schönke/Schröder § 266 Rn 42.

426 Zur Gesamtbetrachtung siehe Kapitel 2 VI 3.

427 RGSt 73 283 (285); BGHSt 15 372 (376); BGH in wistra 1982 150 (152); NStZ 1995 233 (234).

428 KG NJW 1972 218.

Dies muss dann aber auch bei der bloßen buchungsmäßigen Einrichtung einer schwarzen Kasse gelten[429], da die Situation vergleichbar ist mit dem Fall, dass ein Anwalt oder Notar Gelder nicht auf dem Anderkonto verwahrt, sondern an anderer Stelle „parkt".

c) *Zwischenergebnis*

Die unkontrollierte Verfügungsmöglichkeit des Vermögensbetreuungspflichtigen allein reicht nicht aus, um einen Vermögensnachteil i. S. d. Untreue zu begründen, da diese Gefahr bereits abstrakt bei jedem Vermögensbetreuungspflichtigen besteht.

Auch die fehlende Verfügungsmöglichkeit des Vermögensinhabers reicht in der Regel nicht zur Bestimmung des Vermögensnachteils aus.

Die ständige Verfügungsmöglichkeit des Vermögensinhabers hat selbst keinen wirtschaftlichen Wert.

Die fehlende Verfügungsmöglichkeit kann allenfalls dann unter Umständen einen Vermögensnachteil begründen, wenn der Vermögensinhaber konkret auf das Vermögen zugreifen will und nicht kann, was voraussetzt, dass der Vermögensinhaber von der fehlenden Verfügungsmöglichkeit Kenntnis hat.

Der Eigentumsverlust an Bargeld stellt nur dann einen Vermögensnachteil i. S. d. Untreue dar, wenn der Vermögensbetreuungspflichtige grundsätzlich nicht befugt ist, das Eigentum an den Geldern zu übertragen. Im Übrigen muss auf den Verwendungszweck abgestellt werden.

Eine Kompensation von einmal eingetretenen Vermögensnachteilen durch spätere Vermögensvorteile scheidet im öffentlichen Bereich in der Regel aus. Die Ausgleichsfähigkeit und Bereitschaft des Täters kann aber auch im öffentlichen Bereich einen Vermögensnachteil ausgleichen.

d) *Rechtsprechung zum Vermögensnachteil im parteipolitischen Bereich*

Das Problem der schwarzen Kasse im parteipolitischen Bereich ist in der einschlägigen Rechtsprechung und Literatur äußerst unausgewogen vertreten.

---

429 Für schwarze Kassen im öffentlichen Bereich: *Hefendehl* Vermögensgefährdung, S. 291; *Schünemann* in LK § 266 Rn 180; zu schwarzen Kassen in der Wirtschaft: *Krekeler/Werner*, Unternehmer und Strafrecht, Rn 1182; allgemein: *Strelczyk*, S. Schwarze Kassen, 118; *Tsagkaraki*, Schwarze Kassen S. 251, die dieses Modell bei allen Bereichen der schwarzen Kassen vertritt.

Eine Welle an Beiträgen haben die beiden CDU-Spendenaffären um Helmut Kohl und Manfred Kanther ausgelöst[430].

Schwarze Kassen im parteipolitischen Bereich werden vornehmlich unter einem bestimmten Blickwinkel diskutiert.

Im Vordergrund der Prüfung einer Untreuestrafbarkeit durch die Einrichtung einer schwarzen Kasse im Zusammenhang mit den Spendenaffären stand die Frage, ob in dem Risiko der Belastung mit einer Sanktion nach dem Parteiengesetz ein Vermögensnachteil gem. § 266 StGB zu sehen ist.

Hintergrund dieser Diskussion sind Regelungen des Parteiengesetzes, wonach unter bestimmten Voraussetzungen wirtschaftliche Sanktionen im Zusammenhang mit dem rechtswidrigen Umgang mit Spenden verbunden sind[431].

In den Spendenaffären waren die in Frage kommenden Sanktionen Folge des Nichtaufführens von Spenden in den jährlichen Rechenschaftsberichten. Gem. § 31 a und gem. § 31 c sieht das Parteiengesetz zwei Sanktionen vor, wenn Spenden nicht ordnungsgemäß im Rechenschaftsbericht ausgewiesen wurden:

Zum einen sind die Parteien gem. § 31 c ParteiG verpflichtet, bei nicht im Rechenschaftsbericht veröffentlichten Spenden einen Betrag in Höhe des Zweifachen der nicht veröffentlichten Spende an den Präsidenten des Deutschen Bundestages abzuführen, zum anderen verfällt bei Ausweis höherer Spenden als tatsächlich erhalten der Anspruch auf staatliche Mittel in gleicher Höhe nach § 31 a ParteiG.

Diese Sanktionen sind nicht zwangsläufige Konsequenz von schwarzen Kassen im parteipolitischen Bereich, sondern hängen mit dem rechtswidrigen Umgang mit Spenden nach dem Parteiengesetz zusammen.

Wird eine schwarze Kasse mit Spenden gefüllt, hängen diese Fragen jedoch zusammen.

Wird die schwarze Kasse allerdings mit anderen Parteigeldern gefüllt, spielt die Frage der Sanktionen nach dem Parteiengesetz keine Rolle.

Auch im Bereich schwarzer Kassen in privatwirtschaftlichen Unternehmen kann die Belastung mit finanziellen Sanktionen relevant werden, wenn etwa im Zusammenhang mit der schwarzen Kasse gegen eine juristische Person eine Geldbuße gem. § 30 Abs. 1 OWiG festgesetzt wird.

---

430 *Velten* NJW 2000 2852; *Volhard* in Lüderssen-FS, 673; *Schwind* NStZ 2001 349; *Krüger* NJW 2002 1178; *Saliger*, Parteiengesetz; *Wolf* KJ (33) 2000, 531.

431 Seit dem 01.01.2003 gelten die neu eingeführten §§ 31 ff. ParteiG, zur damaligen Diskussion enthielt § 23 a ParteiG a. F. entsprechende Regelungen.

So kann gem. § 30 OWiG gegen ein Unternehmen eine Unternehmensgeldbuße von bis zu fünfzigtausend Euro verhängt werden, wenn gegen Buchführungspflichten gem. §§ 334 Abs. 1, Abs. 2 HGB verstoßen wird[432].

Die grundsätzliche Diskussion, ob in dem Risiko der Belastung mit einer Sanktion ein Vermögensnachteil i. S. d. § 266 StGB zu sehen ist, ist aber keine immanente Frage der Strafbarkeit der Einrichtung schwarzer Kassen an sich und deswegen nicht Thema dieser Arbeit.

Daher beschränkt sich die Darstellung auf die Rechtsprechung und Literatur, die sich mit der grundsätzlichen Strafbarkeit der Bildung schwarzer Kassen auseinandersetzt.

aa) Das Reichsgericht im „NSDAP-Fall": Verwendungsabsicht

In dem bereits dargestellten „NSDAP-Fall" konnte das Gericht das Vorliegen einer schwarzen Kasse nicht zweifelsfrei feststellen[433].

Das Reichsgericht nahm jedoch in seiner Entscheidung dennoch zur möglichen Strafbarkeit gem. § 266 StGB Stellung.

Nach Auffassung des Reichsgerichts könnte durch die Bildung von *„Sondervermögen"* bei einem Sturm der NSDAP – etwa aus freiwilligen Spenden oder Sammlungen für ganz bestimmte Zwecke – der NSDAP Vermögen entzogen und die Partei dadurch geschädigt worden sein.

Ein Vermögensnachteil für die Partei käme dann in Betracht, wenn die Angeklagten die Gelder für Zwecke hätten beiseite halten wollen, die aus dem Rahmen der dem Sturm zugewiesenen Aufgaben hinausgefallen wären, oder wenn sie sich diese Gelder zu völlig freier, wenn auch nicht eigennütziger Verwendung hätten zurücklegen wollen.

Dadurch käme eine Strafbarkeit in Form der Untreue in Betracht.

Das Reichsgericht hat damit zum einen auf eine Verwendung der Gelder entgegen dem vorgesehenen Verwendungszweck abgestellt.

Zum anderen ist es in Übereinstimmung mit der Rechtsprechung zu schwarzen Kassen im öffentlichen Bereich davon ausgegangen, dass unabhängig von dieser zweckwidrigen Verwendung ein Vermögensnachteil eintreten kann, wenn die schwarze Kasse dazu eingerichtet wurde, den Angeklagten als freier Dispositionsfonds zu dienen.

Die Verurteilung der Angeklagten setze aber – so das Reichsgericht – voraus, dass sich die Angeklagten der Unterscheidung zwischen den für jene besonderen

432 *Baumbach/Hopt/* Merkt § 283 Rn 18; *Strelczyk*, Schwarze Kassen, 203.

433 RG Urteil vom 22. Mai 1936 1D 761/35, HRR 1936 1601.

Zwecke angesammelten Geldmitteln und der Sturmkasse sowie insbesondere des Gegensatzes zwischen Zweckbestimmung dieser Gelder und den dem Sturm allgemein obliegenden Aufgaben bewusst gewesen seien und dass sie eine solche Absonderung gewollt hätten[434].

bb) Kohl

Die Staatsanwaltschaft sah die Untreue des Angeklagten zu Lasten der CDU als erwiesen an.

Nach ihrer Ansicht lag die Untreue trotz der Zuwendungen der Mittel für Parteizwecke in der nicht ordnungsgemäßen Verbuchung der Gelder mit der Gefahr, dass die auf Treuhandkonten gehaltenen 2 Mio. DM ohne Kenntnis und Willen der Partei den Zwecken der Partei hätten entzogen werden können[435].

Das LG Bonn bezweifelte in seiner Einstellungsverfügung, ob dies ausreiche, eine schadensgleiche konkrete Vermögensgefährdung zu bejahen.

Untreue werde in der Rechtsprechung zwar schon dann angenommen, wenn die Verfügbarkeit der Einnahmen, die einer bestimmten juristischen oder natürlichen Person zustehen, durch Verschleierung seitens der für die Person Handlungsberechtigten erheblich erschwert werde und so eine konkrete Vermögensgefährdung eintrete[436].

Der endgültige Entzug solcher Einnahmen zu Lasten des Berechtigten sei dafür nicht immer erforderlich. Deswegen verhindere die Tatsache, dass die Spenden letztlich der CDU als Gesamtpartei zugutegekommen seien, nicht von vornherein eine Untreue.

Für jeden Fall klare Maßstäbe, wann eine solche konkrete Vermögensgefährdung anzunehmen sei, gebe es allerdings nicht.

Nach der Rechtsprechung des BGH könne eine solche Gefahrenlage ausscheiden, wenn die Gelder trotz Verbuchung auf Treuhandkonten für die Partei als sicher gelten.

Nach den Erläuterungen des früheren Generalbevollmächtigten der CDU, in denen er die Gründe für die steuerrechtlich unbedenklichen Wünsche von Spendern nach Anonymität an konkreten Beispielen dargelegt habe, scheine eine solche Konstellation nicht ganz ausgeschlossen zu sein, zumal es auch offizielle Zahlungsabwicklungen der Partei über Treuhänder gegeben habe; allerdings

---

434 RG Urteil vom 22. Mai 1936 1D 761/35, HRR 1936 1601.

435 LG Bonn NStZ 2001 375 (376); die Ausführungen beschränken sich auf den Teil, der sich explizit auf die Einrichtung der schwarzen Kasse bezieht.

436 LG Bonn NStZ 2001 375 (377), dort auch zum folgenden Text.

dürfte die „*Gefahrenlage*" auch an der Zugriffsmöglichkeit der nach der Satzung zuständigen Organe zu messen sein.

Das Landgericht knüpfte damit ebenfalls an die Einschränkung der Verfügungsmöglichkeit der Berechtigten an. In Übereinstimmung mit der obergerichtlichen Rechtsprechung zum Notaranderkonto[437] tritt nach Auffassung des LG Bonn aber keine konkrete Vermögensgefährdung ein, wenn die Gelder dennoch als sicher galten. Dafür sprach nach Ansicht des LG Bonn im zugrunde liegenden Fall, dass es in der CDU auch offizielle Zahlungsabwicklungen über einen Treuhänder gab und Anhaltspunkte für die Zugriffsmöglichkeit der zuständigen Organe vorlagen.

cc) Hessen-CDU

Großes Aufsehen hat der vom Zweiten Strafsenat des BGH entschiedene Prozess um Manfred Kanther hervorgerufen.

(1) Landgericht Wiesbaden 1. Entscheidung

Zunächst hatte das für die Anklage gegen Kanther und seine beide Mitangeklagten erstinstanzlich zuständige LG Wiesbaden im Zwischenverfahren eine Strafbarkeit nach § 266 StGB verneint und daher die Nichteröffnung des Hauptverfahrens gem. § 204 StPO beschlossen[438].

Die Kammer war dabei der Auffassung, dass in diesem Fall die von der Rechtsprechung entwickelten Grundsätze zu schwarzen Kassen im öffentlichen Bereich anzuwenden seien.

Zum einen hat sie auf die bereits oben erörterte Reichsgerichtsentscheidung RGSt 71 155 („*Das Geld fehlte dort, wo es hätte sein sollen*") hingewiesen, zum anderen auf die Rechtsprechung des BGH, der einen Vermögensnachteil bei der Bildung einer schwarzen Kasse darin sieht, dass der Täter nach eigenem Gutdünken eigenmächtig und unkontrolliert über die Gelder verfügen kann[439].

Allerdings nahm das LG Wiesbaden hier die Besonderheit an, dass der beiseite geschaffte Teil des Vermögens der CDU durch die Transaktion in die Schweiz nicht gefährdeter gewesen sei als vor der Transaktion.

Zum einen habe die CDU schon vor der Transaktion nichts von diesen Geldern gewusst, zum anderen sei das Konto in der Schweiz im Namen der CDU

---

437 RGSt 73 283 (285); BGHSt 15 372 (376); BGH in wistra 1982 150 (152); NStZ 1995 233 (234) mit jeweils weiteren Nachweisen.

438 LG Wiesbaden NJW 2002 1510, dort auch zum folgenden Text.

439 LG Wiesbaden NJW 2002 1510 (1511).

eingerichtet worden, so dass sie – nach wie vor – Forderungsberechtigte aus dem Konto gewesen sei.

Da die Entscheidungsberechtigten der CDU nie Kenntnis von diesen Geldmitteln hatten und damit die Gelder nie zu deren Verfügung standen, habe sich ihre Verfügungsmöglichkeit durch die Transaktion der Gelder in die Schweiz nicht verschlechtert. Untreue scheide deshalb aus[440].

Hier kam in der Rechtsprechung erstmals der Gedanke auf, auf den Grad der Vermögensgefährdung abzustellen, um eine straflose von einer strafbaren schwarzen Kasse zu unterscheiden.

Außerdem ging das LG Wiesbaden von dem zutreffenden Ansatz aus, dass eine Beeinträchtigung der Verfügungsmöglichkeit voraussetzt, dass der Vermögensinhaber Kenntnis von den entzogenen Geldmitteln haben muss. Ohne die Kenntnis von den Geldmitteln kann die tatsächliche Verfügungsmöglichkeit über diese nicht eingeschränkt sein.

Das LG Wiesbaden verneinte darüber hinaus auch deshalb einen Vermögensnachteil, weil nicht auszuschließen sei, dass es sich bei den in die schwarze Kasse geflossenen Geldern um solche illegaler Herkunft handelte, so dass der Zweck des Transfer darin bestanden haben könnte, die Gelder einer Gefährdung durch staatlichen Zugriff zu entziehen.

In diesem Falle lasse sich ein wirtschaftlicher Schaden i. S. d. § 266 StGB zu Lasten des Vermögensträgers, des CDU-Landesverbandes Hessen, auch unter „Gefährdungsgesichtspunkten" nicht begründen.

Als Beispiel für den möglichen staatlichen Zugriff nennt das LG Wiesbaden den Verfall nach § 73 StGB, bei dem die Mittel auf den Staat übergehen, wenn sie nachweislich z.B. aus einer Beihilfe zu Steuerstraftaten stammen[441]. Damit aber geht das Landgericht Wiesbaden letztendlich davon aus, dass im Rahmen des Untreuetatbestandes eine Kompensation des eingetretenen Vermögensnachteils durch Vermögensvorteile grundsätzlich möglich ist, selbst dann, wenn die Vermögensvorteile rechtswidrig erlangt sind.

(2) OLG Frankfurt a. M.

Das OLG Frankfurt a. M. nahm aufgrund der Nichteröffnungsbeschwerde der Staatsanwaltschaft gegen die Entscheidung des Landgerichts Wiesbaden den hinreichenden Tatverdacht einer Strafbarkeit gem. § 266 StGB an und eröffnete das Hauptverfahren vor dem LG Wiesbaden.

---

440 LG Wiesbaden NJW 2002 1510 (1511).

441 LG Wiesbaden NJW 2002 1510 (1512).

Zunächst sah das OLG Frankfurt einen möglichen Vermögensnachteil i. S. d. § 266 StGB darin, dass die schwarze Kasse vor den zuständigen Parteiorganen verheimlicht wurde[442]. Damit sei der Partei nicht nur der Überblick über die ihr zustehenden Finanzen entzogen, sondern auch die Möglichkeit genommen worden, die verschwiegenen Gelder ordnungsgemäß in die vom Parteiengesetz geforderten Rechenschaftsberichte aufzunehmen.

Die Pflicht, Spenden im Rechenschaftsbericht auszuweisen, solle nicht nur die Öffentlichkeit über Bestand und Herkunft des Parteivermögens informieren, sondern diene darüber hinaus auch den Interessen der Parteimitglieder und der Stärkung ihres Einflusses auf die Parteiarbeit. Die wahren Machtverhältnisse sollten offen gelegt werden.

Durch die heimliche Anlegung der Gelder in der schwarzen Kasse erlangten die Angeschuldigten eine – alleinige – Verfügungsmacht über die Gelder, die neben der ihnen nicht zustehenden Machtposition eine Gefährdung des Parteivermögens bedingte.

In dieser Macht der Angeschuldigten, nach ihrem Gutdünken Gelder aus der schwarzen Kasse zur Verfügung zu stellen, sei ein Vermögensnachteil in Form der schadensgleichen Vermögensgefährdung eingetreten.

Durch das Vorenthalten und Verheimlichen des Verbleibs der Gelder seien die Parteigremien verhindert gewesen, ihr Recht an dem Parteivermögen ihren Entschließungen gemäß wahrzunehmen und sich das Geld nach ihrer verantwortlichen Entschließung, gegebenenfalls anders als die Angeschuldigten es für zweckmäßig fanden, nutzbar zu machen.

Als Tenor hat das OLG hier den Standardsatz aus der Rechtsprechung zu schwarzen Kassen aus dem öffentlichen Bereich zitiert: *„Die Gelder fehlten dort, wo sie hätten sein sollen"*.

Hervorzuheben an diesem Beschluss sind auch die Ausführungen im letzten Abschnitt zum Vermögensnachteil: Hier hat das Gericht die Ansicht vertreten, dass es zu einer tatsächlich eingetretenen Vermögensminderung auch deshalb gekommen sei, weil die Einrichtung und Verwaltung der schwarzen Kasse ungerechtfertigte Kosten verursacht habe, die einen Vermögensschaden i. S. d. § 266 StGB verursacht hätten.

Um die schwarze Kasse geheim zu halten und zu verwalten, setzten die Angeschuldigten ja einen Treuhänder ein, der für seine Tätigkeiten entlohnt wurde. Hierfür wurde ein Treuhandvertrag eingerichtet, der über Jahre hinweg aus den Vermögen der CDU bedient werden musste.

---

442 OLG Frankfurt a. M. NJW 2004 2028 (2030), dort auch zum folgenden Text.

Dieser Treuhänder nahm über eine lange Zeit bei der Verwaltung der schwarzen Kasse und der Rückführung von Teilen der Gelder in die offizielle Parteikasse umfangreiche Manipulationen vor und wurde fortlaufend bezahlt.

Solche Verschleierungshandlungen, für die der Treuhänder entlohnt wurde, wären bei offener, gesetzmäßiger Verwaltung nicht angefallen, so dass das OLG in diesen Verschleierungskosten einen tatsächlich eingetretenen Vermögensschaden für die CDU sah.

Dies ist ein neuer Aspekt, der zur Begründung eines Vermögensnachteils im Bereich schwarzer Kassen angeführt worden ist.

(3) Landgericht Wiesbaden 2. Entscheidung

Nachdem das OLG Frankfurt in der zuvor erörterten Entscheidung das Hauptverfahren vor dem LG Wiesbaden eröffnet hatte, verurteilte das Landgericht nach langer mündlicher Verhandlung am 18.04.2005 die drei Angeklagten wegen Untreue nach § 266 StGB.

Das Landgericht wertete in seinem Urteil das Verhalten der Angeklagten als eine einheitliche Untreuetat in der Tatvariante des Treubruchs[443].

Dabei ging das Gericht deshalb von einer einheitlichen Unterlassungstat aus, weil es den Schwerpunkt der Handlungen der Angeklagten im Unterlassen der Aufklärung der CDU über das in der schwarzen Kasse aufbewahrte Vermögen sah.

Diese einheitliche Unterlassungstat beschreibt das Landgericht als *„fortdauerndes Verschweigen der Existenz eines wesentlichen Vermögensbestandteils“* des Landesverbandes.

Als jeweils unselbständige Teilakte betrachtete es dabei das Unterlassen der Aufklärung über die vorhandenen Auslandsgelder bei der Mitwirkung an mehreren unzutreffenden Rechenschaftsberichten des Landesverbandes sowie an mehreren Beschlussfassungen über die Haushalte des Landesverbandes und das Unterlassen pflichtgemäßer Aufklärung über das Auslandsvermögen bei Ausscheiden der Täter als Vorstandsmitglieder.

Durch diese Handlungen hätten die Angeklagten gegen die auf ihrer Vorstandsmitgliedschaft beruhende Vermögensbetreuungspflicht verstoßen. Darüber hinaus habe der Angeklagte Kanther durch dieselbe Tat zugleich eine Vermögensbetreuungspflicht zugunsten des Bundesverbandes verletzt, dic sich

---

443 BGHSt 51 100 (111) – die Gründe des LG Wiesbaden wurden dem Urteil des BGH entnommen. Das Urteil des LG Wiesbaden vom 18.04.2005 ist nicht veröffentlicht; dort auch zum folgenden Text.

aus seiner Position als Mitglied des Bundesvorstands und des Präsidiums der Partei ergeben habe.

Der Angeklagte W. habe zu dieser Tat Beihilfe geleistet.

Gefährdungsschäden seien dem Bundesverband der CDU durch die Gefahr des Verlusts staatlicher Mittel der Parteifinanzierung nach dem Parteiengesetz und dem Landesverband durch die Gefahr von Regressforderungen der Bundespartei sowie durch die eigenmächtige Verfügung über die Gelder der schwarzen Kasse und die Beeinträchtigung der Dispositionsfreiheit der Partei entstanden.

(4) Der Bundesgerichtshof

Der Zweite Strafsenat des BGH hat auf die Revision der Angeklagten gegen die vorstehende Verurteilung am 18.10.2006 die Entscheidung des Landgerichts Wiesbaden aufgehoben und die Sache zur neuen Verhandlung ans Landgericht zurückverwiesen.

In einem umfangreichen Urteil, das als Leitsatzentscheidung in die amtliche Sammlung aufgenommen wurde, nahm der BGH erstmals zu einer schwarzen Kasse im parteipolitischen Bereich Stellung.

In Übereinstimmung mit dem Urteil des Landgerichts Wiesbaden sah der BGH in dem Vorenthalten der verdeckten Guthaben eine einheitliche Unterlassungstat zu Lasten des Landesverbandes der CDU[444].

Davon zu trennen sei aber die Mitwirkung der Angeklagten an den unrichtigen Rechenschaftsberichten des Landesverbandes und damit mittelbar an denjenigen des Bundesverbandes der CDU mit der Folge des Verlustes staatlicher Zuwendung und der Rückforderung von in der Vergangenheit gezahlten Förderungsbeträgen für die bzw. gegenüber der Partei.

Diese Handlungen sind nach Auffassung des Strafsenats nicht Teil der einheitlichen Gefährdungstat bzgl. des Vorenthaltens der verdeckten Vermögenswerte.

Zum einen handele es sich bei den Taten in Bezug auf die Rechenschaftsberichte um aktive Handlungen, zum anderen stehe hierbei ein anderer Geschädigter (Bundesverband der CDU) in Rede.

In dem Vorenthalten der verdeckten Guthaben in der schwarzen Kasse sieht der Zweite Strafsenat eine Verwirklichung der strafbaren Untreue durch Unterlassen.

444 BGHSt 51 100 (112 ff.), dort auch zum folgenden Text; die Ausführungen des Strafsenats zur Vorsatzeinschränkung erfolgen in dem Teil der Arbeit, der sich mit dem subjektiven Tatbestand befasst.

Dem Landesverband sei durch die Handlungen der Angeklagten bzw. deren unterlassene Aufklärung ein Vermögensschaden in Form der schadensgleichen konkreten Vermögensgefährdung entstanden.

Dieser Gefährdungsschaden begründe sich dadurch, dass sich die Angeklagten die Möglichkeit verschafft hatten, die zunächst auf den Angeklagten W., später auf die Stiftung übertragenen Vermögenswerte als geheimen, tatsächlich keiner wirksamen Zweckbindung unterliegenden und jeder Kontrolle entzogenen „Dispositionsfonds" zu nutzen.

Hierdurch wäre nicht nur die Dispositionsbefugnis betroffen, vielmehr wäre dadurch eine konkrete, von den Berechtigten nicht zu kontrollierende und nur noch im Belieben der Täter stehende Möglichkeit des endgültigen Vermögensverlustes eingetreten.

Der objektive wirtschaftliche Wert der Forderungen der berechtigten CDU Hessen sei dadurch gemindert worden, dass der Berechtigten über einen langen Zeitraum Vermögenswerte entzogen und vorenthalten wurden, um sie nach der Maßgabe der Angeklagten und deren *„Gutdünken"*, vorgeblich nach deren *„besserer"* Beurteilung zur Förderung von Zwecken einzusetzen, die den Tätern im Einzelfall als förderungswürdig erschienen.

Zu welchen Zwecken das in Rede stehende Vermögen einzusetzen war, werde jedoch nach Struktur und Satzung des Landesverbandes in der innerparteilichen, offenen Diskussion und von den zuständigen Organen entschieden.

Die spätere Übertragung der Vermögenswerte von der Schweiz auf die liechtensteinische Stiftung habe zwar zu einer Vertiefung dieses Gefährdungsschadens geführt, weil die Zugriffsmöglichkeit des Landesverbandes durch die Verschleierung und die in dem Beistatut der Stiftung ausgestaltete rechtliche Konstruktion faktisch weiter eingeschränkt worden sei, allerdings führe dies nicht zur Beendigung der Tat.

Die aus der Vermögensbetreuungspflicht abzuleitende Offenbarungspflicht bestehe fort und sei durchgängig und verändere und erweitere sich entsprechend der Entwicklung des Bestands der schwarzen Kasse.

Die Nichterfüllung dieser durchgängigen Offenbarungspflicht sei als einheitliche Tat anzusehen, deren Beendigung erst mit der Aufdeckung eintrete.

Teilweise habe sich der Gefährdungsschaden auch realisiert, als die Täter ein angebliches Vermächtnis vortäuschten und einen Teil der Geldmittel an den selbstständigen Kreisverband der CDU (F) zuwandten. Dadurch sei der Landesverband vor vollendete Tatsachen gestellt, dem Kreisverband sei ohne rechtliche Grundlage Vermögen zugewandt worden, der dieses Vermögen alsbald verbrauchte. Im Umfang dieses Schadens sei mit der Zuwendung Tatbeendigung gem. § 78 a StGB eingetreten. Spätere Rückzahlungen oder Verrechnungen könnten nur Schadenswiedergutmachungen sein.

e) Auswertung unter Berücksichtigung der Literatur

Die strafrechtliche Rechtsprechung zu den Spendenaffären der CDU wirft neue Aspekte in der Problematik schwarzer Kassen auf.

Die Auswertung legt das Augenmerk auf Aspekte, die im Gegensatz zur Rechtsprechung zu schwarzen Kassen im öffentlichen Bereich neu sind.

Der Großteil der Beiträge in der Literatur beschäftigt sich mit der Frage, ob in dem Risiko der Belastung mit einer Sanktion ein Vermögensnachteil und damit eine Strafbarkeit nach § 266 StGB zu sehen ist[445].

Der Fokus dieser Untersuchung soll auf Beiträge gelegt werden, die sich mit der generellen Frage der Strafbarkeit schwarzer Kassen auseinandersetzen.

aa) Faktische Einbuße der Verfügungsmacht als Vermögensnachteil

Die Rechtsprechung stellt auch im Bereich politischer Parteien bei der Feststellung eines Untreueschadens auf die fehlende Verfügungsmöglichkeit des Vermögensinhabers ab.

Auch Ransiek sieht in der Einbuße der Verfügungsmacht des Vermögensinhabers einen Vermögensnachteil i. S. d. Untreue[446].

Dabei stellt er aber für die Annahme eines wirtschaftlichen Vermögensschadens auf die faktische Einbuße der Verfügungsmacht beim Treugeber ab.

Dadurch, dass der Vermögensinhaber nichts von den ihm zustehenden Geldern wisse, bleibe es den Verfügungsberechtigten der schwarzen Konten und den Eingeweihten überlassen, über die Verwendung der Gelder nach Gutdünken zu entscheiden[447].

Ebenso wie eine weggenommene, nunmehr beim Dieb befindliche Sache den Verlust für das Diebstahlsopfer ausmache, sei diese Verschiebung bei § 266 StGB der Vermögensnachteil und nicht nur eine Beeinträchtigung der Dispositionsbefugnis. Insofern sei der Fall im objektiven Tatbestand nicht anders zu beurteilen, als wenn sich der Täter zu eigennützigen Zwecken die Verfügungsgewalt über fremdes Vermögens verschaffe.

---

445 *Velten* NJW 2000 2852; *Volhard* in Lüderssen-FS, 673; *Schwind* NStZ 2001 349; *Krüger* NJW 2002 1178.

446 *Ransiek* NJW 2007 1727 ff.

447 *Ransiek* NJW 2007 1727 (1728), dort auch zum folgenden Text.

Ransieks Vergleich mit dem Diebstahl überzeugt bei genauerer Betrachtung nicht. Diebstahl erfordert – und das ist der wesentliche Unterschied zur Untreue – im objektiven Tatbestand einen Gewahrsamswechsel.

Der Täter begründet durch die Tathandlung der Wegnahme neuen – in der Regel eigenen – Gewahrsam und hebt den Gewahrsam des früheren Gewahrsamsinhabers vollständig auf.

Bei der Untreue hat der Vermögensbetreuungspflichtige von vornherein „Mitgewahrsam in Form von Verfügungsmacht" an dem fraglichen Vermögen, da er ja schließlich befugt ist, das Vermögen zu betreuen. Durch eine Verschiebung des Vermögens in eine schwarze Kasse ändert sich der Gewahrsam am Vermögen aber nicht, wenn die Gelder im Interesse des Vermögensinhabers angelegt und verwendet werden. Sein Gewahrsam wird nicht vollständig aufgehoben. Gewahrsam setzt schließlich nicht voraus, dass der Gewahrsamsinhaber ständig weiß, wo sich der konkrete Gewahrsamsgegenstand genau befindet[448].

Es reicht aus, dass der Gewahrsamsinhaber generellen Herrschaftswillen an den Sachen hat, die sich in seinem Herrschaftsbereich befinden[449].

In Übertragung auf Vermögen bedeutet dies, dass man dann Gewahrsam an seinem Vermögen hat, wenn es sich noch im Herrschaftsbereich des Vermögensinhabers befindet. Das ist jedenfalls dann der Fall, wenn der Vermögensinhaber formal weiterhin Berechtigter des Vermögens ist, also Forderungsinhaber. Wenn also die schwarze Kasse weiterhin zum Vermögensverband des Inhabers gehört, ist das Vermögen auch noch in seinem Herrschaftsbereich.

In Übertragung auf Kapitalgesellschaften bedeutet dies, dass das Vermögen solange zum Herrschaftsbereich der Gesellschaft (als Vermögensinhaberin) gehört, solange die schwarze Kasse im Unternehmen eingegliedert ist.

Da der Vermögensinhaber (in Gesellschaften die willensbildenden Organe) generellen „Herrschaftswillen" an seinem gesamten Vermögen hat, kommt es nicht darauf an, dass das Vermögen „versteckt" ist.

Entscheidend kann daher für einen Vermögensnachteil in einem solchen Fall nur sein, dass der Vermögensinhaber auf das Vermögen zugreifen will, es aber nicht kann.

Das bedeutet, dass etwa dann von einem Vermögensnachteil in Form eines tatsächlichen Vermögensschadens ausgegangen werden kann, wenn der Vermögensinhaber bei dem Vermögensbetreuungspflichtigen Mittel anfordert und diese nicht erhält.

---

448 *Fischer* § 242 Rn 13.

449 *Fischer* § 242 Rn 13.

Da es sich bei Vermögen eben nicht um eine konkrete Sache handelt, kann dabei nicht auf die konkreten Mittel in der schwarzen Kasse abgestellt werden, insbesondere dann nicht, wenn es sich ohnehin nur um Buchgelder handelt.

Solange also der Vermögensbetreuungspflichtige in der Lage ist, die Mittel aus der schwarzen Kasse auf Abruf zur Verfügung zu stellen, scheidet ein Vermögensnachteil im Sinne der Untreue aus.

bb) Verlustgefahr als Kriterium zur Bestimmung des Vermögensnachteils

Daran anknüpfend stellt sich die Frage, ob zumindest eine schadensgleiche Vermögensgefährdung an dem Vermögen eintritt, wenn der Vermögensbetreuungspflichtige die schwarze Kasse außerhalb des Unternehmens einrichtet oder sonst „unsicher" anlegt.

Das Landgericht Bonn und das Landgericht Wiesbaden kamen in solchen, bereits erörterten Fällen zu einer Ablehnung des Vermögensnachteils in Form der schadensgleichen Vermögensgefährdung, weil das Vermögen des Vermögensinhabers durch die Bildung der schwarzen Kasse nicht konkret gefährdet gewesen sei.

Das Landgericht Bonn wies dabei darauf hin, dass durch die buchungsmäßige Einrichtung einer schwarzen Kasse keine konkrete Vermögensgefährdung eintrete, wenn die Gelder in der Kasse dennoch als sicher gelten[450].

Das Landgericht Wiesbaden wiederum verneinte eine konkrete Vermögensgefährdung durch die Transaktion auf Treuhandkonten, da das Vermögen durch die Transaktion nicht gefährdeter gewesen sei als vor der Transaktion[451].

Daran anknüpfend stellt sich die grundsätzliche Frage, wann das Vermögen bei der bloßen Einrichtung einer schwarzen Kasse konkret gefährdet sein kann und wann lediglich eine abstrakte Gefährdung angenommen werden kann, die nicht strafbar nach § 266 StGB ist.

Von Teilen der Literatur wird bei der bloßen Bildung einer schwarzen Kasse der Vermögensnachteil nach dem Grad der Verlustgefahr des Vermögens für den Treugeber bestimmt[452].

Danach sei in Abgrenzung zu einer bloß abstrakten Vermögensgefahr erst dann eine schadensgleiche konkrete Vermögensgefahr anzunehmen, wenn der

450 LG Bonn NStZ 2001 375 (377).

451 LG Wiesbaden NJW 2002 1510 (1511).

452 *Weimann*, Schwarze Kassen, . 134; *Saliger/Gaede* HRRS 2008 57 (70); *Satzger* NStZ 2009 297 (304); *Thomas* in Anwaltshandbuch § 17 Rn 123.

Schwarzkassenverwalter die Gelder unsicher anlege, wie etwa auf pfändungsgefährdeten Privatkonten oder Konten Dritter[453].

Die Ansätze zur Abgrenzung der abstrakten von der konkreten schadensgleichen Vermögensgefahr variieren.

(1) Abgrenzungskriterien nach Weimann

Weimann ist der Ansicht, dass das Vorliegen des Vermögensnachteils durch Bildung schwarzer Kassen von der Verlustgefahr abhängig sei[454].

Sobald durch die Bildung einer schwarzen Kasse Gelder in die Gefahr des Verlustes gebracht würden, bestehe die Möglichkeit, dass die Verlustgefahr den Wert des Vermögens mindere und eine konkrete Vermögensgefährdung bejaht werden könne. Da beim Umgang mit fremden Geldern ein „effektiver" Vermögensnachteil immer dann eintrete, wenn Gelder dem Vermögensinhaber tatsächlich verlustig gingen, könne man davon ausgehend die Gefahr bestimmen, die in diesen Fällen für den Vermögensinhaber bestehe.

Zur Unterstützung dieser These stellt auch Weimann auf die ständige Rechtsprechung zum Notaranderkonto ab[455].

Die Situation des Anlegers einer schwarzen Kasse sei vergleichbar mit der des Rechtsanwaltes und Notars, der Fremdgelder nicht vorgeschrieben auf Anderkonten verwahrt, sondern andere Geschäftskonten benutzt.

Die Anleger und Verwalter schwarzer Kasse würden das Geld ebenfalls nicht antasten, sondern es lediglich verborgen halten, so dass die Täter im übertragenen Sinne ersatzfähig und -bereit seien, so dass sich aus der bloßen Unkenntnis über den konkreten Verbleib der Gelder oder dem Verlust der Überwachung der schwarzen Konten keine Vermögensgefährdung ergeben könne[456].

Dabei erkennt Weimann auch das Problem, dass es sich in solchen Fällen als schwierig erweisen kann, die vermögensnachteilige Verlustgefahr eindeutig zu bestimmen. Daher könne man nur in eindeutigen Fällen von einer schadensgleichen Vermögensgefährdung reden.

Als ausreichend erachtet Weimann die Verlustgefahr, wenn sich der Täter jeder Einflussnahme auf die schwarze Kasse entziehe und sich voll und ganz auf sein Vertrauen zu anderen Personen verlasse.

---

453 *Satzger* NStZ 2009 297 (303); *Saliger/Gaede* HRRS 2008 57 (70); *Saliger*, Parteiengesetz, 422; *Strelczyk*, Schwarze Kassen, 147.

454 *Weimann*, Schwarze Kassen, . 134, dort auch zum folgenden Text.

455 vgl statt aller: RGSt 73 283 (285); BGHSt 15 372 (376); BGH in wistra 1982 150 (152); NStZ 1995 233 (234) mit jeweils weiteren Nachweisen.

456 *Weimann*, Schwarze Kassen, S. 135.

Bei einer schwarzen Kasse, die bei einem externen, nicht zur eigenen Gesellschaft gehörenden Geschäftspartner als sog. Geldspeicher gebildet werde, sei daher eine Vermögensgefährdung zu bejahen[457].

Dagegen genüge es nicht, wenn eine schwarze Kasse auf einem Geschäfts- oder Sonderkonto geführt werde, von dem nur der Geschäftsführer Kenntnis habe. In derartigen Fällen würde keine im Verhältnis zu anderen Konten der Gesellschaft gesteigerte Verlustgefahr vorliegen.

Ebenso sei es zu beurteilen, wenn sich schwarze Kassen, z. B. Bargeldkassen, im direkten Zugriffsbereich des Täters befinden würden[458].

Zutreffend ist der Ansatz von Weimann, soweit er die schadensgleiche konkrete Vermögensgefahr nur in eindeutigen Fällen annehmen möchte.

Denn die gleichzeitig mit der Anerkennung der schadensgleichen Vermögensgefährdung als Vermögensnachteil bedingte Vorverlagerung des Vollendungszeitpunktes der Untreue kann nur dann akzeptiert werden, wenn eine solche schadensgleiche konkrete Vermögensgefährdung eindeutig vorliegt.

Dass ein solch eindeutiger Fall immer dann gegeben sein soll, wenn der Täter eine schwarze Kasse bei einem Geschäftspartner einrichtet, überzeugt hingegen nicht.

Weimann hätte berücksichtigen müssen, dass der Geschäftspartner in der Regel in enger Beziehung zum Täter und dem von ihm vertretenen Unternehmen steht.

Jedenfalls eine längere und intensive Geschäftsbeziehung gewährleistet eine nicht zu unterschätzende Sicherheit, dass der Geschäftspartner die Mittel aus der ihm „nicht gehörenden" schwarzen Kasse nicht für sich verwendet.

Sollte der Geschäftspartner mit den Geldern aus der schwarzen Kasse „verschwinden", wäre die regelmäßig vermögenswerte Geschäftsbeziehung sicher beendet.

Zu berücksichtigen ist auch, dass der Vermögensbetreuungspflichtige die Gelder im Interesse des Vermögensinhabers einsetzen und verwenden will, so dass er, wenn er eine schwarze Kasse bei einem Dritten einrichtet, sicherlich keinen unzuverlässigen Geschäftspartner wählen wird, bei dem die konkrete Gefahr besteht, dass dieser seinerseits eigenmächtig mit den Geldern verfährt.

---

457 *Weimann*, Schwarze Kassen, S. 135; 16 ff., unter einem „Geldspeicher" versteht Weimann schwarze Kassen, die nicht dem unmittelbaren Zugriffsbereich des Täters unterstehen, also ein Depot an Geld, das beim Geschäftspartner versteckt wird, wobei dies nach Ansicht von Weimann keine „klassische schwarze Kasse" darstellt.

458 *Weimann*, Schwarze Kassen, S. 136.

Deswegen ist es nicht unüblich, wie im Falle der Hessen-CDU, dass eine zusätzliche Treuhandabrede mit dem Dritten getroffen wird, die den Umgang mit der schwarzen Kasse zudem vertraglich absichert[459].

(2) Abgrenzungskriterien nach Saliger und Tsagkaraki

Auch nach dem Ansatz von Saliger ist das Kriterium der Verlustgefahr des betreuten Vermögens für die Feststellung eines Untreueschadens entscheidend[460].

Die Verlustgefahr könne sowohl objektiv als auch subjektiv bestimmt werden.

Eine objektive Verlustgefahr bestehe zum einen dann, wenn der Schwarzkassenverwalter es seinen eigenen Gläubigern ermögliche, auf das Schwarzkassengeld zuzugreifen, indem er etwa das fremde Geld nicht auf ein Treuhandkonto, sondern auf sein eigenes Konto überführe und zum anderen dann, wenn der Verwalter über Dritte Risiken erzeuge.

Solche Risiken könnten bspw. darin bestehen, dass er Dritte in die Vermögensverschiebungen einbinde, die persönlich unzuverlässig sind, oder dass er das Geld in einer Weise bei Dritten „parke", die den Verlust seiner eigenen Kontrolle impliziere oder die das Geld dem Zugriff der Gläubiger der Dritten preisgebe[461].

Bei Bestehen einer solchen objektiven Verlustgefahr sei eine schadensgleiche konkrete Vermögensgefährdung zu bejahen.

Im Gegensatz zu Weimanns Beispiel überzeugen die meisten Beispielsfälle Saligers, denn in den von ihm aufgezeigten Fällen hängt es tatsächlich lediglich vom Zufall ab, ob der Einrichter der schwarzen Kasse die Mittel aus der Kasse etwa auf Abruf des Vermögensinhabers diesem zur Verfügung stellen kann oder nicht.

Allerdings kann der Umstand, dass der Treunehmer den Kasseninhalt auf einem eigenen Konto parkt, allein nicht ausreichen, bereits darin eine konkrete schadensgleiche Vermögensgefährdung im Sinne der Untreue nach § 266 StGB anzunehmen.

Hinzukommen muss als zusätzliches Risikoelement, dass mit einer Pfändung durch Dritte aufgrund der Umstände des Einzelfalls zu rechnen ist.

---

459 So auch: *Strelczyk*, Schwarze Kassen, S. 155, 157.

460 *Saliger*, Parteiengesetz, S. 421; *ders.* SSW-StGB/*Saliger* § 266 Rn 76.

461 *Saliger*, Parteiengesetz, S. 422.

Das allgemeine Risiko, dass Gläubiger auf das Konto des Täters durch Pfändungen einwirken können, bedingt noch keine schadensgleiche konkrete Vermögensgefährdung[462].

Darüber hinaus ist fraglich, ob die vorstehenden Beispielsfälle überhaupt praxisrelevant sind.

Denn der Vermögensbetreuungspflichtige will ja die schwarze Kasse gerade im Interesse des Vermögensinhabers einrichten und einsetzen und wird daher in der Regel keine derart unsichere Anlageform wählen, dass der Verlust oder Erhalt der Mittel aus der schwarzen Kasse nicht mehr von seinem Einfluss abhängt.

Über diese objektive Seite hinaus bestimmt Saliger die Verlustgefahr auch subjektiv[463].

Im Ergebnis befürwortet er hier die Sichtweise, die auf den Verwendungszweck der schwarzen Kasse abstellt.

Saliger ist der Auffassung, dass der subjektive Wille des Schwarzkassenverwalters, die Mittel aus der Kasse zweckkonform, das heißt im Interesse des Vermögensinhabers, zu verwenden, eine konkrete Vermögensgefahr ausschließe.

Wenn eine schadensgleiche Vermögensgefährdung ausgeschlossen sei, wenn der Schwarzkassenverwalter ausgleichsfähig und -bereit sei, so müsse dies erst recht für den Verwalter einer schwarzen Kasse gelten, der den Kasseninhalt ohnehin immer nur zweckgerecht verwenden wolle[464].

Zur Begründung dieser These stellt er einen Vergleich zum untauglichen Versuch auf:

Ebenso wie beim untauglichen Versuch sei bei der Bildung einer schwarzen Kasse, die zweckkonform eingesetzt werden soll, eine reale Rechtsgutsverletzung, sprich ein Vermögensnachteil, objektiv nicht möglich[465]. Denn im Falle der schwarzen Kasse, die zweckkonform verwendet werden solle, habe der Täter Vorkehrungen getroffen, damit ein effektiver Schaden objektiv nicht eintreten könne.

---

462 Vgl. BGHSt 47 8 (11) im Falle der unordentlichen Buchführung: Die Erleichterung der ungerechtfertigten Geltendmachung ungerechtfertigter Ansprüche durch Dritte begründet nicht per se eine schadensgleiche Vermögensgefährdung; für eine untreuerelevante Vermögensgefährdung ist erforderlich, dass aufgrund der Umstände des Einzelfalls mit einer ungerechtfertigten doppelten Inanspruchnahme zu rechnen ist und aufgrund der unzureichenden Buchhaltung eine wesentliche Erschwerung der Rechtsverteidigung zu besorgen ist.

463 *Saliger*, Parteiengesetz, S. 424.

464 *Saliger*, Parteiengesetz, S. 417, 422, 424.

465 *Saliger*, Parteiengesetz, S. 424, dort auch zum folgenden Text.

Diese Vorkehrung sei die „*Intention*“ der zweckkonformen Mittelverwendung des Schwarzkassenverwalters.

Den daraus resultierenden, offensichtlichen Umkehrschluss, dass eine konkrete Vermögensgefährdung dann vorliege, wenn der Täter von Anfang an vor hat, die Kasse zweckwidrig zu verwenden, lehnt Saliger jedoch unter Hinweis auf eine unzulässige Subjektivierung des Schadensbegriffs kategorisch ab[466].

Gerade bei der Untreue sei die Straflosigkeit des Versuchs ein Hinweis dafür, dass eine Subjektivierung des Schadensbegriffs über die zweckwidrige Verwendungsabsicht unzulässig sei.

Strafbarkeitslücken würden dadurch nicht entstehen, da der Täter entweder über die von ihm aufgestellten Kriterien eine objektive Verlustgefahr schaffe, die einen Vermögensnachteil begründe, oder da eine Strafbarkeit über die Unterschlagung gem. § 246 StGB greife, sofern der Täter eine Eigen- oder Drittzueignung durch die Einrichtung der schwarzen Kasse erstrebe[467]. Zudem würden durch seinen Lösungsvorschlag Beweisprobleme, die sich bei einer subjektiven Bestimmung ergeben könnten, verhindert.

Warum die Ablehnung der schadensgleichen Vermögensgefährdung allein aufgrund der Intention der zweckkonformen Mittelverwendung keine von ihm abgelehnte unzulässige Subjektivierung des Schadensbegriffs bedeutet, kann Saliger nicht überzeugend begründen[468].

Sein Erst-Recht-Schluss ist nicht plausibel. Wenn der Täter ausgleichswillig und -fähig ist, kommt ein entscheidendes objektives Kriterium hinzu, das eine schadensgleiche konkrete Vermögensgefährdung entfallen lässt: die Ausgleichsfähigkeit.

Der Täter hat im Falle der Ausgleichsfähigkeit tatsächlich, also objektiv die Möglichkeit, unproblematisch einen dem Kasseninhalt entsprechenden Betrag zur Verfügung zu stellen, sobald die Mittel benötigt werden.

Besteht lediglich die subjektive Intention des Täters, die Mittel zweckkonform zu verwenden, schließt dies objektiv den Vermögensverlust nicht von vornherein aus.

Das bedeutet nicht, dass die zweckkonforme Verwendungsabsicht ohne Bedeutung ist. Vielmehr folgt aus einer zweckkonformen Verwendungsabsicht regelmäßig, dass keine gesteigerte objektive Verlustgefahr für die Mittel aus der schwarzen Kasse besteht, da der Schwarzkassenverwalter dann auch keine

---

466 *Saliger*, Parteiengesetz, S. 426.

467 *Saliger*, Parteiengesetz, S. 427.

468 So auch *Strelczyk*, Schwarze Kassen, S. 113.

unsichere Anlageform wählen wird, weil er im Interesse des Vermögensinhabers handeln will.

Es fehlt dann aber an einer schadensgleichen Vermögensgefährdung, weil bereits objektiv die Voraussetzungen einer Verlustgefahr nicht vorliegen. Aus einer interessengerechten Verwendungsabsicht folgt die Verneinung der schadensgleichen Vermögensgefährdung dann jedoch nur mittelbar.

Das Kriterium der subjektiven Verlustgefahr überzeugt daher nicht.

An diesem Mangel leidet auch der ähnliche Ansatz von Tsagkaraki[469].

Sie vertritt für die Feststellung des Untreueschadens ein Rückgabefähigkeits- und Willigkeitsmodell.

Dieses Modell beruht im Wesentlichen auf den Grundsätzen der Rechtsprechung zum Notaranderkonto[470] und fordert als zusätzliches Schadensausschlusskriterium neben dem objektiven Element der Rückgabefähigkeit und dem subjektiven Element der Rückgabewilligkeit, dass der Täter eine unbedingte, zweckkonforme Verwendungsabsicht in sich trage[471].

Sie erkennt zwar, dass dies zu einer weiteren Subjektivierung des Nachteilsbegriffs führt, meint aber, dass diese Subjektivierung wiederum eingeschränkt werden könne, indem man wiederum im quasi „vierten Schritt" verlange, dass der Täter unmittelbaren Zugriff auf das zu betreuende Vermögen haben muss, damit ein Vermögensnachteil ausgeschlossen werden könne[472].

Dieses Umweges bedarf es aber nicht, weil – wie oben ausgeführt – in diesem Fall bereits objektiv keine gesteigerte Verlustgefahr besteht und die Gefahr lediglich abstrakt ist.

(3) Abgrenzungskriterien nach Strelczyk

Strelczyk macht das Vorliegen einer schadensgleichen konkreten Vermögensgefährdung durch die bloße Bildung schwarzer Kassen ebenfalls vom Grad der Verlustgefahr abhängig[473].

Dogmatisch sieht er die Lösung dieser Problematik in der Anwendung versuchsnaher Kriterien.

---

469 *Tsagkaraki*, Schwarze Kassen, S. 240.

470 Vgl. statt aller: RGSt 73 283 (285); BGHSt 15 372 (376); BGH in wistra 1982 150 (152); NStZ 1995 233 (234) mit jeweils weiteren Nachweisen

471 *Tsagkaraki*, Schwarze Kassen, S. 247, 248.

472 *Tsagkaraki*, Schwarze Kassen, S. 249.

473 *Strelczyk*, Schwarze Kassen, S. 142 ff., sog. Rücktritts- und Herrschaftsmodell, dort auch zum folgenden Text.

Aus der Straflosigkeit der versuchten Untreue lasse sich ableiten, dass der Täter solange straffrei bleiben müsse, wie er – eine Versuchsstrafbarkeit unterstellt – noch zurücktreten könne. Solange es der Täter noch in der Hand habe, den Taterfolg in Gestalt eines Vermögensnachteils abzuwenden, sei keine schadensgleiche Vermögensgefährdung gegeben. Ein *„Rücktritt"* sei bei der Bildung schwarzer Kassen solange möglich, wie sich der Täter eines besseren besinnen und schon dadurch den Eintritt eines substantiellen Vermögensnachteils vermeiden könne[474].

Strelczyk will hier zwar grundsätzlich die Versuchslehre anwenden, macht aber zahlreiche Ausnahmen von der Anwendung derselben.

So sei die beim Versuch entscheidende subjektive Vorstellung des Täters unerheblich: Es sei nach objektiven Kriterien zum einen zu bestimmen, wann der Täter *„unmittelbar angesetzt habe"*, und zum anderen, bis zu welchem Zeitpunkt der Täter *„zurücktreten"* könne[475].

Des Weiteren bleibe § 24 I S. 2 StGB außer Betracht, das heißt, dass die Fälle des beendeten Versuchs, in denen der Täter durch bloße Bemühung der Verhinderung des Taterfolgs zurücktreten kann, bei der Einrichtung schwarzer Kassen nicht analog zur Straffreiheit führen dürfen.

Denn eine schadensgleiche Vermögensgefährdung trete schon dann ein, wenn sich der Täter der Herrschaft über das ihm anvertraute Vermögen begibt, also die Schwelle zum Stadium überschreite, in dem er sich nur noch um die Verhinderung des Erfolgs bemühen könne, statt ihn sicher verhindern zu können[476].

Hänge es nur noch vom Zufall oder von Dritten ab, ob der Erfolg eintrete oder nicht, habe sich aus objektiver Sicht die Gefährdung des Opfervermögens maßgeblich erhöht, so dass schutzgeleitete Erwägungen dafür sprächen, an dieser Schwelle die Gefährdung als schadensgleich einzustufen. Der Täter sei demnach nur dann straffrei, wenn er objektiv zurücktreten könne.

Dadurch, dass Strelczyk wesentliche Grundsätze der Rücktrittslehre nicht anwendet, kann nicht mehr von einer Lösung über ein *„Rücktrittsmodell"* gesprochen werden. Im Grunde versucht er Kriterien aufzustellen, die eine abstrakte Verlustgefahr von einer konkreten Verlustgefahr abgrenzen sollen. Mit einer Anwendung der Versuchslehre hat dies nichts mehr zu tun. Letztlich knüpft Strelczyk nur an die Herrschaftsmöglichkeit des Täters an, was ihm allerdings

474 *Strelczyk*, Schwarze Kassen, S. 142 (Hervorhebung nur hier).

475 *Strelczyk*, Schwarze Kassen, S. 144 (Hervorhebung nur hier), dort auch zum folgenden Text.

476 *Strelczyk*, Schwarze Kassen, S. 145, dort auch zum folgenden Text.

nicht überzeugend gelingt, wie der Vergleich von zwei von Strelczyk aufgeführten Beispielfällen zeigt.

In dem ersten Beispiel bildet ein Geschäftsführer einer Niederlassungs-GmbH eines Autoherstellers eine schwarze Kasse, indem er einzelne Zahlungseingänge von Service-Kunden auf ein geheimes Konto umleitet[477]. Er möchte damit einen Sonderfonds anlegen, um interne Belange seiner Niederlassung, wie etwa Betriebsausflüge, großzügiger realisieren zu können, als es der Autohersteller als Alleingesellschafter der GmbH zulassen würde. Zu einer Verwendung des Kasseninhalts kommt es nicht, denn der Niederlassungsleiter muss einen längeren Krankenhausaufenthalt antreten. Zuvor weiht er einen der in der Niederlassung angestellten Mechaniker ein und erteilt ihm Konto-Einzelvollmacht, damit der anstehende Betriebsausflug in der von ihm geplanten, aufwändigen Weise stattfinden kann, auch wenn er sich im Krankenhaus befinden sollte.

In dem zweiten Fall schließt der Niederlassungsleiter, der auch Geschäftsführer der GmbH ist, mit einem Rechtsanwalt einen Treuhandvertrag, nach dem dieser das Geld auf einem Treuhandanderkonto zu verwalten und nach Abruf des Geschäftsführers auszuzahlen hat[478].

Der Rechtsanwalt eröffnet ein Treuhandanderkonto und gibt dabei die Niederlassungs-GmbH als Treugeberin an. Anschließend überweist der Geschäftsführer den gesamten Bestand des schwarzen Kontos auf das Treuhandanderkonto.

In dem ersten Fall sieht Strelczyk in der Bevollmächtigung des Mechanikers eine schadensgleiche Vermögensgefährdung, in dem zweiten Fall sei der Geschäftsführer straffrei. In dem Mechanikerfall sei mit Vollmachtserteilung an den Mechaniker eine schadensgleiche Vermögensgefährdung eingetreten, da das Risiko bestehe, dass Letzterer absprachewidrig auf das Konto zugreife[479].

Dass der Geschäftsleiter immer noch selbst über den Kontobestand verfüge, sei unerheblich. Da es sich um ein schwarzes Konto handele, würde niemand außer dem Geschäftsführer bemerken, wenn der Mechaniker auf das Konto zugreife. Der Geschäftsführer würde in einen solchen Falle wohl davor zurückschrecken, Maßnahmen gegen den Mechaniker einzuleiten, da hiermit Öffentlichkeit hergestellt und sein eigenes pflichtwidriges Verhalten publik würde.

477 *Strelczyk*, Schwarze Kassen, S. 153, dort auch zum folgenden Text.
478 *Strelczyk*, Schwarze Kassen, S. 154, dort auch zum folgenden Text.
479 *Strelczyk*, Schwarze Kassen, S. 155, dort auch zum folgenden Text.

Die formale Herrschaft des Täters, über das schwarze Konto zu verfügen, sei wirtschaftlich entwertet, sobald ein Dritter die Möglichkeit habe, eine eigenmächtige Herrschaft über das Konto auszuüben.

Anders sei der Fall nur zu bewerten, wenn ein eigenmächtiges Handeln des Mechanikers ausgeschlossen wäre, weil mit der Bank etwa Gesamtvollmacht vereinbart wäre.

In dem Rechtsanwaltsbeispiel liege dagegen keine schadensgleiche Vermögensgefährdung durch die Einzahlung auf das Treuhandanderkonto vor[480]. Denn das Treuhandanderkonto biete in Verbindung mit der Treuhandabrede die weitgehende Sicherheit, dass sich der Rechtsanwalt als Treuhänder an die Vereinbarung hält und insbesondere das anvertraute Geld bei Abruf zurück überträgt.

Diese Sicherheit macht Strelczyk zum einen daran fest, dass bei Anderkonten spezielle Geschäftsbedingungen der Kreditinstitute gelten.

Als Beispiel nennt er Ziffer 13 der Bedingungen für Anderkonten, wonach bei Tod des Treuhänders nicht dessen Erben Kontoinhaber werden, sondern eine vom Treuhänder bestimmte Person, die selbst Anderkonten zu eröffnen befugt ist[481].

Zum anderen sei zu berücksichtigen, dass die zur Eröffnung von Anderkonten berechtigten Berufsgruppen einem besonderen Standesrecht unterliegen und einer gesetzlich geregelten Berufsaufsicht.

Da das Standesrecht schuldhafte Verletzungen der Berufspflichten bei der Verwaltung fremden Vermögens ahnde, biete ein Treuhandanderkonto gegenüber der allgemeinen Treuhand einen erhöhten Schutz vor Missbräuchen durch den Treuhänder.

Die Frage der schadensgleichen Vermögensgefährdung macht Strelczyk jedoch in beiden Fällen nicht von der Herrschafts- oder Vermeidemacht des Geschäftsführers abhängig, obwohl er diese Macht als die maßgebliche bezeichnet.

Und das, obwohl der Geschäftsführer in beiden Beispielsfällen – wenn auch eingeschränkt – noch die Macht hat, eigenmächtige Verfügungen des Mechanikers bzw. des Rechtsanwalts zu verhindern.

Im ersteren Fall ist der Täter selbst immer noch Kontoinhaber mit fortbestehender eigener Zugriffsmöglichkeit auf das angelegte Geld und auch im anderen Fall als Geschäftsführer der treugeberischen Niederlassungs-GmbH verfügungsbefugt

Strelczyk stützt sich bei seiner Prüfung jedoch auf ganz andere Kriterien, namentlich auf die Zuverlässigkeit des Dritten bzw. auf die Wahrscheinlichkeit der

480 *Strelczyk*, Schwarze Kassen, S. 156, dort auch zum folgenden Text.
481 *Strelczyk*, Schwarze Kassen, S. 156 (Fn 590).

eigenmächtigen Vorgehensweise des Dritten. Während er im Mechanikerbeispiel noch fordert, dass für die Ablehnung der schadensgleichen Vermögensgefährdung ein eigenmächtiges Handeln ausgeschlossen ist[482], soll es im Rechtsanwaltsbeispiel darauf ankommen, welche Konsequenzen den Rechtsanwalt träfen, wenn er eigenmächtig über die schwarzen Konten verfügt[483].

Auf die Wahrscheinlichkeit des eigenmächtigen Vorgehens des Mechanikers geht er im ersten Beispielsfall überhaupt nicht ein, obwohl sich die Frage aufdrängt, wie wahrscheinlich es ist, dass der Mechaniker bereit ist, durch eigenmächtige, pflichtwidrige, ja strafbare Vorgehensweise seinen Arbeitsplatz zu riskieren, bzw. ob die Gefahr der eigenmächtigen Vorgehensweise mehr als nur eine grundsätzlich bestehende abstrakte Gefahr darstellt. Strelczyk zufolge unternimmt der Geschäftsführer im Mechanikerbeispiel im Fall des Zugriffs des Mechanikers auf das Konto deshalb nichts, weil er damit Öffentlichkeit herstellen und sein eigenes pflichtwidriges Verhalten publik machen würde.

Im Rechtsanwaltsbeispiel geht Strelczyk auf diese Problematik überhaupt nicht ein, obwohl sich die Frage stellt, warum dies in diesem Beispiel nicht der Fall sein soll.

Die Lösung der Beispielsfälle ist daher inkonsequent und wenig überzeugend. Das von Strelczyk vertretene Herrschafts- und Rücktrittsmodell wird von ihm selbst nicht stringent umgesetzt.

Sein Lösungsmodell führt darüber hinaus auch nicht zu einer sicheren Abgrenzung von strafbarer und strafloser Bildung schwarzer Kassen.

(4) Zwischenergebnis

Die vorstehenden Lösungsmodelle zur Feststellung und Abgrenzung der Verlustgefahr bei Einrichtung einer schwarzen Kasse als Vermögensnachteil im Sinne des Untreuetatbestandes überzeugen grundsätzlich nicht.

Festzuhalten ist, dass eine gesteigerte Verlustgefahr für das betreute Vermögen bei der Einrichtung der schwarzen Kasse stark von den Umständen des Einzelfalles abhängt. Eine eindeutige, alle Fälle der Einrichtung schwarzer Kassen umfassende Regel kann dazu nicht aufgestellt werden.

In der Regel fehlt es bei schwarzen Kassen, die im Interesse des Vermögensinhabers eingerichtet werden, an einer gesteigerten Verlustgefahr als schadensgleiche konkrete Vermögensgefahr. Nur in eindeutigen Fällen darf von einer

---

482 *Strelczyk*, Schwarze Kassen, S. 154.
483 *Strelczyk*, Schwarze Kassen, S. 156.

schadensgleichen konkreten Vermögensgefahr und damit von einer Strafbarkeit nach § 266 StGB aufgrund eines gesteigerten Verlustrisikos ausgegangen werden.

cc) Kosten durch die Unterhaltung schwarzer Kassen

In der einschlägigen Literatur nimmt Saliger in Übereinstimmung mit dem oben zitierten Beschluss des OLG Frankfurt a. M. zur Eröffnung des Hauptverfahrens in der Hessen-CDU-Spendenaffäre einen tatsächlichen Vermögensschaden durch die bloße Bildung einer schwarzen Kasse bereits dann an, wenn es dabei zu materiell zweckwidrigen Ausgaben aus der schwarzen Kasse kommt oder wenn die Unterhaltung der schwarzen Kasse Verwaltungskosten verursacht, die bei ordnungsgemäßer Verwaltung nicht angefallen wären[484].

Zutreffend ist, dass bei einer wirtschaftlichen Betrachtungsweise sämtliche Kosten, die die Führung und Unterhaltung der schwarzen Kasse mit sich bringen, zu berücksichtigen sind. Solche Kosten, die die bloße Unterhaltung der schwarzen Kasse verursachen kann, sind beispielsweise die Kontoführungskosten.

Beispiel:

Der Täter lässt eigens für die Verwahrung der zu verschleiernden Gelder ein Konto errichten. Dieses Konto könnte ein geheimes Geschäftskonto sein, bei dem das vermögensinhabende Unternehmen offizieller Begünstigter ist, dessen Gelder in die schwarze Kasse fließen, oder auch ein Konto einer Domizilgesellschaft im Ausland, das für die Verwendung der Gelder genutzt wird.

Die Eröffnung eines Kontos sowie die Führung eines Kontos sind i. d. R. gebührenpflichtig. Somit verursachen Einrichtung und Verwaltung der schwarzen Kasse allein dadurch Kosten.

Diese Kosten können jedoch grundsätzlich dann nicht als Vermögensnachteil im Sinne der Untreue angesehen werden, wenn die Gesellschaft, deren Gelder auf einem Sonderkonto angelegt werden, ohnehin ein Konto für die Führung der Gelder in Anspruch genommen hätte.

Die Kontoführungskosten sind Kosten, die durch jegliche Verwaltung von Geldern auf Konten verursacht werden, unabhängig davon, ob es sich um ein offizielles Konto der Gesellschaft oder um ein in den Büchern der jeweiligen Gesellschaft nicht aufgeführtes, heimliches Konto handelt.

Werden Mittel für die Erfüllung von Aufgaben verwendet, die der Vermögensinhaber gleichermaßen hätte aufwenden müssen, so dass notwendige

484 *Saliger*, Parteiengesetz, S. 410; *ders.* SSW-StGB/*Saliger* § 266 Rn 76; OLG Frankfurt a. M. NJW 2004 2028 (2030).

Aufwendungen in gleicher Höhe erspart werden, entsteht dem Vermögensinhaber kein Vermögensschaden[485].

Nur dann, wenn die Gelder der schwarzen Kasse bei ordnungsgemäßer Verbuchung auf einem bereits eingerichteten Firmenkonto gelandet wären, könnte allein durch die Einrichtung des Sonderkontos ein konkreter Schaden entstehen, wenn die Ersteinrichtung des Schwarzgeldkontos besondere Bankgebühren verursacht, mit denen der Geschäftsherr zusätzlich belastet wird.

Weit mehr ins Gewicht fallen jedoch Kosten, die durch die Inanspruchnahme eines Mittelsmannes entstehen können, der mit der Verwaltung der schwarzen Kasse betraut wird.

Im Fall Kanther wurde ein Treuhänder verpflichtet, der die Unterhaltung der schwarzen Kasse vornahm[486]. Gegen ein Stundenhonorar und Auslagenersatz kümmerte sich der mitangeklagte Treuhänder um den Transfer der Gelder, die Führung des schwarzen Kontos und jegliche im Zusammenhang mit der schwarzen Kasse anfallenden Tätigkeiten.

Gerade bei im Ausland angelegten Schwarzgeldern ist eine treuhänderische, kostenpflichtige Verwaltung durch ansässige Treuhänder nicht unüblich. Der ortskundige Treuhänder im Ausland ist mit dem Bankwesen und dem ausländischen Steuerrecht vertraut und weiß daher oft besser, wie das Geld sinnvoll verwaltet werden muss. Dabei geht es nicht nur um eine ordnungsgemäße Verwaltung, sondern auch um eine Verschleierung der Gelder vor der Öffentlichkeit. Dies ist der wesentliche Aspekt, der den Geschäftsführer, den Vorstandsvorsitzenden oder Politiker dazu bewegt, Firmengelder auf versteckte Auslandskonten zu transferieren.

Der Einsatz eines Treuhänders verursacht dabei erhebliche, zusätzliche Verwaltungs- und Verschleierungskosten.

Solche Kosten fallen bei der ordnungsgemäßen Verbuchung und Verwaltung von Firmengeldern nicht an.

Die Unterhaltung der schwarzen Kasse verursacht daher in Fällen, in denen jemand gegen Bezahlung mit der Verwaltung der Gelder aus der schwarzen Kasse betraut wird, zunächst einen wirtschaftlichen Nachteil, der ohne die Führung der schwarzen Kasse nicht eingetreten wäre.

Diesem Nachteil steht – bei Einzelbetrachtung – auf den ersten Blick kein direkter Vermögensvorteil gegenüber.

485 BGHSt 40 295.
486 OLG Frankfurt NJW 2004 2028.

Denn einen unmittelbaren Vermögensvorteil bewirkt der Einsatz eines zusätzlichen Vermögensverwalters zunächst nicht.

Er vereinfacht zwar den Umgang mit der schwarzen Kasse, verursacht aber für sich genommen ausschließlich Kosten.

Die Frage ist aber, ob und wann eine solche Einzelbetrachtung in diesem Fall überhaupt anzuwenden ist.

Ins Blickfeld rückt bei dieser Untersuchung die bereits angesprochene Geschäftsbezogenheit der schwarzen Kasse.

Handelt es sich in dem zu beurteilenden Fall um eine geschäftsbezogene schwarze Kasse, die einen konkreten Bezug zu einem noch abzuschließenden Folgegeschäft hat und Einrichtung und Nutzung der Kasse können als wirtschaftlich sinnvolle unternehmerische Vorgehensweise angesehen werden, so ist von einer Einzel- zu einer Gesamtbetrachtung überzugehen.

Nicht nur die Finanzierung über eine schwarze Kasse, sondern auch deren Kosten verursachende Einrichtung und Verwaltung sind dann bei der Bewertung des wirtschaftlichen Gesamtplans des Täters mit einzubeziehen. Auch hier sind die Grundsätze des Risikogeschäfts anzuwenden und es muss eine Ausnahme von der Einzelbetrachtung gemacht werden.

Ist die Entscheidung über die „Finanzierung" des Folgegeschäftes über eine schwarze Kasse und der Einsatz eines zusätzlichen Vermögensverwalters wirtschaftlich gesehen vertretbar bzw. nicht von vornherein wirtschaftlich sinnlos, werden solche Nachteile nach den Grundsätzen des Risikogeschäfts durch die Chance des positiven, in der Zukunft liegenden Gewinngeschäfts ausgeglichen.

Die Entscheidung über die zusätzliche, kostenpflichtige Einrichtung eines Kontos und den Einsatz eines zusätzlich Kosten verursachenden Treuhänders wird dann in der Regel auch wirtschaftlich vertretbar sein.

Zum einen würde kein vernünftig denkender Unternehmer einen zusätzlichen Treuhänder für die Verwaltung einer schwarzen Kasse einsetzen, wenn er langfristig keinen Vorteil im Einsatz eines solchen Treuhänders sähe.

Der Einsatz eines Schwarzkontentreuhänders simplifiziert die Verwaltung des schwarzen Kontos für den Einrichter der schwarzen Kasse. Darüber hinaus gewährleistet der Einsatz eines zusätzlichen Treuhänders eine ordnungsgemäße und wirtschaftlich sinnvolle Verwaltung des angelegten Geldes. Denn der bezahlte Treuhänder ist ja vertraglich verpflichtet, das ihm anvertraute Geld ordnungsgemäß und kostengünstig zu verwalten.

Daher kommt dem Einsatz eines Treuhänders durchaus auch ein Vermögenswert zu.

Zum anderen widerspricht es den Grundsätzen einer ökonomischen Betrachtung und jeglicher Praxis im Wirtschaftsleben, Einzelposten ohne jeglichen Bezug zum ins Auge gefassten Geschäft zu bewerten.

Verwaltungskosten oder auch Durchführungskosten fallen bei jedem Geschäftsabschluss an. Eine losgelöste Betrachtung solcher Kosten, wie Transport, Personal etc., ist daher unangebracht. Die Kosten für einen zusätzlichen Verwalter des schwarzen Kontos müssen im Zusammenhang mit dem ins Auge gefassten Geschäft, für das die schwarze Kasse angelegt wurde, gesehen werden.

Sicherlich wären zusätzliche Verschleierungskosten bei offener Durchführung des Geschäfts nicht angefallen. Die Finanzierung oder Förderung des Folgegeschäftes über eine schwarze Kasse kann aber – wie bereits oben dargestellt – wirtschaftlich sinnvoll und für das Gelingen des Gewinngeschäfts erforderlich sein (insbesondere bei Schmiergeldgeschäften im Ausland).

Dann aber sind auch zusätzliche, notwendige und vertretbare Kosten, die die Finanzierung über eine schwarze Kasse verursacht, in eine wirtschaftliche Bewertung des Geschäftsabschlusses mit einzubeziehen.

In einem solchen Fall stellen die Verschleierungs- und Verwaltungskosten einer geschäftsbezogenen schwarzen Kasse nach der maßgeblich anzuwendenden Gesamtbetrachtung und den Regeln des Risikogeschäfts ausgleichsfähige Negativposten dar.

Eine andere Sichtweise muss möglicherweise bei einer allgemeinen schwarzen Kasse gelten, bei der die schwarze Kasse über einen längeren Zeitraum eingerichtet bleibt, ohne dass sie im konkreten Bezug zu einem Geschäftsabschluss oder einer gewinnbringenden Investition steht. Wird bei einer solchen schwarzen Kasse ein zusätzlicher Treuhänder eingesetzt, werden dadurch laufende Kosten verursacht, die in keinem Zusammenhang zu einem Gewinn versprechenden Geschäftsabschluss stehen. Ein Ausgleich dieser Vermögensnachteile durch die Gewinnchance eines Geschäftsabschlusses oder eine Investition besteht hier nicht.

Bei einer dauernd eingerichteten schwarzen Kasse, die keinen konkreten Bezug zu einem geplanten Folgegeschäft aufweist und dem Einrichter dieser Kasse bloß als Dispositionsfonds dienen soll, um je nach Bedarf für seine allgemeine Geschäftsführung unbürokratisch auf Geld zurückgreifen zu können, können daher die Grundsätze zum Risikogeschäft nicht angewendet werden. Selbst wenn der Täter das Geld aus der Kasse letztlich gewinnbringend einsetzt, können daraus resultierende geldwerte Vorteile nicht einen dauernden, in keinem Bezug zum Gewinngeschäft stehenden Vermögensverlust beim Vermögensinhaber durch Bezahlung des eingesetzten Treuhänders ausgleichen. Neben einem unternehmerischen Risikozusammenhang fehlt es in einem solchen Fall vor allem auch an der grundsätzlich vorausgesetzten Unmittelbarkeit von Nachteil und Vorteil. Nur dann ist eine Kompensation möglich. Die zuvor erwähnte Ausnahme der Gesamtbetrachtung, bei der eine engere Unmittelbarkeit von Nachteil und Vorteil nicht vorausgesetzt wird, kann hier nicht gemacht werden. In einem solchen Fall verursachen der Einsatz eines zusätzlichen Treuhänders sowie sonstige Verschleierungs- und Verwaltungskosten einen endgültigen Vermögensnachteil i. S. v. § 266 StGB.

f) Zwischenergebnis

Die fehlende Verfügungsmöglichkeit des Vermögensinhabers kann auch im Falle schwarzer Kassen im parteipolitischen Bereich keinen Vermögensnachteil begründen.

Eine schadensgleiche Vermögensgefährdung kommt nur bei konkreter Gefahr des Vermögensverlustes durch die Auslagerung von Geldern in eine schwarze Kasse in Betracht.

Wann eine schadensgleiche konkrete Vermögensgefährdung durch die Einrichtung einer schwarzen Kasse vorliegt, ist eine Frage des Einzelfalls.

Die Gefahr des Zugriffs Dritter kann ausreichen, eine schadensgleiche konkrete Vermögensgefährdung anzunehmen. Allerdings kann dabei der Umstand allein, dass der Täter den Kasseninhalt auf sein eigenes Konto umleitet, nicht ausreichen, eine solche schadensgleiche Vermögensgefährdung anzunehmen.

Das allgemeine Risiko des Zugriffs Dritter auf dieses Konto reicht nicht aus. Hinzukommen muss als zusätzliches Risikoelement, dass mit dem Zugriff Dritter auf das Konto, etwa durch Pfändung, aufgrund konkreter Umstände im Einzelfall zu rechnen ist.

Bei im Unternehmens- oder Parteiinteresse eingerichteten schwarzen Kassen fehlt es regelmäßig an solchen tatsächlichen Zugriffsrisiken, da der Vermögensbetreuungspflichtige gerade darauf bedacht ist, einen Vermögensvorteil für den Vermögensinhaber zu erwirtschaften. Dem würde eine unsichere Anlageform der schwarzen Kasse widersprechen.

Durch die Einrichtung und Führung von schwarzen Kassen verursachte (Treuhand-)Kosten stellen bei geschäftsbezogenen schwarzen Kassen keinen Vermögensnachteil dar, da solche durch die Exspektanz des zukünftigen Gewinngeschäfts kompensiert werden.

Bei allgemeinen schwarzen Kassen liegt in solchen Kosten ein endgültiger Vermögensschaden und damit ein Vermögensnachteil i. S. d. Untreue vor.

e) *Rechtsprechung zum Vermögensnachteil in privatwirtschaftlichen Unternehmen*

Die Gerichte haben sich vor der „Siemensaffäre" nur vereinzelt mit der Problematik schwarzer Kassen in privatwirtschaftlichen Unternehmen beschäftigen müssen.

aa) *RG 15.1.1940: Tatsächliche Beeinträchtigung der Rechte*

Die erste bekannte Entscheidung zu schwarzen Kassen im privaten Bereich stammt aus dem Jahre 1940[487].

Der Entscheidung lag folgender Sachverhalt zugrunde:

Der Angeklagte war als Treuhänder tätig. Er hob ohne Einverständnis des privaten Treugebers Geldbeträge vom Treuhandkonto ab. Aus der damit gebildeten, dem Treugeber unbekannten Rücklage wollte der Angeklagte solche Gläubiger des Treugebers befriedigen, die eventuell mit Zwangsmaßnahmen gegen das der Treuhandverwaltung unterliegende Vermögen vorgehen wollten. Tatsächlich hat er von diesem Geld Vorschüsse auf seine Gebühren entnommen, zwei Gläubiger, die Forderungen anmeldeten, befriedigt und den Rest für einen weiteren Gläubiger hinterlegt, der noch Ansprüche gegen das Treuhandkonto geltend machte.

Während die Vorinstanz den Angeklagten noch vom Vorwurf der Untreue freigesprochen hatte, weil er das Geld, abgesehen von etwaigen Vorschüssen auf Gebühren, nicht für sich persönlich verwandt hatte, vertrat das Reichsgericht unter Hinweis auf eine Entscheidung des Reichsgerichts zu schwarzen Kassen im öffentlichen Bereich[488] die Ansicht, dass eine konkrete Vermögensgefährdung schon dann vorliege, wenn der Bevollmächtigte den Auftraggeber durch sein pflichtwidriges Verhalten daran gehindert habe, seine Rechte an dem Vermögen wahrzunehmen oder einer Fehlleitung zweckgebundener Gelder entgegenzutreten.

Das Landgericht hätte daher prüfen müssen, ob der Angeklagte durch die Anlegung der Rücklagen und ihre Geheimhaltung den Auftraggeber an der Wahrnehmung seiner Rechte gehindert und so geschädigt habe[489].

Aus dieser letzten Ausführung ergibt sich, dass das Reichsgericht zwar die Möglichkeit einer schadensgleichen Vermögensgefährdung durch die Bildung der heimlichen Rücklage sah, aber zutreffend für eine Verurteilung wegen Untreue voraussetzte, dass der Vermögensinhaber dadurch tatsächlich an der Wahrnehmung seiner Rechte gehindert wurde. Mit anderen Worten reichte nach

487 RG 15.1.1940 – 2 D 662/39 HRR 1940 1215.

488 RGSt 71 155.

489 RG 15.1.1940 – 2 D 662/39 HRR 1940 1215.

Ansicht des RG allein die abstrakte Beeinträchtigung der Rechte des Treugebers durch die Tat nicht aus, um eine schadensgleiche Vermögensgefährdung im Sinne der Untreue zu bejahen.

Eine konkrete Vermögensgefährdung kommt daher bereits nach dieser Entscheidung nur dann in Betracht, wenn der Vermögensinhaber auf sein Vermögen zugreifen will und dies nicht bzw. nur mit erheblichen Schwierigkeiten kann.

bb) RGSt 75 227 („Baufirmaentscheidung")

In der nachfolgenden „Baufirmaentscheidung" des Reichsgerichts forderte der Angeklagte als Baustellenleiter einer Baufirma von dieser Arbeitslöhne auch für die Arbeiter an, die die Arbeit ausgesetzt hatten[490]. Aus diesen Beträgen bildete er eine seinem Arbeitgeber unbekannte schwarze Kasse, die er zur Bezahlung von Fremdforderungen verwendete, die im Betrieb seiner Baustelle entstanden waren, insbesondere zur Deckung von Forderungen für Lohnfuhren.

Das Reichsgericht sah in der Tilgung dieser ordnungsgemäß zustande gekommenen fälligen Forderungen für Lohnfuhren zur Baustelle keinen Vermögensnachteil für die Baufirma, da diese im Gegenzug von diesen Verbindlichkeiten frei geworden sei. Etwas anderes könne nur gelten, wenn andere als die durch die Gelder der schwarzen Kasse getilgten Forderungen vorhanden gewesen wären, deren Befriedigung zur Aufrechterhaltung des Betriebs und damit zur Erhaltung des Vermögens der Baufirma vordringlicher gewesen wäre[491].

Durch die Anforderung von Arbeitslöhnen für Arbeiter, die tatsächlich nicht im Einsatz gewesen waren, sei es zwar zu unnötigen Aufwendungen an Krankenkassen- und Invalidenversicherungsbeiträgen sowie Lohnsteuerbeiträgen gekommen, die für sich genommen einen Vermögensnachteil für die Baufirma darstellten. Da aber die Fuhrunternehmer wiederholt mit der Einstellung der Fuhren gedroht hatten, sei die Fortführung der Arbeiten an der Baustelle unmittelbar gefährdet gewesen, so dass der Verlust des Auftrags an sich gedroht habe. Mit Rücksicht auf die Vermögenslage der Baufirma sei es möglicherweise besser gewesen, die *„unnötigen"* Aufwendungen zu machen.

Das Reichsgericht nahm also an, dass Handlungen, die teils nützlich, teils schädlich sind, dann nicht als vermögensschädigend angesehen werden können, wenn ein wirtschaftlich höher stehender Vorteil nicht anders als auf dem Weg über einen – wirtschaftlich geringen – Nachteil zu erreichen sei.

---

490 RGSt 75 227.

491 RGSt 75 227 (229), dort auch folgenden Text.

Das Reichsgericht verwies das Strafverfahren insoweit zur weiteren Aufklärung an das Landgericht zurück.

Während die herrschende Rechtsprechung seit jeher im öffentlichen und parteipolitischen Bereich eine einheitliche, zweckunabhängige Bewertung von schwarzen Kassen vornimmt, ist in dieser Entscheidung des Reichsgerichts bereits die begrüßenswerte Tendenz zu erkennen, die schwarze Kasse in der Wirtschaft abweichend unter Berücksichtigung der Besonderheiten des Wirtschaftslebens zu bewerten.

Gegen diese unterschiedliche Bewertung wendet sich die Kritik von Bruns[492]. Bruns ist der Auffassung, dass sich das Reichsgericht auch in der vorstehenden Entscheidung an die Rechtsprechung des Reichsgerichts (RGSt 71 155 *„das Geld fehlte dort, wo es hätte sein sollen“*) zu schwarzen Kassen im öffentlichen Bereich hätte orientieren müssen, was das Gericht in der „Baufirmaentscheidung“ wegen Unvergleichbarkeit der Sachlagen ablehnte[493].

Bruns zufolge kommt der von der von ihm favorisierten Rechtsprechung vertretene Gedanke, dass ein Vermögensnachteil bereits bejaht werden kann, wenn Geldmittel der ordnungsmäßigen Kontrolle des Vermögensinhabers entzogen wurden, auch dann zum Tragen, wenn die Mittel nicht nach Maßgabe eines Haushaltsplanes oder sonstigen Dienstvorschriften zweckgebunden sind[494].

Er kritisiert, dass das Reichsgericht in der „Baufirmaentscheidung“ die Einrichtung der schwarzen Kasse und die Tilgung der Verbindlichkeiten mit Mitteln aus der schwarzen Kasse nicht differenziert bewertet habe.

Die bloße Einrichtung einer schwarzen Kasse könne bereits eine untreuespezifische Vermögensgefährdung darstellen. Die spätere Verwendung im Interesse oder für Zwecke des Vermögensinhabers sei eine bloße – tatbestandslose – Wiedergutmachung des bereits verursachten Schadens. Der Beweggrund zur Bildung der schwarzen Kasse könne lediglich bei der inneren Tatseite Berücksichtigung finden[495].

Würde man aber die Bildung einer schwarzen Kasse durch Dritte gestatten, deren alleiniger Zweck darin bestünde, dringende Betriebsschulden zu tilgen, würde man den Vermögensinhaber faktisch gleichsam unter Zwangsverwaltung stellen, ihn derart bevormunden, dass ihm eine eigene Entscheidungsmöglichkeit genommen wäre. Gerade wenn sich der Vermögensinhaber, wie im „Baufirmafall“, in einer wirtschaftlich schlechten Lage befinde, müsse es ihm vorbehalten

492 *Bruns* ZAdR 1941 268.
493 RGSt 75 227 (228).
494 *Bruns* ZAdR 1941 268 (269), dort auch zum folgenden Text.
495 *Bruns* ZAdR 1941 268 (269).

sein, selbst zu entscheiden, welche Schulden vorrangig getilgt werden. Denn nur der Vermögensinhaber könne die gesamte wirtschaftliche Lage seiner Firma überblicken.

Zudem sei die Auffassung des Reichsgerichts, die unnötigen Aufwendungen an Krankenkassen-, Invalidenversicherungs- und Lohnsteuerbeiträgen seien unter dem Gesichtspunkt des Schadensausgleichs nicht vermögensnachteilig, weil im Gegenzug womöglich eine Einstellung der Bautätigkeit drohte, eine nicht zu billigende Übertreibung. Die Tilgung der fälligen Schulden sei wohl auch anders möglich gewesen als über den Weg der Einforderung ungerechtfertigter Arbeitslöhne. Dies zeige erneut, wie bedenklich es sei, die Firma gleichsam unter die Zwangsverwaltung des Angeklagten zu stellen.

Die richtige Lösung ergebe sich ohne weiteres wie folgt:

Der Bauleiter habe das Recht und die Pflicht, seine Firma auf die Notwendigkeit der Bezahlung der drängenden Fuhrkosten aufmerksam zu machen bzw. die Gelder dafür unter einwandfreier Angabe dieses Verwendungszwecks rechtzeitig anzufordern. Verweigere die Firma dennoch die Gelder, so werde sie dafür ihre Gründe gehabt haben, denen sich der Bevollmächtigte beugen müsse. Hier gewissermaßen „im wohlverstandenen Interesse" der Baufirma nach eigenem Gutdünken tätig zu werden und ihr im Wege der Täuschung die Gelder „abzulocken", die sie sonst nicht bewilligt hätte, gehe über die Aufgabe des Bevollmächtigten hinaus und bedeute Zwangsverwaltung des Auftragsgebers.

Diese Argumentation von Bruns wäre nachvollziehbar, hätte er sie dogmatisch an anderer Stelle angesetzt, nämlich bei der Frage der untreuespezifischen *Pflichtverletzung*.

Das Argument der „Zwangsverwaltung" und eigenmächtigen Vorgehensweise kann ohne Zweifel das Vorliegen einer Pflichtverletzung begründen, wenn der Vermögensbetreuungspflichtige, wie der Baustellenleiter, nicht befugt ist, frei und eigenständig über die Verwendung von Geldern zu entscheiden. Denn grundsätzlich entscheidet der Vermögensinhaber allein, wie sein Vermögen einzusetzen ist und ob er Dritte in solche Entscheidungen mit einbezieht.

Wenn aber, wie im „Baufirmafall", aus wirtschaftlicher Sicht rechnerisch kein Vermögensschaden festzustellen ist, weil die Negativpositionen durch unmittelbare Vermögensvorteile ausgeglichen werden, dann fehlt es eben an einem untreuespezifischen Vermögensnachteil. So unerwünscht eine *„Zwangsverwaltung"* des Vermögensinhabers sein mag, eine Strafbarkeit nach § 266 StGB setzt schließlich einen wirtschaftlichen Vermögensnachteil voraus.

Der Vermögensnachteil ist objektiv und frei von subjektiven Wertungen zu bestimmen. Deswegen ist es auch – anders als Bruns meint – unerheblich, ob die Begleichung der Schulden der Baufirma auch ohne die Überweisung der unnötigen Versicherungsbeiträge möglich gewesen wäre. Ob ein Posten aus der Vermögensmasse *A* oder der Vermögensmasse *B* beglichen wird, hat aus wirtschaftlicher Sicht keinen Einfluss auf den Wert des Gesamtvermögens. Dies hat lediglich Einfluss auf die Dispositionsfreiheit des Vermögensinhabers, die aber nicht Bestandteil des Vermögens ist.

Lindemann versucht das Zwangsverwaltungsargument damit zu verteidigen, dass eine eigenmächtige Schwarzkassenverwaltung nicht lediglich einen Verstoß gegen die Dispositions*freiheit,* sondern einen Verstoß gegen die Dispositions*macht* bedeute und deswegen einen Vermögensnachteil[496].

Diese These wäre aber nur richtig, wenn die Dispositionsmacht respektive die Verfügungsmöglichkeit wirtschaftlichen Wert hätte, was jedoch nicht der Fall ist[497].

Das Reichsgericht hat daher im „Baufirmafall" zu Recht einen Vermögensnachteil abgelehnt.

cc) Der Fünfte Strafsenat des BGH: Trennung der Einrichtung der schwarzen Kasse von der Verwendung des Kasseninhalts

Der BGH setzte sich in seiner Entscheidung vom 14.12.1999 das erste Mal mit einer – wenn auch nicht ausdrücklich so bezeichneten – schwarzen Kasse auseinander, die möglicherweise im Interesse eines Unternehmens eingerichtet wurde[498].

In dem der Entscheidung zugrunde liegenden Sachverhalt hatte der angeklagte Geschäftsführer ein Konto eröffnet, über dessen Existenz er die verantwortlichen Mitarbeiter seiner Firma bewusst in Unkenntnis ließ[499].

Auf dieses Konto leitete er Haben-Umsätze seiner Firma in Höhe von 2 Mio. DM um. Von diesem Guthaben tätigte der Angeklagte Verfügungen (Abhebungen, Überweisungen und Belastungen durch Scheckausstellungen).

Der Fünfte Strafsenat hob in seiner Revisionsentscheidung die Verurteilung des Angeklagten durch das Landgericht Leipzig wegen Untreue auf.

Der Strafsenat war der Auffassung, dass eine Verurteilung wegen Untreue die Feststellung vorausgesetzt hätte, dass die von dem verdeckten Konto abgebuchten Gelder zu unternehmensfremden Zwecken verwandt worden waren[500]. Es bestehe die Möglichkeit, dass die Abbuchungen von diesem geheimen Konto

496 *Lindemann* SR 2009 119 (120).

497 Siehe oben unter: B.VI.4.b) aa).

498 BGH wistra 2000 136.

499 BGH wistra 2000 136 (137).

500 BGH wistra 2000 136.

möglicherweise durch gleichzeitig eingetretene Vermögensvorteile kompensiert worden seien, da zumindest teilweise Schulden der Firma durch einen auf dieses geheime Konto gezogenen Scheck beglichen worden seien[501].

Der Senat wies für die neue Hauptverhandlung vor dem Landgericht zudem darauf hin, dass ein Untreueschaden gemäß § 266 StGB möglicherweise schon in der Umleitung der Umsätze auf das verdeckte Konto gesehen werden könnte[502].

Die von dem Angeklagten veranlasste Gutschrift der Beträge auf ein Konto, das wesentlichen Mitarbeitern der Firma unbekannt geblieben sei und erst vom Gesamtvollstreckungsverwalter im Zusammenhang mit anderweitigen Ermittlungen entdeckt wurde, könne eine konkrete Gefährdung des Vermögens der GmbH begründen und somit schon für eine Nachteilszufügung im Sinne des § 266 StGB ausreichen. Die später nachfolgenden Einzelverfügungen wären dann nicht mehr tatbestandsmäßig.

Der BGH trennte hier die spätere, tatsächliche Verwendung des Kasseninhalts von der buchungsmäßigen Einbringung der Gelder in die schwarze Kasse.

dd) OLG Frankfurt a. M.: Wirtschaftliche Gesamtbetrachtung

Der Beschluss des Oberlandesgerichts Frankfurt am Main vom 26.2.2004 ist die erste bekannte obergerichtliche Entscheidung, die sich mit einer schwarzen Kasse auseinandersetzte, die zum Zwecke der Schmiergeldzahlungen eingerichtet sein sollte[503].

In dem zugrunde liegenden Sachverhalt soll der Angeschuldigte R als Geschäftsführer einer in einem Unternehmen eingebundenen A-GmbH den Entschluss gefasst haben, sich auf Kosten der Muttergesellschaft, der A-AG, zu bereichern. Dazu habe er dem Angeschuldigten U – damals zunächst kaufmännischer Leiter und später ebenfalls Geschäftsführer der der A-GmbH – und dem Angeschuldigten P – damals Vorstandsvorsitzender der A-AG – vorgespiegelt, dass zur Erlangung von Großaufträgen der Automobilhersteller die Zahlung von Schmiergeldern erforderlich sei. Dabei habe sich R ein beim A – Konzern vorhandenes System zur Bildung schwarzer Kassen zunutze machen wollen, wonach eine bestimmte Unternehmensgruppe CC als „Geldwaschanlage“ gedient habe. Einzelne Gesellschaften dieser Unternehmensgruppe hätten dem A-Konzern

501 BGH wistra 2000 136.

502 BGH wistra 2000 136 (137).

503 OLG Frankfurt a. M. NStZ-RR 2004 244; Der Entscheidung liegt ein Beschwerdeverfahren der Staatsanwaltschaft wegen der Nichteröffnung des Hauptverfahrens zugrunde.

Scheinrechnungen gestellt, die über die zur Ausführung von Bankgeschäften des A-Konzerns zuständige A F GmbH beglichen worden seien; die den Rechnungen zugrunde liegenden Beträge seien dann nach Abzug von Spesen und sonstigen Kosten der CC-Gruppe in bar an den A-Konzern zurückgeflossen. R, P, und U seien übereingekommen, die vermeintlich erforderlichen Schmiergelder über die CC-Gruppe zu beschaffen. In den 11 angeklagten Fällen seien demgemäß insgesamt 18.929.425 DM an die CC-Gruppe geleistet worden, von denen nach Abzug der Kosten insgesamt 15.822.600 DM in bar an den Angeschuldigten U zurückgezahlt worden seien, der das Geld jeweils nach Erhalt an den Angeschuldigten R zur Weiterleitung an die angeblichen Schmiergeldempfänger übergeben habe. Ohne das Wissen von P und U habe R die Schmiergelder jedoch für sich vereinnahmt. Die A F GmbH habe die Großaufträge von Automobilherstellern nicht aufgrund von Schmiergeldzahlungen erlangt, sondern weil sie jeweils das günstigste Angebot gemacht habe.

Der Beschluss des OLG erfolgte aufgrund einer sofortigen Beschwerde der Staatsanwaltschaft gegen die Nichteröffnung des Verfahrens gegen P und U durch das erstinstanzlich zuständige Landgericht.

Daher befasste sich das OLG Frankfurt a. M. bei unterstellt wahrheitsgemäßem Sachverhalt ausschließlich mit der Frage, ob hinreichender Tatverdacht wegen einer Untreue bestehe.

Hierbei ging das OLG Frankfurt a. M. davon aus, dass aufgrund des Akteninhalts die Prognose gerechtfertigt sei, dass bei den gegebenen Beweisschwierigkeiten am Ende die Angeschuldigten P und U wahrscheinlich freizusprechen wären, weil jedenfalls der Vorsatz dieser Angeschuldigten, dem Vermögen ihres Treugebers Nachteil zuzufügen, nicht festzustellen wäre.

Das OLG ließ die Frage, ob der objektive Tatbestand der Untreue hinreichend wahrscheinlich vorlag, offen. Allerdings weisen die vom OLG festgestellten Grundsätze zum subjektiven Tatbestand als Spiegelbild des objektiven Tatbestandes wegweisende Gedanken zum Umgang mit schwarzen Kassen im privaten – nicht parteipolitischen – Bereich auf.

Das Gericht stellt eingangs seiner Erörterungen fest, dass für den subjektiven Tatbestand des § 266 StGB bedingter Vorsatz ausreiche, an dessen Nachweis aber strenge Anforderungen zu stellen seien[504].

---

504 OLG Frankfurt a. M. NStZ-RR 2004 244 (245).

Diese Auffassung ist allgemein herrschende Meinung in Rechtsprechung und Literatur[505].

Das OLG geht weiter davon aus, dass bei der Bewertung der Schmiergeldzahlungen, von denen die Angeschuldigten ausgingen, von einer einzelnen, separaten Betrachtung abzurücken sei hin zu einer Gesamtbewertung. Zum einen sei es bei der Feststellung eines Untreueschadens unerheblich, dass einzelne Geschäfte im Rahmen von gekoppelten Geschäftsaktivitäten Verluste einfahren, wenn insgesamt eine langfristige Gewinnaussicht besteht. Unerheblich sei daher im vorliegenden Fall, dass einzelne der vorgestellten Schmiergeldgeschäfte nicht gewinnbringend gewesen wären. Langfristig gesehen hätten sich aus Sicht der Angeschuldigten die angenommenen Schmiergeldzahlungen tatsächlich gewinnbringend für den A-Konzern auswirken können, weil er hierdurch erst die Großkontrakte abschließen und sich damit in der Vorstellung der Angeschuldigten die Grundvoraussetzungen für eine letztendlich sichere und starke Marktposition schaffen konnte.

Das widerspreche – wie die Vielzahl der erfahrungsgemäß vorkommenden Schmiergeldzahlungen zeige – gerade nicht kaufmännischer Praxis. Es handele – unabhängig von Schmiergeldzahlungen – zudem nicht entgegen den Regeln eines sorgfältigen Kaufmanns nach Art eines Spielers, wer, um dem Unternehmen eine bestimmte Marktposition zu verschaffen, zunächst verlustbringende Aufträge annehme, um überhaupt erst einmal in den Markt eintreten und dann anschließend gewinnbringende (Folge-)Aufträge erhalten zu können. Für die Ermittlung, ob der Täter mit bedingtem Vorsatz hinsichtlich der Nachteilszufügung gehandelt hat, könne nicht allein auf die jeweils unmittelbar mit einer Schmiergeldzahlung zusammenhängenden Aufträge abgestellt werden, sondern es sei auch der vom Täter ins Auge gefasste Gesamt- oder Schlussgewinn des Unternehmens zu berücksichtigen, der aus dem Ersterhalt eines Auftrags letztlich resultieren solle[506].

Das OLG äußerte sich auch zu dem Schwarzkassensystem, von dessen Existenz die Angeschuldigten ausgingen. Hier sei keine allgemeine schwarze Kasse gebildet worden, bei der die Gefahr eines jederzeitigen, unberechtigten Zugriffs oder der missbräuchlichen Verwendung hätte geschaffen werden können. Vielmehr sei davon auszugehen, dass die vermeintlichen Schmiergelder objektbezogen gezahlt werden sollten, das heißt, sie sollten jeweils erst bei der Aussicht

---

505 BGHSt 3 25; 47 295 (302); 51 100 (120); NJW 1975 1234 (1236); BGHR § 266 I Vorsatz 1; *Lackner/Kühl* § 266 Rn 19; *Maurach/Schroeder/Maiwald* 45/51; a. A. *Perron* in Schönke/Schröder § 266 Rn 49; *Fischer* § 266 Rn 171.

506 OLG Frankfurt a. M. NStZ-RR 2004 244 (245), dort auch zum folgenden Text.

auf Abschluss eines Großauftrags unter Zuhilfenahme der CC-Gruppe beschafft und sodann unmittelbar an den jeweiligen Schmiergeldempfänger ausgezahlt werden. Allein aus der dubiosen Art der Geldbeschaffung sowie der Art und dem Ort der Übergabe der einzelnen Beträge lasse sich ein zumindest bedingter Nachteilszufügungsvorsatz der Angeschuldigten nicht herleiten.

Derartige Umstände seien – wie allgemein bekannt – bei Vorgängen im Zusammenhang mit Schmiergeldzahlungen nicht außergewöhnlich und für sich genommen nicht geeignet, weitergehende Schlüsse zu ziehen.

Gleiches gelte im Hinblick auf die infolge der Scheinrechnungen entstandene unrichtige Buchführung, die als solche nur dann einen Nachteil i. S. d. § 266 StGB darstelle, wenn mit einer ungerechtfertigten Doppelinanspruchnahme zu rechnen und aufgrund der unzureichenden Buchhaltung die Rechtsverteidigung erschwert werde[507].

An diesem Beschluss ist auf den ersten Blick überraschend, warum sich die Ausführungen des OLG Frankfurt a. M. auf den subjektiven Tatbestand beschränken[508]. Mit den vorgetragenen Argumenten hätte das OLG ebenso den Vermögensnachteil in objektiver Hinsicht verneinen können. Denn der subjektive Tatbestand ist das Spiegelbild zum objektiven Tatbestand. Die Untreue setzt keine besonderen subjektiven Merkmale voraus, so dass die Grundsätze, die das OLG entwickelt hat, auch im objektiven Tatbestand die gleiche Aussagekraft gehabt hätten.

Schünemann und *Fischer* sind daher der Meinung, dass der Beschluss aus diesen Gründen *„angreifbar"* sei[509].

Jedoch verkennen sie die Besonderheit des Falls. Hintergrund ist die besondere Irrtumskonstellation in diesem Fall. Tatsächlich lag der Schwerpunkt der Verwirklichung des objektiven Tatbestandes der Untreue in der Vereinnahmung der Gelder durch den Haupttäter R[510]. Den Vermögensnachteil sah das OLG Frankfurt a. M. im objektiven Tatbestand also in der Eigenbereicherung des R.

---

507 OLG Frankfurt a. M. NStZ-RR 2004 244 (246); BGHSt 47 8 (11).

508 *Schünemann* NStZ 2006 196 (199) in Fn 31; *Fischer* § 266 Rn 141–149, der darüber hinaus die Saldierung unter Berücksichtigung langfristiger Chancen in Frage stellt, weil sie wirtschaftliche günstige Folgen von (durch Bestechung motivierten) zukünftigen möglichen (strafbaren) Handlungen Dritter (der Bestochenen) als schadensausschließenden kompensatorischen gegenwärtigen Vermögenswert behandele.

509 *Schünemann* NStZ 2006 196 (199) in Fn 31; *Fischer* § 266 Rn 141–149.

510 Der Begriff „Haupttäter" soll hier nicht als die Beteiligungsform „Täter" zur Abgrenzung vom „Teilnehmer" verstanden werden. Letztlich waren alle drei Angeschuldig-

Bei der Prüfung der Strafbarkeit von P und U als Mittäter zu der Untreue lag der objektive Vermögensnachteil ebenfalls in der Eigenbereicherung des R. Im subjektiven Tatbestand stellte sich dann die Frage, ob sich P und U, da sie ja nichts von der Eigenbereicherung des R wussten, einen Sachverhalt vorstellten, der den Tatbestand der Untreue erfüllte. Da dies nach dem Dafürhalten des Oberlandesgerichtes nicht der Fall war, musste sich das Gericht nicht mit der weiteren Frage beschäftigen, welche Konsequenz eine irrtümlich vorgestellte andere Art der Untreue auf den Vorsatz von P und U gehabt hätte. P und U stellten sich nämlich nach der Auffassung des Oberlandesgerichts gerade nicht vor, überhaupt den Tatbestand der Untreue zu verwirklichen.

In der Sache ist der begrüßenswerte Beschluss des Oberlandesgerichts Frankfurt a. M. eine Bestätigung und Fortentwicklung der Entscheidung des Vierten Strafsenats des BGH zum sog. „Bundesligaskandal".

Auch im „Fußballbundesligaskandal" aus der Spielzeit 1970/1971 ging es um ein durch Schmiergeldzuwendungen motiviertes Geschäft und die Frage, wie die Gewinnaussichten solcher und ähnlicher (unredlicher und verbotener) Geschäfte den Vermögensnachteil der Untreue beeinflussen[511].

Zwar wurden die Schmiergelder im „Bundesligaskandal" nicht über ein Schwarzkassensystem transferiert. Dadurch, dass bei geschäftsbezogenen schwarzen Kassen diese nicht losgelöst vom schmiergeldmotivierten (Folge-)Auftrag behandelt werden sollen, könnten die Grundaussagen des Urteils zum „Bundesligaskandal" jedoch relevant sein[512].

Deswegen sollen im Folgenden die Kernaussagen des Vierten Strafsenats zum Bundesligaskandal dargestellt und bewertet werden.

ee) Exkurs: Der Vierte Strafsenat im Bundesligaskandal

In dem zugrunde liegenden Fall ging es um die Untreuestrafbarkeit des Vorstandes eines Fußballbundesligavereins, der 1971 zur Vermeidung des drohenden Abstiegs 100.000 DM aus dem Vereinsvermögen an Gegenspieler eines anderen Bundesligavereins gezahlt hatte, um den Ausgang eines entscheidenden Spiels am drittletzten Spieltag zugunsten des eigenen Vereins zu beeinflussen.[513].

---

ten objektiv Mittäter. Der R wird als Haupttäter wegen seiner Machtstellung kraft überlegenen Wissens bezeichnet.

511 BGH NJW 1975 1234 (1235).

512 Für eine Anwendung der Kernaussagen zum Bundesligaskandal bei schwarzen Kassen in der Wirtschaft sprechen sich etwa *Thomas* in Anwaltshandbuch § 17 Rn 118 ff. und *Weimann*, Schwarze Kassen, S. 102 aus.

513 BGH NJW 1975 1234, dort auch zum folgenden Text.

Die Manipulation gelang, das Spiel wurde gewonnen und der Abstieg vermieden. Das Geld wurde nach dem Spiel ausgezahlt.

Nach Aufdeckung dieser Manipulation entzog der Deutsche Fußballbund dem Verein die Bundesligalizenz mit der Folge des Abstiegs in der Spielzeit 1971/1972.

Der Vierte Strafsenat befasste sich nach Anklage gegen den Vereinsvorstand mit dessen Verhalten besonders unter dem Gesichtspunkt des Vermögensnachteils i. S. d. Untreue[514].

Allein entscheidend sei die Frage, ob der durch die Manipulation kurzfristig erreichte Erhalt der Bundesligazugehörigkeit für ein weiteres Jahr, zweifellos eine Chance auf Vermögensgewinn, die geopferten 100.000 DM wert gewesen sei.

Für sich betrachtet wäre die Hingabe des Geldes nach dem Spiel nicht (mehr) erforderlich gewesen, weil eine Verpflichtung aus der bereits vor dem Spiel getroffenen unredlichen Manipulationsvereinbarung dazu nicht bestand und im Zeitpunkt der Hingabe des Geldes der Sieg über den anderen Verein bereits feststand. Der Bundesligaerhalt wäre bereits gesichert gewesen. So gesehen sei durch die Preisgabe der 100.000 DM überhaupt kein vergleichbarer Vermögensvorteil erzielt worden.

Diese Betrachtungsweise würde indes den Besonderheiten eines solchen Manipulationsgeschäftes nicht gerecht. Der Strafsenat war deshalb der Auffassung, dass die Manipulation als wirtschaftlich einheitlicher, zusammenhängender Vorgang anzusehen sei, der es nicht zulasse, dass beim Vermögensvergleich die Bewertung von Nachteil und Vorteil in einzelne, unabhängig voneinander zu beurteilende Abschnitte aufgeteilt werde. Eben weil ein solches unredliches Geschäft keine verwertbaren Ansprüche entstehen lasse, seien beide Seiten mit einem besonderen Risiko belastet, das sinnvoll verteilt werden müsse, wenn das Geschäft wie vorgesehen ablaufen solle.

Das Gericht sah es für die Frage des Ausgleichs des Vermögensnachteils als unbeachtlich an, dass die Gelder – quasi als Schweigegeld – erst nach dem Sieg gezahlt wurden, als also der Klassenerhalt in der Bundesliga schon gesichert war.

Denn der Klassenerhalt in der Bundesliga, der ohne weiteres als Vermögensvorteil angesehen werden könne, sollte der Ausgleich für die Preisgabe der 100.000 DM sein. Andernfalls käme es bei solchen und ähnlich gelagerten (unredlichen oder verbotenen) Geschäften auf einen (durch pflichtwidrige Handlung zugefügten) Vermögensnachteil überhaupt nicht an; diese Handlungen

---

514 BGH NJW 1975 1234 (1235), dort auch zum folgenden Text.

würden vielmehr nur deshalb als Untreue bestraft, weil sie pflichtwidrig, d. h. unredlich oder verboten waren.

Das entspreche nicht der wirtschaftlichen Betrachtungsweise der Untreue als Vermögensdelikt. Die Rechtslage sei in vielerlei Hinsicht ähnlich zu beurteilen wie bei den sog. Risikogeschäften[515].

Der Vierte Strafsenat hat hier zwei wesentliche Aspekte herausgestellt:

Zum einen muss bei der Bewertung einer möglichen Kompensation eine Gesamtbetrachtung vorgenommen werden, wenn es sich wirtschaftlich gesehen um einen einheitlichen, zusammenhängenden Vorgang handelt, und zum anderen muss der Art des Geschäftes Rechnung getragen werden.

Selbst bei unredlichen und verbotenen Geschäften darf nicht unberücksichtigt bleiben, dass durch sie ein irgendwie gearteter Vermögensvorteil für den Vermögensinhaber eintreten kann. Dabei muss auf die konkrete Vorgehensweise in dem zu beurteilenden Geschäft abgestellt werden. Selbst ein nachträgliches „Schweigegeld", das für das Gelingen des vorangegangenen Geschäfts förderlich ist, kann kompensationsfähig sein.

ff) Der Vermögensnachteil in der „Siemensentscheidung"

Gegenstand der „Siemensentscheidung" war eine bereits eingerichtete schwarze Kasse, die zum Zwecke der Durchführung von Schmiergeldzahlungen genutzt wurde.

Obwohl der Sachverhalt vergleichbar mit dem der zuvor erörterten Entscheidung des OLG Frankfurt a. M.[516] war, schloss sich der Zweite Strafsenat des BGH der Rechtsauffassung des OLG Frankfurt a. M. nicht an, sondern löste die Untreueproblematik auch hier nach den Grundsätzen der Rechtsprechung zu schwarzen Kassen im öffentlichen und parteipolitischen Bereich .

(1) LG Darmstadt: Verlust der Kontrolle als Vermögensnachteil

Ausgangspunkt der höchstrichterlichen Rechtsprechung in der „Siemensaffäre" waren die erstinstanzlichen Entscheidungen des Landgerichts Darmstadt.

Dieses stellte für die Begründung des untreuespezifischen Vermögensnachteils auf den Verlust der Kontrolle durch den Vermögensinhaber ab[517].

Zunächst bestehe der Vermögensnachteil in dem endgültigen Abfluss der Bestechungsgelder, dem eine erhebliche schadensgleiche Vermögensgefährdung

---

515 BGH NJW 1975 1234 (1235 f.).

516 vgl. oben Kapitel B 2. VI 4. e) dd)

517 LG Darmstadt BeckRS 2007 16611.

gegenüberstehe, die eine Kompensation durch den erlangten Auftrag ausschließe. Dass die Gewinnspanne des durch die Schmiergeldzahlung geförderten Folgegeschäftes den bezahlten Betrag weit überstiegen habe, sei irrelevant, da der Gewinn nur vorübergehend gewesen sei.

Von Beginn an hätten zivilrechtliche Ansprüche auf Gewinnrückzahlung und der Verfall des Gewinns gedroht, so dass ein Gewinn den Vermögensverlust durch Zahlung des Bestechungsgeldes nicht habe kompensieren können.

Diese schadensgleiche Vermögensgefährdung habe K. als Handelnder billigend in Kauf genommen, weil er die Umstände, die eine Gefährdung des Vermögens der Siemens AG begründeten, gekannt habe.

Der bedingte Vorsatz des Angeklagten habe sich aber nur auf die Vermögensgefährdung als solche beschränkt. Das Handeln des K. sei auf einen Gewinn für die Siemens AG ausgerichtet gewesen; einen effektiven Schaden habe er nicht einmal billigend in Kauf genommen.

Mit Bezug auf das Schwarzkassensystem vertrat die Strafkammer folgende Ansicht: Der Angeklagte K. habe schon durch die Aufrechterhaltung der 1998 von W. übernommenen schwarzen Kasse und durch ihre Verlagerung auf eine liechtensteinische Stiftung gegen die aus § 667 BGB folgende Verpflichtung verstoßen, der Siemens AG alles in Ausführung seines Auftrages Erlangte herauszugeben. Er habe die Geheimhaltung des Geldes vertieft, der Siemens AG dadurch jegliche Kontrollmöglichkeit genommen und die Möglichkeit entzogen, eine rechtmäßige Buchführung und Bilanzierung vorzunehmen. Hierdurch sei das Vermögen des Geschäftsherrn einer schadensgleichen Vermögensgefährdung ausgesetzt worden. Ein Schaden sei schon durch das Halten der schwarzen Kasse eingetreten und insbesondere durch die Zahlung des Bestechungsgeldes zur Erlangung des Auftrages vertieft worden. Auch in diesem Fall habe K. die schadensgleiche Vermögensgefährdung, nicht jedoch auch den „*Eintritt eines effektiven Vermögensschadens billigend in Kauf genommen*“[518].

Das Landgericht Darmstadt stellte beim Merkmal des Vermögensnachteils auf die fehlende Kontrollmöglichkeit der Treugeberin ab. Damit schloss sich das Landgericht im Ergebnis der Rechtsprechung zu schwarzen Kassen im öffentlichen und parteipolitischen Bereich an[519].

518 LG Darmstadt BeckRS 2007 16611.

519 RGSt 71 155 (157); BGHSt 40 287 (296); 51 100 (112 ff.).

(2) Der Zweite Strafsenat des BGH

Der Zweite Strafsenat hat in seiner Revisionsentscheidung dazu die Verurteilung des Angeklagten K. wegen Untreue in zwei Fällen durch das LG Darmstadt aufrechterhalten. Der Strafsenat leitete den Vermögensnachteil allerdings dogmatisch anders als das Landgericht her[520]:

Zum einen sieht der Strafsenat in beiden zur Aburteilung gelangten Fällen Unterlassungstaten, zum anderen sei es in beiden Fällen nicht zu bloßen schadensgleichen Vermögensgefährdungen gekommen, sondern bereits zu tatsächlich eingetretenen Vermögensnachteilen.

Den endgültigen Schadenseintritt bei den Unterlassungstaten sieht der BGH in beiden Fällen darin, dass der Angeklagte Vermögenswerte der Siemens AG in der verdeckten Kasse führte und der Treugeberin dadurch dauerhaft vorenthielt. Die Absicht, die Geldmittel – ganz oder jedenfalls überwiegend – bei späterer Gelegenheit im Interesse der Treugeberin einzusetzen, insbesondere um durch verdeckte Bestechungszahlungen Aufträge für sie zu akquirieren und ihr so mittelbar zu einem Vermögensgewinn zu verhelfen, sei hierfür ohne Belang.

Dieser Fall sei nicht vergleichbar mit dem Fall, dass der Treupflichtige ständig eigene Mittel zur Verfügung bereithalte, um einen etwaig eintretenden Vermögensverlust auszugleichen[521]. Denn im Fall einer schwarzen Kasse handele es sich bei den Geldern in der Kasse nicht um eigene Mittel des Treupflichtigen, sondern um Mittel des Treugebers.

Eine Kompensation des so eingetretenen Vermögensnachteils durch die vage Chance, aufgrund des Mitteleinsatzes zu Bestechungszwecken später einmal einen möglicherweise im Ergebnis wirtschaftlich vorteilhaften Vertrag abzuschließen, sowie durch die bloße Absicht des Täters, die entzogenen Mittel für solche Zwecke zu verwenden, komme nicht in Betracht, da es an einem geeigneten gegenwärtigen Vermögensvorteil fehle[522].

Ferner gehöre die Möglichkeit, über das eigene Vermögen zu disponieren, zum Kern des geschützten Rechtsgutes von § 266 StGB.

520 BGHSt 52 323 (336), dort auch zum folgenden Text.

521 So die herrschende Meinung der Rechtsprechung zum Notaranderkonto, vgl. statt aller: RGSt 73 283 (285); BGHSt 15 372 (376); BGH in wistra 1982 150 (152); NStZ 1995 233 (234) mit jeweils weiteren Nachweisen.

522 BGHSt 52 323 (336 f.); LG Darmstadt BeckRS 2007 16611.

(3) Das Bundesverfassungsgericht

Das Bundesverfassungsgericht bestätigte am 23.06.2010 auf die Verfassungsbeschwerde eines Siemens-Managers hin seine Verurteilung wegen Untreue im Siemens – Fall[523].

Es sei sowohl mit dem Wortlaut des § 266 StGB als auch mit dem Gebot restriktiver und präzisierender Auslegung des Tatbestandes zu vereinbaren, dass der Bundesgerichtshof im Verhalten des Managers dem Grunde nach die Zufügung eines eigenständigen Nachteils erkannt habe[524].

Dies entspreche der verfassungsrechtlich unbedenklichen ständigen Rechtsprechung des Bundesgerichtshofs zur Schadensberechnung bei der Vereitelung von Gewinnaussichten.

In dem der Entscheidung des Senats zugrunde liegenden Fall sei ein endgültiger Vermögensnachteil bereits dann anzunehmen, wenn man den Schaden in der Vereitelung einer Gewinnchance sehen wolle, so wie es vornehmlich in der Rechtsprechung vertreten werde. Denn in der Endgültigkeit und Dauerhaftigkeit, mit der sich der Angeklagte für die Aufrechterhaltung der schwarzen Kasse entschieden habe, lasse sich das Element der Vereitelung sehen. Die Gelder in der Kasse seien für den Konzern wirtschaftlich bereits verloren gewesen, weil sie auf Dauer verborgen gehalten worden sind[525].

Alternativ könne man auch auf einen Vergleich der resultierenden Vermögenslage der Siemens AG mit der im Falle pflichtgemäßer Offenlegung und Rückführung bestehenden Lage abstellen.

Auch gegen die in der Strafjustiz gebräuchliche „Figur des Gefährdungsschadens“ als Vermögensnachteil im Sinne der Untreue bestünden keine prinzipiellen Bedenken, denn die Gleichsetzung von Gefährdung und Schaden trage dem Umstand Rechnung, das gerade in einem marktorientierten Wirtschaftssystem Zukunftserwartungen preisbildende Faktoren sind und zu einem gegenwärtigen Minderwert führen können.

Bei all dem müsse aber gewährleistet bleiben, dass bei der Auslegung des Nachteilsmerkmals dieses als selbständiges neben dem der Pflichtverletzung bestehen bleibe(Verschleifungsverbot)[526].

---

523 BverfGE 126 170 ff.

524 BVerfGE 126 170 (216).

525 BVerfGE 126 170 (216).

526 BVerfGE 126 170 (211).

gg) Die „Trienekens" – Entscheidung

In seiner Revisionsentscheidung nach einer Verurteilung zweier Geschäftsführer von Tochtergesellschaften des Trienekens-Unternehmens wegen Beihilfe zur Untreue geht der 2. Strafsenat des BGH davon aus, dass der Haupttäter Trienekens mit der Einrichtung und Unterhaltung der „Kriegskasse" in der Schweiz die sowohl der GmbH als auch der AG gegenüber bestehende besondere Vermögensbetreuungspflicht grob verletzt und dem Gesellschaftsvermögen im Umfang der Geldverschiebungen einen tatsächlichen Schaden zugefügt habe. Dies gelte unabhängig davon, ob Trienekens die Gelder der schwarzen Kasse später in gewinnbringender Weise für die Gesellschaft eingesetzt habe oder nicht[527].

Denn der Verlust der in die Schweiz transferierten Gelder sei bereits für die Gesellschaft zu diesem Zeitpunkt eingetreten, weil das Geld auf einem Konto landete, auf das nur Dritte, nicht aber die Gesellschaft als Vermögensinhaberin, Zugriff hatten[528].

Von daher brauche in diesem Fall weder auf die massiven Verschleierungsmaßnahmen noch auf die erheblichen Treuhandkosten in der Schweiz und auch nicht auf das erhebliche Verlustrisiko beim Rücktransport des Geldes als Vermögensgefährdung bzw. -schaden abgestellt zu werden.

Das Gericht hat daher die Untreue des Haupttäters Trienekens bejaht, die vom LG Köln festgestellten Hilfestellungen der beiden Angeklagten als Beihilfe zur Untreue gewertet und die Revisionen beider Angeklagten zurückgewiesen.

Eine von den Verurteilten daraufhin eingelegte Verfassungsbeschwerde hat das Bundesverfassungsgericht nicht angenommen.

f) Auswertung unter Berücksichtigung der Literatur

Die Rechtsprechung zu schwarzen Kassen im privatwirtschaftlichen Bereich ist – wie zuvor dargetan – uneinheitlich.

Während das Reichsgericht und das OLG Frankfurt a. M. im Rahmen der Untreue eine am Verwendungszweck der schwarzen Kasse orientierte Auffassung vertraten[529], waren der Zweite Strafsenat des BGH und das Landgericht Darmstadt in der „Siemensaffäre" sowie in der „Trienekensentscheidung" der Meinung, dass der Verwendungszweck der schwarzen Kasse bei der Feststellung

527 BGHSt 55 266 (284).
528 BGHSt 266 (284).
529 RGSt 75 227; OLG Frankfurt a. M. NStZ-RR 2004 244.

des Untreueschadens keine Berücksichtigung zu finden habe[530]. Das Bundesverfassungsgericht bestätigte diese verwendungsunabhängige Auffassung[531].

Das Reichsgericht und der Fünfte Strafsenat des BGH nahmen ferner an, dass die Einrichtung der schwarzen Kasse von der Verausgabung der Kassenmittel zu trennen sei und der Tatbestand der Untreue bereits mit der buchungsmäßigen Einrichtung der schwarzen Kasse erfüllt werden könne[532].

aa) Wirtschaftliche Gesamtbetrachtung und Saldierung

Die vielfach vorgeschlagene Differenzierung zwischen der buchungsmäßigen Einrichtung der schwarzen Kasse und der tatsächlichen Verwendung der Kassenmittel führt nicht zu einer sachgerechten Lösung bei der Feststellung des Untreueschadens.

Denn eine solche Differenzierung wird der Eigenart der schwarzen Kasse, die insbesondere davon abhängt, welchem Bereich sie entstammt, nicht gerecht. Die Unterscheidung muss wie schon bei dem Merkmal der Pflichtwidrigkeit vielmehr danach erfolgen, ob es sich um eine „geschäftsbezogene" oder eine „allgemeine" schwarze Kasse handelt.

Bei der geschäftsbezogenen schwarzen Kasse ist diese Teil eines wirtschaftlich vernünftigen unternehmerischen Gesamtplans, so dass hier auch eine Gesamtbetrachtung beim Vermögensnachteil vorzunehmen ist[533].

Deswegen kommt eine Saldierung von Vermögensverlusten mit zukünftigen Gewinnaussichten immer dann in Betracht, wenn die schwarze Kasse als Werkzeug zum geplanten und durch sie geförderten, gewinnbringenden Geschäftsabschluss zu sehen ist.

Eine solche Sichtweise wird dem vom Untreuetatbestand geschützten Rechtsgut– dem fremden Vermögen – am ehesten gerecht.

Denn wie bereits oben dargestellt, gehört die freie Dispositionsmöglichkeit des Geschäftsherrn, der kein selbständiger Vermögenswert zukommt, entgegen der Auffassung des Zweiten Strafsenats, gerade nicht zum Schutzbereich der Untreue.

530 BGHSt 52 32; 55 266; LG Darmstadt BeckRS 2007 16611.

531 BVerfGE 126 170 (216).

532 RG 15.01.1940 – 2 D 662/39 HRR 1940 1215; BGH wistra 2000 136 (137).

533 Siehe oben zur Pflichtwidrigkeit: B. IV. 4. c. aa).

Deswegen spricht sich in der Rechtsliteratur insbesondere Bernsmann zutreffend für eine rein wirtschaftliche Betrachtungsweise bei der strafrechtlichen Bewertung schwarzer Kassen aus[534].

Zu fragen sei, ob die durch die Vermögensverlagerung in die schwarze Kasse eingetretene Gefährdung des anvertrauten Vermögens des Geschäftsherrn schon ausreichend schadensnah sei bzw., wenn ja, ob sie nicht durch eine unternehmensnützliche, durch den anstehenden Einsatz der Mittel begründete Exspektanz gleichwertig kompensiert werde[535].

Entscheidend sei, ob der Täter die Mittel aus der Kasse zu unternehmensfreundlichen Zwecken einsetze. Wenn das mit Hilfe der Mittel aus der schwarzen Kasse durchgeführte Geschäft einheitlich betrachtet für das Unternehmen ausgeglichen oder gar vorteilhaft gewesen sei oder wäre, könnten die Vorstufen – die Einrichtung und Nutzung der schwarzen Kasse – keine schadensgleiche Gefährdung darstellen, weil der möglicherweise darin liegenden Verlustgefahr die gesicherte Exspektanz des vorteilhaften Mitteleinsatzes saldierend gegenüberstehe[536].

Dabei spiele die Art der geplanten Verwendung der Mittel, das heißt, ob das geplante Geschäft verboten oder sittenwidrig sei, keine Rolle[537].

Erst wenn mit den Mitteln aus der schwarzen Kasse Geschäfte getätigt werden sollen, die den Regeln kaufmännischer Sorgfalt widersprechen, sei von einer vorgelagerten konkreten Vermögensgefährdung auszugehen[538].

Auch Satzger und Rönnau sprechen sich für eine solche wirtschaftliche Gesamtbetrachtung der schwarzen Kasse aus[539].

Solange sich Vermögenspositionen des Treugebers noch im Gesamtverband seines Vermögens befänden, seien für die Bestimmung des untreuespezifischen Vermögensnachteils ausschließlich wirtschaftliche Kriterien maßgebend[540].

Entscheidend ist nach Satzger, ob der Wirtschaftsverkehr einer Vermögensposition aufgrund der konkreten Umstände bereits einen geringeren Wert beimisst.

Dies könne nur auf einer Prognoseentscheidung über das weitere Schicksal des Vermögens des Treugebers beruhen.

---

534 *Bernsmann* GA 2007 219 (229).

535 *Bernsmann* GA 2007 219 (232); *Bernsmann/Gatzweiler* Rn 728.

536 *Bernsmann/Gatzweiler* Rn 728.

537 *Bernsmann/Gatzweiler* Rn 731; ebenso *Thomas* in Anwaltshandbuch § 17 Rn 118 ff.

538 *Bernsmann/Gatzweiler* Rn 730.

539 *Satzger* NStZ 2009 297 (303); *Rönnau* StV 2009 246 (250).

540 *Satzger* NStZ 2009 297 (303).

In diese Entscheidung müssten Motive und Zwecksetzung des Vermögensverwalters bei Einrichtung und Nutzung der schwarzen Kasse einbezogen werden[541].

Handele der Treupflichtige mit der schwarzen Kasse in der guten Absicht, das Vermögen des Treugebers zu mehren, könne das Gewinnpotenzial, das in einer so geführten Kasse liege, etwaige Verluste kompensieren oder sogar übersteigen. Ein untreuespezifischer Schaden scheide dann aus.

Rönnau sieht eine derartige Kompensation dann als zwingend an, wenn die schwarze Kasse Teil eines vernünftigen unternehmerischen Gesamtplans ist, was insbesondere bei „stabilen Schmiergeldverhältnissen" der Fall sei[542].

Auch Schmid spricht sich in der Literatur für eine solche wirtschaftliche Gesamtbetrachtung im Falle schwarzer Kassen in Unternehmen aus[543].

Werde in einem Unternehmen eine schwarze Kasse angelegt, auf deren Gelder der Geschäftsführer jederzeit zugreifen könne, und würden mit den Geldern daraus Ausgaben im wirtschaftlichen Interesse des Unternehmens getätigt, wie etwa Bezahlungen von Schwarzlöhnen oder zulässige Bestechungsgelder, dann liege keine Untreue vor[544].

Eine solche wirtschaftliche Gesamtbetrachtung bei geschäftsbezogenen schwarzen Kassen zur Feststellung des Vermögensnachteils des Untreuetatbestandes findet aber auch in der Literatur Ablehnung.

Insbesondere Weimann tritt dem vehement entgegen.

---

541 *Satzger* NStZ 2009 297 (303); ebenso *Knauer* NStZ 2009 151 (153).

542 *Rönnau* StV 2009 246 (250); ebenso: *Kempf* in Hamm-FS, 255 (265).

543 *Schmid*, Wirtschaftsstrafrecht § 40 Rn 5, dort auch zum folgenden Text.

544 *Schmid*, Wirtschaftsstrafrecht § 40 Rn 5: Andererseits sei eine Untreue dann anzunehmen, wenn der Geschäftsführer Firmenvermögen auf Konten übertrage, die nur ihm zur persönlichen Verfügung stehen und ihm dazu dienen, Ausgaben nach seinem Gutdünken ohne unternehmensinterne Kontrollen zu tätigen. Darin liege eine Gefährdung des Unternehmensvermögens. Diese Konsequenz ergebe sich auch, wenn man den Gedanken der fehlenden Übersicht über das Vermögen und die sich daraus ergebende mangelnde sinnvolle wirtschaftliche Entscheidungsfähigkeit als Folge der schwarzen Kassen annehme. Ein solcher Schluss sei jedoch nur möglich, wenn es sich um Beträge in solcher Höhe handele, dass durch deren Fehlen tatsächlich keine wirtschaftlichen Entscheidungen mehr möglich seien. Mit dieser letzten Ausführung liefert er den Grund für die Ablehnung dieser Auffassung selbst. Denn bei einer schwarzen Kasse verlagert der Täter in der Regel nicht Gelder in einer Höhe, die die wirtschaftliche Entscheidungsfähigkeit des Unternehmens beeinträchtigen können.

Da der Täter bei der Untreue im Unterschied zum Betrug nicht einmal durch Täuschung auf fremdes Vermögen einwirke, sondern für einen längeren Zeitraum für das betreute Vermögen verantwortlich sei, würde sich der Täter bei den schwarzen Kassen schnell darauf berufen, dass er mit den Schmiergeldzahlungen aus der schwarzen Kasse letztlich einen wirtschaftlichen Vorteil für das Unternehmen erreiche[545]. Dies würde zu erheblichen Beweisschwierigkeiten führen.

Zudem sei das Abrücken von einer Einzelbetrachtung hin zu einer Gesamtbetrachtung, insbesondere bei kaufmännischen Investitionen im Wirtschaftsbereich, bei der Untreue beim Tatbestandsmerkmal des Vermögensnachteils fehl am Platze. Bei derartigen Fällen fehle es bereits an der Pflichtwidrigkeit, denn im Rahmen der vom Vermögensinhaber vorgegebenen Zwecksetzung können auch solche Entscheidungen pflichtgemäß sein, die zunächst das betreute Vermögen vermindern, auf längere Sicht jedoch einen Vorteil bedeuten. Bei einem im Sinne des Vermögensinhabers wirtschaftlichen Gesamtplan, dessen Ziel die Vermögensmehrung sei, seien auch etwaige Anfangsverluste noch pflichtgemäß. Daher bestehe kein Bedürfnis, in den Nachteilsausgleich auch Vorteile einzubeziehen, die durch spätere Handlungen erzielt würden[546].

Soweit Weimann davon ausgeht, dass in solchen Fällen bei geschäftsbezogenen schwarzen Kassen schon die Pflichtwidrigkeit auszuschließen sei, ist der Ansatz im Grundsatz zutreffend.

Das bedeutet aber nicht, dass die Frage des Vermögensnachteils bei solchen schwarzen Kassen nicht auch relevant ist.

Zwar fehlt es bei der Einrichtung und Nutzung geschäftsbezogener schwarzer Kassen regelmäßig an der untreuespezifischen Pflichtverletzung, weil keine gravierende gesellschaftsrechtliche Pflichtverletzung festgestellt werden kann[547].

Allerdings gibt es auch geschäftsbezogene schwarze Kassen, bei deren Einrichtung und Verwendung eine gravierende gesellschaftsrechtliche Pflichtverletzung nicht verneint werden kann.

Das ist insbesondere dann der Fall, wenn die Einrichtung schwarzer Kassen nach den Vorgaben des Treugebers, insbesondere durch Gesellschaftsvertrag, explizit verboten ist. Bei einem expliziten Verbot kann eine gravierende gesellschaftsrechtliche Pflichtverletzung nicht verneint werden.

Da grundsätzlich allein der Treugeber entscheidet, wie der Vermögensbetreuungspflichtige mit dem Vermögen umzugehen hat, ergibt sich aus dem expliziten

545 *Weimann*, Schwarze Kassen, S. 99.
546 *Weimann*, Schwarze Kassen, S. 100.
547 Siehe oben: B. IV. 4. c). bb).

Verbot der Einrichtung einer schwarzen Kasse die gravierende Pflichtwidrigkeit ihrer Einrichtung, unabhängig von der Frage, ob die schwarze Kasse unternehmensnützlich ist oder nicht.

Entscheidend ist dann aber für die Feststellung einer Untreue gem. § 266 StGB, ob aus wirtschaftlicher Sicht auch ein Vermögensnachteil festzustellen ist. Denn auch eine explizit verbotene schwarze Kasse kann für ein Unternehmen und das betreute Vermögen ebenso wirtschaftlich vorteilhaft sein wie eine abstrakt erlaubte schwarze Kasse.

Deswegen vertritt Schünemann zu diesem Problem die im Ergebnis zutreffende Auffassung, dass die schwarze Kasse dem Prinzip der Vermögenserhaltung uneingeschränkt verhaftet bleibe und es keinen Vermögensnachteil begründen könne, wenn der Treupflichtige entschlossen sei, eine schwarze Kasse ausschließlich nach der Profitmaxime zu verwenden, selbst wenn die Geschäftsleitung die dem Treupflichtigen zu diesem Zweck geplanten Methoden, etwa wegen ihrer Moral- oder Rechtswidrigkeit, ausdrücklich untersagt und dabei nicht durch die Methode des „winking“[548] uno actu revoziert hat[549].

In der anweisungswidrigen Anlegung einer solchen schwarzen Kasse liege dann nur eine straflose Missachtung der Dispositionsbefugnis des Treugebers[550].

Dass pflichtwidrige Risikogeschäfte nicht automatisch einen Vermögensnachteil begründen, stehe außer Frage.

Man bedenke nur Fälle, in denen sich die Pflichtwidrigkeit des Risikogeschäfts allein aus der Tatsache ergibt, dass der Vermögensinhaber grundsätzlich die Eingehung geschäftlicher Risiken untersagt hat.

Die Frage, ob ein solches Risikogeschäft vermögensnachteilig ist, müsse dann selbstständig bewertet werden.

Der Zweite Strafsenat des BGH und daran anschließend das Bundesverfassungsgericht hätten nach alledem in der „Siemensentscheidung“ einen untreuespezifischen Vermögensnachteil ablehnen müssen.

Die Entscheidung leidet daran, dass der Zweite Strafsenat die Dispositionsfreiheit als zum geschützten Kern der Untreue gehörend ansieht[551]. Wie bereits festgestellt, gehört die Dispositionsfreiheit aber nicht zum geschützten Rechtsgut des Vermögensdelikts der Untreue.

---

548 *Schünemann* versteht unter „winking“ das Augenzwinkern, dass die formelle Anweisung nicht ernst gemeint sei, vgl. *Schünemann* NStZ 2008 431 (433).

549 *Schünemann* NStZ 2008 431 (433).

550 Mit ähnlicher Begründung spricht sich Jahn gegen die Strafbarkeit der Bildung schwarzer Kassen aus: *Jahn* Jus 2009 173 (175).

551 *Mitsch* in JuS 2011 S. 97 (102).

Der Ansatz des Zweiten Strafsenats, dass ein endgültiger Vermögensnachteil bereits allein in dem Vorenthalten der Mittel aus der schwarzen Kasse zu sehen sei, kann nur dann nachvollzogen werden, wenn man, wie das Gericht, fälschlicherweise die Dispositionsmöglichkeit des Treugebers zum Rechtsgut der Untreue erhebt. Denn wie bereits ausgeführt kann ein wirtschaftlicher Vermögensnachteil nicht allein darin liegen, dass die Geldmittel in der Kasse verborgen sind[552].

Soweit der Strafsenat meint, eine Kompensation des eingetretenen Vermögensnachteils durch die vage Chance, aufgrund des Mitteleinsatzes etwa zu Bestechungszwecken später einmal einen möglicherweise im Ergebnis wirtschaftlich vorteilhaften Vertrag abzuschließen, sowie durch die bloße Absicht des Täters, die entzogenen Mittel für solche Zwecke zu verwenden, komme nicht in Betracht, da es an einem geeigneten gegenwärtigen Vermögensvorteil fehle[553], kann auch dem nicht gefolgt werden.

Zwar bedienten sich die Angeklagten im entschiedenen Fall eines bereits eingerichteten Schwarzkassensystems, das heißt, die schwarze Kasse wurde nicht eigens und geschäftsbezogen für die in Rede gestandenen Schmiergeldgeschäfte eingerichtet. Die daraus getätigten Schmiergeldgeschäfte, die durchaus erfolgreich waren, zeigen aber, dass der Abschluss der wirtschaftlich vorteilhaften Folgeverträge gerade nicht nur im Bereich der vagen Chance lag.

Selbst wenn man, wie in dem besonders gelagerten „Siemensfall“, in dem die Täter eine bereits eingerichtete schwarze Kasse vorfanden, eine Kompensation mangels Unmittelbarkeit des angestrebten Vorteils ablehnen will, so ließe sich dennoch keine schadensgleiche Vermögensgefährdung durch das bloße Halten der schwarzen Kasse begründen.

Denn eine schadensgleiche Vermögensgefährdung aufgrund einer etwaigen Verlustgefahr bestand im „Siemensfall“ nicht, weil die Mittel in dem Schwarzkassensystem zu keiner Zeit etwa durch den Zugriff Dritter gefährdet waren.

Wenig überzeugend ist auch die These des Zweiten Strafsenats, dass der „Siemensfall“ nicht vergleichbar sei mit dem Fall, dass der Treupflichtige ständig eigene Mittel zur Verfügung bereithalte, um einen etwaig eintretenden Verlust an fremdem, nicht ordnungsgemäß verwaltetem Vermögen auszugleichen, weil

---

552 Vgl. oben Kapitel B. 2. VI. 4. E) aa); ebenso: *Rotsch* in JA 2013, 278 (281); MünchKommStGB/*Dierlamm* § 266 Rn 248.

553 BGHSt 52 323 (336 f.).

es sich bei den Geldern in der schwarzen Kasse nicht um eigene Mittel des Treupflichtigen, sondern um Mittel des Treugebers handele.[554]

Hier musste sich aufdrängen, zu fragen, ob eine konkrete Vermögensgefährdung nicht erst recht ausscheidet, wenn der Täter nicht eigene, sondern die Mittel des Treugebers in voller Höhe für diesen bereithält.

Zumindest hätte der Zweite Strafsenat diskutieren müssen, ob die Mittel in der schwarzen Kasse einer gesteigerten Verlustgefahr ausgesetzt waren.

Dies hat er nicht getan.

Das Urteil des Zweiten Strafsenats überzeugt daher nicht.

bb) Unordentliche Buchführung

In der einschlägigen Literatur ordnet Thomas die Problematik der Bildung schwarzer Kassen in der Wirtschaft in die Kategorie der „unordentlichen Buchführung" ein[555].

Ausgangspunkt seines Ansatzes zur sachgerechten Bewertung schwarzer Kassen in Privatunternehmen unter dem Gesichtspunkt der strafrechtlichen Untreue ist dabei die herrschende Meinung bei der Bewertung unordentlicher Buchführung in Wirtschaftsunternehmen.

Nach herrschender Meinung in Rechtsprechung und Literatur ist im Falle der unordentlichen oder falschen Buchführung grundsätzlich ein Vermögensnachteil im Sinne des § 266 StGB nur dann gegeben, wenn dadurch die Durchsetzung berechtigter Ansprüche erheblich erschwert oder verhindert wird[556].

Ein Vermögensnachteil i. S. d. Untreue wird darüber hinaus auch dann angenommen, wenn aufgrund der fehlerhaften Buchführung mit einer ungerechtfertigten Doppelinanspruchnahme zu rechnen sei und aufgrund der unzureichenden Buchhaltung die Rechtsverteidigung wesentlich erschwert wird[557].

Daran anknüpfend ist Thomas der zutreffenden Auffassung, dass sich aus dem intendierten Verwendungszweck einer schwarzen Kasse – wie etwa das Vorhalten von Schmiergeldern – nicht deren Schadenspotenzial für das Vermögen ableiten lasse[558].

---

554 So die herrschende Meinung der Rechtsprechung zum Notaranderkonto, vgl statt aller: RGSt 73 283 (285); BGHSt 15 372 (376); BGH in wistra 1982 150 (152); NStZ 1995 233 (234) mit jeweils weiteren Nachweisen.

555 *Thomas* in Anwaltshandbuch § 17 Rn 118 ff.

556 BGHSt 20 304; 47 8 (11); StV 1996 431; wistra 2001 341 (344); *Fischer* § 266 Rn 155; *Perron* in Schönke/Schröder § 266 Rn 45.

557 BGHSt 47 8 (11); BGH wistra 2001 341 (344).

558 *Thomas* in Anwaltshandbuch § 17 Rn 118 ff.

In Annex zu den Grundsätzen zur unordentlichen Buchführung sei bei schwarzen Kassen in der Wirtschaft entscheidend, ob der Vermögensinhaber über das abgesonderte, verdeckt gehaltene und hinsichtlich seiner Generierung häufig mit unrichtigen Belegen ausgestattete Sondervermögen eine Kontrolle aufrechterhalte, die einen Einsatz im Interesse des Unternehmens sichere und keine konkrete Verlustgefahr in sich trage.

All dies seien allerdings Fragen des Einzelfalls; sowohl eine generelle Strafbarkeit durch die Einrichtung einer schwarzen Kasse als auch die vorbehaltslose Freistellung von § 266 StGB könne daraus nicht abgeleitet werden.

Als Beispiel für eine Untreuestrafbarkeit nennt Thomas die Einstellung schwarzer Gelder in eine ausländische Stiftung, durch die im Falle des Todes des die schwarze Kasse allein einrichtenden Vorstandsvorsitzenden des Unternehmens das Vermögen an den ausländischen Treuhänder fällt. Hier sei eine untreuespezifische Vermögensgefährdung – auch ex ante – nicht zu verneinen.

Ein derartiger Fall ist jedoch in der Praxis kaum vorstellbar.

In größeren Unternehmen, in denen in der Regel das Problem schwarzer Kassen virulent ist, wird es kaum Fälle geben, in denen sich ein einzelner Vorstandsvorsitzender entscheidet, eine dem Unternehmenszweck dienende schwarze Kasse einzurichten, um daraus etwa Schmiergelder zu leisten.

Tatsächlich wird die Einrichtung von schwarzen Kassen häufig von einer Mehrzahl von Entscheidungsträgern im Unternehmen zumindest gebilligt. Ein eingerichteter Sonderfonds – etwa für Schmiergelder – wird dann je nach Bedarf von der jeweiligen Abteilung im Unternehmen genutzt. Dass bei Aufdeckung einer schwarzen Kasse in der Regel lediglich eine geringe Zahl von zwei bis drei Entscheidungsträgern – wie Abteilungsleitern etc. – auf der Anklagebank sitzt, liegt wohl eher daran, dass es den anderen Mitwissern, insbesondere solchen aus den Vorständen der Gesellschaften – gelungen ist, ihr Wissen um die schwarze Kasse ausreichend geheim zu halten. Denn die Tatsache, dass der Vorstand eine solche Kasse gebilligt hat, wird sicherlich nicht dokumentiert sein.

Dass dieses rein subjektive Element des Billigens schwerlich zu beweisen ist, muss hier nicht diskutiert werden. Letztlich stellt – wie im Beispielfall von Thomas – der Tod des einzigen bzw. aller Mitwisser der schwarzen Kasse lediglich eine sehr abstrakte Gefahr dar, die für eine dem Schaden gleichzusetzende konkrete Vermögensgefährdung nicht ausreicht[559].

Allerdings spricht für den Ansatz von Thomas, dass dadurch die Verknüpfung zur Pflichtverletzung hergestellt wird. Denn die Pflichtverletzung i. S. der

559 *Strelczyk*, Schwarze Kassen, S. 150; *Matt* NJW 2005 389 (391).

Untreue liegt bei allgemeinen schwarzen Kassen in der Regel gerade in dem Verstoß gegen Buchführungs- und Bilanzvorschriften[560].

cc) Zwischenergebnis

Die geschäftsbezogene schwarze Kasse stellt im Zusammenhang mit dem geplanten (Schmiergeld-)Geschäft ein strafrechtliches Risikogeschäft dar.

Als solches kann sie aber Teil eines vernünftigen unternehmerischen Gesamtplans sein.

Daher ist bei ihr bei Prüfung des Vermögensnachteils im Sinne der Untreue eine wirtschaftliche Gesamtbetrachtung vorzunehmen, bei der die Gewinnaussichten des über die schwarze Kasse ermöglichten (Folge-)Geschäfts im Wege der Saldierung zu berücksichtigen sind.

Bei der allgemeinen schwarzen Kasse kommt eine schadensgleiche Vermögensgefährdung unter dem Aspekt der unordentlichen Buchführung in Betracht.

Dies ist insbesondere dann gegeben, wenn durch die fehlende Verbuchung des Bestandes der Kasse die Durchsetzung berechtigter Ansprüche erheblich erschwert oder verhindert wird, wenn aufgrund der fehlerhaften Buchführung mit einer ungerechtfertigten Doppelinanspruchnahme zu rechnen und aufgrund der unzureichenden Buchhaltung eine wesentliche Erschwerung der Rechtsverteidigung zu besorgen ist.

VII. Subjektiver Tatbestand der Untreue

Der subjektive Tatbestand der Untreue setzt Vorsatz voraus. Es reicht bedingter Vorsatz aus[561]. Die Rechtsprechung fordert seit jeher, dass an den Vorsatz der schadensgleichen Vermögensgefährdung strenge Anforderungen zu stellen sind[562].

Der Zweite Strafsenat des BGH hat in seiner Entscheidung im Falle der Hessen-CDU eine Begrenzung des Vorsatzes bei Untreuetaten mit „bloßem" Gefährdungsschaden im Falle der Einrichtung schwarzer Kassen vorgenommen[563].

Der Strafsenat greift die Auffassung an, die das voluntative Element des Untreuevorsatzes auch dann als erfüllt ansieht, wenn der Täter die – als möglich

560 Siehe oben: B. IV. 4. c). cc).

561 BGH NJW 1975 1234 (1236); *Fischer* § 266 Rn 171.

562 RGSt 69 17; 71 92; BGHSt 3 23 (25); 46 30 (35); 47 295 (302); 51 100 (120); NJW 1975 1234 (1236); OLG Frankfurt NStZ RR 2004 244; kritisch *Fischer* § 266 Rn 176; *ders.* StraFo 2008 269 (273).

563 BGHSt 51 100.

erkannte – endgültige Realisierung der Gefahr vermeiden will und gerade nicht billigt[564]. In Anbetracht der ohnehin weiten Fassung der Untreue würde eine solche Auffassung zu einer Ausweitung der Untreue in Richtung eines reinen Gefährdungsdelikts führen. Das Vorsatzkorrektiv der Bereicherungsabsicht, wie beim Betrug, gebe es bei der Untreue nicht. Die Gleichstellung der konkreten Vermögensgefährdung mit dem Vermögensschaden, die Abgrenzung vom – straflosen – Versuch und der Vollendung der Untreue und die Anwendung des Untreuetatbestandes insbesondere im Bereich wirtschaftlichen Handelns, etwa bei Handlungen im Zusammenhang mit dem Abschluss sog. Risikogeschäfte, führe in der Praxis zu erheblichen Schwierigkeiten.

Daher sei der Tatbestand der Untreue in Fällen der vorliegenden Art dahingehend zu begrenzen, dass der bedingte Vorsatz eines Gefährdungsschadens nicht nur voraussetzt, dass der Täter die konkrete Gefahr kennt, sondern darüber hinaus die Realisierung der Gefahr billigt, sei es auch nur in der Form, dass der Täter sich mit dem Eintritt des ihm unerwünschten Erfolgs abfindet. Nur dann sei die Vollendung der Untreue bei Eintritt des Gefährdungsschadens eine rechtsstaatlich unbedenkliche Vorverlagerung der Strafbarkeit der Untreue.

Diese Vorsatzeinschränkung diskutierte der Zweite Strafsenat zwar nur im Zusammenhang mit der Untreue zum Nachteil des Bundesverbandes der CDU, die durch die fehlerhaften Rechenschaftsberichte in Frage kam, beschränkte die Vorsatzeinschränkung jedoch nicht auf die Frage der Vermögensgefährdung durch das Risiko der Belastung mit einer Sanktion nach dem Parteiengesetz, sondern meinte auch den Fall der Bildung schwarzer Kassen allgemein[565].

Der Zweite Strafsenat spricht von einer Vorsatzeinschränkung bei Fällen der *„vorliegenden Art“* – insbesondere im Bereich des wirtschaftlichen Handelns. Er reagierte hier auf den von der Literatur vorgetragenen Einwand der Zufälligkeit der Strafverfolgung nach dem oft zufälligen wirtschaftlichen Erfolg oder Misserfolg des Handelns und wies diesen Einwand nicht von vornherein von der Hand.

Um die Fälle einzugrenzen, bei denen diese Vorsatzeinschränkung anzuwenden sei, ging der Zweite Strafsenat auf das Urteil des Ersten Strafsenats ein (BGHSt 47 148), bei dem eine risikobehaftete Kreditvergabe Gegenstand des Urteils war.

In der „Kreditvergabeentscheidung“ hatte der Erste Strafsenat nämlich entschieden, dass auch das voluntative Element des bedingten Gefährdungsvorsatzes

564 BGHSt 47 148; dagegen BGHSt 51 100 (121 ff.), dort auch zum folgenden Text.

565 *Bernsmann* GA 2007 219 (232); gegen eine Einschränkung wohl auch: *Fischer* StrafFo 2008 269 (276); a. A. *Saliger* NStZ 2007 545 (550); *Rönnau* in Tiedemann-FS, 713 (732).

gegeben sei oder jedenfalls naheliege, wenn nach Kenntnis des Täters ein extrem hohes, *„nicht abschätzbares und unbeherrschbares"* Risiko eingegangen werde, das zu einer *„höchsten Gefährdung"* des zu betreuenden Vermögens führe[566]. In diesem Fall war die letztendliche Ablehnung der Schadensrealisierung durch den Täter im Bereich der vagen Hoffnung angesiedelt.

Im „Kanther-Prozess" sei hingegen anhand einer Vielzahl von Indizien über einen langen Zeitraum belegt, dass die Täter angesichts des über fast zwei Jahrzehnte erfolgreich funktionierenden Verschleierungssystems ernsthaft und nicht vage darauf vertrauten, dass die Geheimkonten unentdeckt blieben, und daher bei der Erstellung der falschen Rechenschaftsberichte zwar eine konkrete Vermögensgefährdung als notwendige Folge in Kauf nahmen, eine Realisierung dieser Gefahr jedoch unter allen Umständen vermeiden wollten und keinesfalls billigten.

Entscheidend ist nach Auffassung des Zweiten Strafsenats daher für eine Ablehnung des bedingten Untreuevorsatzes im Falle der schadensgleichen Vermögensgefährdung zum einen, dass der objektive Grad der Wahrscheinlichkeit der Schadensrealisierung nicht als extrem hoch einzuschätzen ist, zum anderen dass der Täter aufgrund objektiver Indizien (wie jahrelange Funktionalität der Vorgehensweise) trotz Kenntnis des Bestehens einer solchen Schadensgefahr eine Realisierung unter allen Umständen vermeiden will. Liegen diese Voraussetzungen vor, wird also der Vorsatz verneint.

Der Zweite Strafsenat erkennt, dass auf diese Weise zwar eine Inkongruenz von objektivem und subjektivem Tatbestand für Fälle der Untreue bei Verursachung eines bedingt vorsätzlichen Gefährdungsschadens entsteht, dies ergebe sich jedoch aus dem Umstand, dass die Anerkennung einer konkreten Vermögensgefährdung auf der Grundlage einer wirtschaftlichen Betrachtung der Sache nach eine Vorverlagerung der Vollendung in den Bereich des Versuchs bedeute[567]. Der Versuch einer Straftat zeichne sich aber gerade durch diese Inkongruenz, d. h. durch objektive Nichtvollendung des auf den Erfolg gerichteten Vorsatzes aus.

Die Vorsatzeinschränkung ist nicht ohne Kritik geblieben[568].

Bernsmann sieht die Konsequenz der Vorsatzeinschränkung darin, dass der Zweite Strafsenat die Untreue zu einem Delikt mit (schwach) überschießender

566 BGHSt 47 148 (156 f.).

567 BGHSt 51 100 (121).

568 *Bernsmann* GA 2007 219 (230); *Rönnau* in Tiedemann-FS, 713 (732); *Nack* StrafFo 2008 277 (278); *Saliger* NStZ 2007 545 (550 f.); *Ransiek* NJW 2007 1727 (1729); *Selle/Wietz* ZIS 2008 471 (474); Sickor JA 2011 109 (11).

Innentendenz mache und damit zum dogmatischen Unikum, wofür es aber weder im Wortlaut noch sonst eine Grundlage gebe[569].

Fischer, der Mitglied des entscheidenden Strafsenats war, will diesem Argument entgegnen, dass der BGH nicht daran gehindert wäre, zur Einschränkung eines in bestimmten Fallgruppen als problematisch erkannten Tatbestands zusätzliche, über den Gesetzeswortlaut hinausgehende Anforderungen zu formulieren, um eine sachgerechte, verfassungskonforme Anwendung des Straftatbestandes sicherzustellen[570].

Fischers Entgegnung lässt sich tatsächlich nicht von der Hand weisen, wenn man – wie auch Fischer erwähnt – die vielen, nicht durch den Gesetzeswortlaut belegten, von der Rechtsprechung entwickelten *Unikate,* wie z.B. die Vermögensgefährdung als Vermögensschaden, gerade beim Tatbestand der Untreue bedenkt[571].

Dogmatisch überzeugender wären die Ausführungen aber dann, wenn der Zweite Strafsenat bereits objektiv eine konkrete Vermögensgefährdung abgelehnt hätte[572].

Denn der Umstand, dass im Kanther-Prozess die Täter über zwei Jahrzehnte ein Schwarzkassensystem erfolgreich führten, spricht nicht nur dafür, dass die Täter subjektiv ernsthaft und nicht nur vage darauf vertrauten, dass die Geheimkonten unentdeckt blieben, und eine Realisierung der Vermögensgefährdung unter allen Umständen vermeiden wollten und keinesfalls billigten, sondern erst recht dafür, dass bereits auf objektiver Ebene eine konkrete Vermögensgefährdung nicht festzustellen ist. Dies will auch Fischer nicht gänzlich von der Hand weisen; so könnte in manchen Fallgestaltungen auch die auf den endgültigen Vermögensverlust bezogene subjektive Vorstellung des Täters als Voraussetzung der objektiven Prognose angesehen werden, welche dem Begriff des Gefährdungsschadens zugrunde liege[573].

Die Vorsatzeinschränkung des Zweiten Strafsenats überzeugt daher nicht. Bei konsequenter Anwendung eines wirtschaftlichen Verständnisses von Vermögen hätte der Zweite Strafsenat die konkrete Vermögensgefährdung im Zusammenhang mit dem Schwarzkassensystem bereits im objektiven Tatbestand verneinen müssen. Für eine Vorsatzeinschränkung bestünde dann kein Bedürfnis mehr.

---

569 *Bernsmann* GA 2007 219 (230).

570 *Fischer* StrafFo 2008 269 (276).

571 *Fischer* StrafFo 2008 269 (276), Hervorhebung nur hier.

572 *Bernsmann* GA 2007 219 (230); *Rönnau* in Tiedemann-FS, 2008 713 (732); *Ransiek* NJW 2007 1727 (1729).

573 *Fischer* StrafFo 2008 269 (276).

VIII. Zusammenfassung und Ergebnis

Die Bildung und Nutzung schwarzer Kassen in Kapitalgesellschaften ist zwar aus gesellschaftsrechtlicher Sicht immer pflichtwidrig, in der Regel aber nur unter besonderen Umständen strafbar im Sinne der Untreue gem. § 266 StGB.

Zur sachgerechten Bewertung der Untreuestrafbarkeit ist bei schwarzen Kassen zu unterscheiden, ob es sich bei ihnen um eine *allgemeine* oder um eine sog. *geschäftsbezogene* schwarze Kasse handelt.

Wird eine schwarze Kasse eigens dafür eingerichtet, um die Mittel für die Förderung oder den sicheren Abschluss eines bestimmten (Schmiergeld-)Folgegeschäfts zur Verfügung zu halten, handelt es sich um eine sog. *geschäftsbezogene* schwarze Kasse.

Eine solche kann nicht von dem geplanten Folgegeschäft isoliert beurteilt werden, sondern stellt einen Teilakt eines Gesamtgeschäfts dar.

Sie ist als „Werkzeug" des noch abzuschließenden (Risiko-)Folgegeschäfts anzusehen und damit selbst Risikogeschäft.

Bei strafrechtlichen Risikogeschäften muss sein Betreiben eine *gravierende* gesellschaftsrechtliche Pflichtverletzung darstellen, damit es pflichtwidrig i. S. d. Untreue ist.

Einrichtung und Nutzung der *geschäftsbezogenen* schwarzen Kasse sind in der Regel nicht pflichtwidrig im Sinne des Untreuetatbestandes, wenn der dahinter stehende unternehmerische Gesamtplan aus wirtschaftlicher Sicht vertretbar ist.

Dabei begangene Buchführungsverstöße und ihre fehlende Offenbarung machen die Einrichtung *geschäftsbezogener* schwarzer Kassen nicht pflichtwidrig.

Anders zu beurteilen ist im Rahmen der Untreue die *allgemeine* schwarze Kasse.

Von einer *allgemeinen* schwarzen Kasse spricht man dann, wenn der Vermögensbetreuungspflichtige eine schwarze Kasse ohne eine besondere Zweckbindung einrichtet bzw. eine solche Zweckbindung nicht festgestellt werden kann.

Eine *allgemeine* schwarze Kasse stellt kein strafrechtliches Risikogeschäft dar.

Für die Pflichtwidrigkeit i. S. d. der Untreue ist es in diesem Fall nicht erforderlich, dass die Pflichtverletzung gesellschaftsrechtlich gravierend ist.

Deswegen ist die Einrichtung einer *allgemeinen* schwarzen Kasse auch aus strafrechtlicher Sicht pflichtwidrig i. S. d. Untreue. Die Pflichtwidrigkeit ergibt sich bereits aus den Verstößen gegen Buchführungsvorschriften und der fehlenden Offenbarung.

Der Vermögensinhaber kann ein strafrechtlich wirksames Einverständnis zur Bildung und Unterhaltung schwarzer Kassen abgeben.

Ein solches Einverständnis zu schwarzen Kassen ist strafrechtlich wirksam und verstößt nicht gegen Rechtsvorschriften oder ist sonst treuwidrig.

Kapitalgesellschaften haben auch aus strafrechtlicher Sicht rechtlich verselbstständigtes Vermögen.

Das Gesellschaftsvermögen ist daher für die Gesellschafter fremd.

Zuständig für die Abgabe eines wirksamen Einverständnisses in die Einrichtung und Nutzung einer schwarzen Kasse ist in der GmbH die Gesamtheit der Gesellschafter.

In Aktiengesellschaften sind die Anteilseigner für ein solches Einverständnis dann zuständig, wenn die Unternehmenssatzung dies bestimmt. Dies kommt in der Geschäftspraxis nicht vor.

Auch das Aktiengesetz kennt insoweit keine ausdrückliche Regelung,

Da die Anteilseigner in der Hauptversammlung gem. § 119 I S. 2 AktG über die Verwendung des Bilanzgewinns zu entscheiden haben, der durch den Abfluss von Geldern in die schwarze Kasse gemindert wird, ergibt sich daraus und aus einer Gesamtbewertung des Verhältnisses der Organe der AG zueinander, dass in der AG die Hauptversammlung für die Genehmigung zuständig ist.

Liegt kein ausdrückliches Einverständnis vor, erlangt das hypothetische Einverständnis des Genehmigungsberechtigten Bedeutung.

Das hypothetische Einverständnis wirkt auf der Tatbestandsebene und ist über den Bereich des Arzthaftungsrechts hinaus auch bei der Untreue anwendbar.

Ein hypothetisches Einverständnis unterbricht den Pflichtwidrigkeitszusammenhang und nimmt der Tat das Erfolgsunrecht des § 266 StGB.

Bei fehlender Beweisbarkeit muss in Anwendung des *in-dubio-pro-reo*-Grundsatzes im Zweifel von dem Vorliegen eines wirksamen, hypothetischen Einverständnisses ausgegangen werden.

Die unkontrollierte Verfügungsmöglichkeit des Vermögensbetreuungspflichtigen reicht allein nicht aus, um einen Vermögensnachteil in Form der schadensgleichen konkreten Vermögensgefährdung zu begründen, da diese Gefahr bereits abstrakt in jedem Vermögenstreueverhältnis besteht.

Auch die fehlende Verfügungsmöglichkeit des Vermögensinhabers reicht in der Regel allein nicht zur Bejahung des Vermögensnachteils aus. Denn die ständige Verfügungsmöglichkeit des Vermögensinhabers hat keinen eigenen wirtschaftlichen Wert. Die fehlende Verfügungsmöglichkeit kann allenfalls dann einen Vermögensnachteil begründen, wenn der Vermögensinhaber konkret auf das Vermögen zugreifen will und nicht kann, was voraussetzt, dass der Vermögensinhaber von der fehlenden Verfügungsmöglichkeit Kenntnis hat.

Der Eigentumsverlust an Bargeld stellt nur dann einen Vermögensnachteil i. S. d. Untreue dar, wenn der Vermögensbetreuungspflichtige grundsätzlich nicht befugt ist, Eigentum an Geldern zu übertragen. Im Übrigen muss auf den Verwendungszweck abgestellt werden.

Die *geschäftsbezogene* schwarze Kasse kann Teil eines vernünftigen unternehmerischen Gesamtplans sein. Daher ist bei ihrem Vorliegen beim Merkmal des Vermögensnachteils eine wirtschaftliche Gesamtbetrachtung vorzunehmen, bei der die Gewinnaussichten des über die schwarze Kasse ermöglichten oder geförderten (Folge-)Geschäfts im Wege der Saldierung zu berücksichtigen sind.

Durch die Führung von schwarzen Kassen verursachte (Treuhand-)Kosten stellen bei *geschäftsbezogenen* schwarzen Kassen keinen Vermögensnachteil dar, da solche Vermögensnachteile durch die Exspektanz des zukünftigen Gewinngeschäfts kompensiert werden.

Eine Kompensation von einmal eingetretenen Vermögensnachteilen durch Vermögensvorteile scheidet bei schwarzen Kassen im öffentlichen Bereich in der Regel aus.

Die Ausgleichsfähigkeit und Ausgleichsbereitschaft des Täters kann aber auch im öffentlichen Bereich einen Vermögensnachteil ausgleichen.

Eine schadensgleiche konkrete Vermögensgefährdung kommt nur durch die Gefahr des Vermögensverlustes in Betracht.

Wann eine schadensgleiche konkrete Vermögensgefährdung durch die Einrichtung einer schwarzen Kasse vorliegt, ist eine Frage des Einzelfalls.

Die Gefahr des Zugriffs Dritter kann ausreichen, eine schadensgleiche konkrete Vermögensgefährdung anzunehmen.

Allerdings kann der Umstand, dass der Täter den Kasseninhalt auf sein eigenes Konto umleitet, allein nicht ausreichen, eine schadensgleiche Vermögensgefährdung anzunehmen.

Das allgemeine Risiko des Zugriffs Dritter reicht dazu nicht aus. Hinzukommen muss als zusätzliches Risikoelement, dass mit dem Zugriff Dritter, zum Beispiel durch Pfändung, tatsächlich aufgrund der Umstände des Einzelfalls zu rechnen ist.

Bei im Unternehmens- oder Parteiinteresse eingerichteten schwarzen Kassen fehlt es regelmäßig an diesen tatsächlichen Voraussetzungen, da der Vermögensbetreuungspflichtige gerade darauf bedacht ist, einen Vermögensvorteil für den Vermögensinhaber zu erwirtschaften. Dem würde eine unsichere Anlageform der schwarzen Kasse widersprechen.

Bei *allgemeinen* schwarzen Kassen kommt eine schadensgleiche Vermögensgefährdung darüber hinaus unter dem Aspekt der unordentlichen Buchführung in Frage.

Ein Vermögensnachteil (in Form der schadensgleichen Vermögensgefährdung) liegt im Falle *allgemeiner* schwarzer Kassen vor, wenn durch die fehlende Verbuchung des Kassenbestandes die Durchsetzung berechtigter Ansprüche erheblich erschwert oder verhindert wird oder wenn aufgrund der fehlerhaften Buchführung mit einer ungerechtfertigten Doppelinanspruchnahme zu rechnen und aufgrund der unzureichenden Buchhaltung die Rechtsverteidigung erheblich erschwert worden ist.

Verursacht die Einrichtung und Unterhaltung einer *allgemeinen* schwarzen Kasse für den Vermögensinhaber Kosten, liegt darin ein endgültiger Vermögensschaden und damit ein Vermögensnachteil i. S. d. Untreue.

Literaturverzeichnis

Achenbach, Hans: Schwerpunkte der BGH-Rechtsprechung zum Wirtschaftsstrafrecht, in: 50 Jahre Bundesgerichtshof; Eine Festgabe aus der Wissenschaft, Band IV, Strafrecht, Strafprozessrecht, München 2000, S. 593–620.

— */Ransiek, Andreas*: Handbuch Wirtschaftsstrafrecht, 3. Auflage, Heidelberg 2012.

Aktiengesetz: Großkommentar, Hopt, Klaus J./Wiedemann, Herbert (Hrsg.), Dritter Band, §§ 76–94, 4. Auflage, Berlin 2008 (zit.: *Bearbeiter* in Großkomm AktG).

Allfeld, Philipp: Lehrbuch des deutschen Strafrechts, 8. Auflage, Leipzig u. a. 1922.

Amelung, Knut/Eymann, Frieder: Die Einwilligung des Verletzten im Strafrecht, in: JuS 2001, S. 937–946.

Arloth, Frank: Zur Abgrenzung von Untreue und Bankrott bei der GmbH, in: NStZ 1990, S. 570–575.

Arzt, Gunther: Zur Untreue durch befugtes Handeln, in: Festschrift für Hans-Jürgen Bruns zum 70. Geburtstag; Frisch, Wolfgang/Schmid, Werner (Hrsg.), Köln u. a. 1978, S. 365–383.

— */Weber, Ulrich:* Strafrecht, Besonderer Teil, Bielefeld 2000.

Baumbach, Adolf/Hueck, Alfred: GmbHG, Gesetz betreffend die Gesellschaften mit beschränkter Haftung, 19. Auflage, München 2010 (zitiert: Baumbach/Hueck/ *Bearbeiter*).

Baumbach, Adolf/Hopt, Klaus J.: Handelsgesetzbuch, 35. Auflage, München 2012 (zitiert: Baumbach/Hopt/*Bearbeiter*).

Becker, Christian: Das Bundesverfassungsgericht und die Untreue: Weißer Ritter oder feindliche Übernahme, in HRRS 2010 383.

Berner, Albert Friedrich: Lehrbuch des Deutschen Strafrechtes, 15. Auflage, Leipzig 1888.

Bernsmann, Klaus: Skizzen zu Problemen der Untreue nach § 266 StGB, in: GA 2007, S. 219–237.

— .: Untreue und Korruption - der BGH auf Abwegen, in: GA 2009, S. 296–313.

— */Gatzweiler, Norbert*: Verteidigung bei Korruptionsfällen, Heidelberg 2008.

Bienek, Klaus: Die Rechtsprechung des BGH zur Haushaltsuntreue, in: wistra 1998, S. 249–251.

Binding, Karl Lorenz: Lehrbuch des Gemeinen Strafrechts, Besonderer Teil, Band 1, 2. Auflage, Leipzig 1902.

Bittmann, Folker: Dogmatik der Untreue, insbesondere des Vermögensnachteils, in: NStZ 2012 S.57.

Bockelmann, Paul: Zum Begriff des Vermögensschadens beim Betrug in: JZ 1952, S. 461–465.

— .: Strafrecht, Besonderer Teil 1, Vermögensdelikte, 2. Auflage, München 1982.

Boetticher, Axel: Hinreichende Bestimmtheit des Tatbestandes der Untreue, in jurisPraxisKommentar – StrafR 7/2011.

Borges, Georg: Selbstregulierung im Gesellschaftsrecht – zur Bindung an Corporate Governance Kodizes, in: ZGR 2003, S. 508–540.

Bosch, Nikolaus: Untreue durch Einrichtung und Nichtaufdeckung schwarzer Kassen, in: JA 2009, S. 233–235.

Brammsen, Joerg: Vorstandsuntreue – Aktienrechtliche Unternehmensführung auf dem Prüfstand des § 266 StGB, in: wistra 2009, S. 85–91.

Brand, Christian: Anmerkung zu BGH NJW 2010, S. 3158–3464.

Bruns, Hans-Jürgen: Untreue durch Bildung „schwarzer Kassen", in: Zeitschrift der Akademie für deutsches Recht 1941, S. 268–269.

Coenen, Andreas: Die Strafbarkeit von Verstößen gegen Haushaltsrecht bei der Bewirtschaftung öffentlicher Mittel, Diss. iur. (Köln 2000).

Cramer, Peter: Vermögensbegriff und Vermögensschaden im Strafrecht, Berlin u. a. 1968.

Deiters, Mark: Organuntreue durch Spenden und prospektiv kompensationslose Anerkennung, in: ZIS 2006, S. 152–160.

Deutscher Corporate Governance Kodex: Kommentar zum Deutschen Corporate Governance Kodex, Ringleb, Henrik-Michael/Kremer, Thomas/Lutter, Marcus/von Werder, Axel (Hrsg.), 3. Auflage, München 2008 (zit.: Bearbeiter in DCGK).

Dierlamm, Alfred: Untreue – ein Auffangtatbestand?, in: NStZ 1997, S. 534–536.

— .: Untreue – Pflichtwidrigkeit der Kreditvergabe, in: NStZ 2000, S. 655–657.

— .: Neue Entwicklungen bei der Untreue – Loslösung des Tatbestandes von zivilrechtlichen Kategorien?, in: StraFO 2005, S. 397–404.

Dölling, Dieter/Duttge, Gunnar/Rössner, Dieter: Gesamtes Strafrecht StGB/StPO/ Nebengesetze, Handkommentar, Baden Baden, 3. Auflage 2013 (zit.: HK-GS/ *Bearbeiter*).

Duden – Das Bedeutungswörterbuch, 3. Auflage, Mannheim 2002.

Dunkel, Wolfgang: Erfordernis und Ausgestaltung des Merkmals „Vermögensbetreuungspflicht" im Rahmen des Missbrauchstatbestandes der Untreue, Diss. iur. (Bielefeld 1976).

— .: Nochmals: Der Scheckkartenmissbrauch in strafrechtlicher Sicht in: GA 1977, S. 329–340.

Edlbauer, Benedikt/ Irrgang Stefanie; Die Wirkung der Zustimmung und ihrer Surrogate im Untreuetatbestand, in: JA 2010 S. 786–791.

Eidam, Gerd: Unternehmen und Strafe, Vorsorge und Krisenmanagement, 3. Auflage, Köln 2008.

Englisch, Bernhard: Untreue abschaffen - nein Danke!, in: NJW 2005, S. 2974–2975.

Erman, *Bürgerliches Gesetzbuch, Westermann, Harm Peter (Hrsg.), 11. Auflage, Köln 2004.*

Fischer, Thomas: Der Gefährdungsschaden bei § 266 in der Rechtsprechung.

des BGH, in: StraFo 2008, S. 268–277.

— .: Strafgesetzbuch und Nebengesetze, 60. Auflage, München 2013.

Fleischer, Holger: Aktienrechtliche Legalitätspflichten und „nützliche" Pflichtverletzungen von Vorstandsmitgliedern, in: ZIP 2005, S. 141–152.

Geerds, Detlev: Schadensprobleme beim Betrug, in: Jura 1994, S. 309–321.

Gehrlein, Markus: Einverständliche verdeckte Gewinnentnahmen der Gesellschafter als Untreue (§ 266 StGB) zu Lasten der GmbH, in: NJW 2000, S. 1089–1090.

Gössel, Karl Heinz: Strafrecht Besonderer Teil, Band 2, Heidelberg 1996.

Gribbohm, Günter: Treuebruch und Vermögensnachteil bei der Untreue, in: JuS 1965, S. 389–395.

— .: Untreue zum Nachteil der GmbH - Zur Harmonisierung zivil- und strafrechtlicher Pflichten des GmbH-Geschäftsführers und Gesellschafters, in: ZGR 1990, S. 1–30.

Gutmann, Alexander: Der Vermögensschaden beim Betrug im Lichte der neueren höchstrichterlichen Rechtsprechung (I), in: MDR 1963, S. 3–8.

Gürtner, Franz: Das kommende deutsche Strafrecht, Besonderer Teil, Bericht über die Arbeit der amtlichen Strafrechtskommission, 2. Auflage, Berlin 1936 (zit.: *Bearbeiter* in Gürtner BT).

Hachenburg, GmbHG, Gesetz betreffend die Gesellschaften mit beschränkter Haftung (GmbHG), Großkommentar, Ulmer, Peter (Hrsg.), 8. Auflage, Berlin 1992/1997 (zit.: *Bearbeiter* in Hachenburg GmbHG).

Haft, Fritjof: Absprachen bei öffentlichen Bauten und das Strafrecht, in: NJW 1996, S. 238.

Hamm, Rainer: Kann der Verstoß gegen Treu und Glauben strafbar sein?, in: NJW 2005, S. 1993–1995.

Hefendehl, Roland: Vermögensgefährdung und Exspektanzen – Das vom Zivilrecht konstituierte und vom Bilanzrecht konkretisierte Herrschaftsprinzip als Grundlage des strafrechtlichen Vermögensbegriffs, Diss. iur. (München 1993), Berlin 1994.

Heintzen, Markus: Der Deutsche Corporate Governance Kodex aus der Sicht des deutschen Verfassungsrechts, in: ZIP 2004, 1933–1938.

Hellmann, Uwe: Verdeckte Gewinnausschüttungen und Untreue des GmbH-Geschäftsführers, in: wistra 1989, S. 214–218.

— : Risikogeschäft und Untreuestrafbarkeit, in: ZIS 2007, S. 433–443.

Helmrich, Jan: Zur Strafbarkeit bei fehlenden oder unzureichenden Risikomanagementsystemen in Unternehmen am Beispiel der AG in NZG 2011, S. 1252–1257.

Henn, Günter/*Frodermann, Jürgen/Jannott, Dirk*: Handbuch des Aktienrechts, 8. Auflage, Heidelberg 2009 (zitiert: *Henn, Frodermann, Janott*, Handbuch Aktienrecht).

Hillenkamp, Thomas: Risikogeschäft und Untreue, in: NStZ 1981, S. 161–168.

— .: 40 Probleme aus dem Strafrecht – Besonderer Teil, 11. Auflage, München 2009 (zit.: Hillenkamp, 40 Probleme).

Hirschberg, Rudolf: Der Vermögensbegriff im Strafrecht, Berlin 1934.

Hirte, Heribert: Kapitalgesellschaftsrecht, 7. Auflage, Köln 2010.

Hüffer, Uwe: Kommentar zum Aktiengesetz, 10. Auflage, München 2012.

Jakobs, Günther: Strafrecht Allgemeiner Teil, Die Grundlagen und Zurechnungslehre, 2. Auflage, Berlin 1991.

Jescheck, Hans-Heinrich/Weigend, Thomas: Lehrbuch des Strafrechts – Allgemeiner Teil, 5. Auflage, Berlin 1996.

Jahn, Matthias: Untreue durch Führung „schwarzer Kassen“ – Fall Siemens/ENEL, in: Jus 2009, S. 173–176.

Joecks, Wolfgang: Strafgesetzbuch – Studienkommentar, 9. Auflage, München 2012.

Kaufmann, Jochen: Organuntreue zum Nachteil von Kapitalgesellschaften, Frankfurt am Main u. a. 1999.

Kempf, Eberhard: Beststechende Untreue? in: Festschrift für Rainer Hamm zum 65. Geburtstag, Michalke, Regina/Köberer, Wolfgang/Pauly, Jürgen/Kirsch, Stefan (Hrsg.), Berlin 2008, S. 255–269.

Klunzinger, Eugen: Grundzüge des Gesellschaftsrechts, 15. Auflage, München 2009.

Kohlmann, Günter/Brauns, Uwe: Zur strafrechtlichen Erfassung der Fehlleitung öffentlicher Mittel, Erstattet für den Bund deutscher Steuerzahler, Wiesbaden 1979 (zit.: *Kohlmann/Brauns*, Fehlleitung).

Kohlmann, Günter: Untreue zum Nachteil des Vermögens einer GmbH trotz Zustimmung aller Gesellschafter? in: Festschrift für Winfried Werner zum 65. Geburtstag. Handelsrecht und Wirtschaftsrecht in der Bankpraxis, Hadding, Walher/Immenga, Ulrich/Mertens, Hans-Joachim/Pleyer, Klemens/Schneider, Uwe H. (Hrsg.), Berlin u. a. 1984, S. 387–404.

—.: Die strafrechtliche Verantwortlichkeit des GmbH-Geschäftsführers, Heidelberg, Heidelberg 1990.

—./*Löffeler, Peter*: Die strafrechtliche Verantwortlichkeit des GmbH-Geschäftsführers, Heidelberg 1999.

Kindhäuser, Urs: Anmerkungen zu OLG Karlsruhe, Urt. vom 17.1.1996 – 1 Ws 107/95, in: JR 1997, S. 299–305.

—.: Strafgesetzbuch, Lehr- und Praxiskommentar, 5. Auflage, Baden Baden 2012 (zit.: Kindhäuser in LPK-StGB).

Knauer, Christoph: Bildung verdeckter Kassen als Untreue – Fall Siemens, Anmerkungen zu BGH, Urt. vom 29.08.2008, 2 StR 587/07 (LG Darmstadt) in NStZ 2009, S. 151–153.

Kölner Kommentar zum Aktiengesetz, Band 2/1, Zöllner, Wolfgang/Noack, Ulrich (§§ 76–94 AktG), Köln u. a. 2010 (zit. *Bearbeiter* in KK AktG).

Kompaktkommentar Gesellschaftsrecht, Schwerdtfeger, Armin (Hrsg.), Neuwied 2007 (zit.: KpK GesR/*Bearbeiter*).

Krekeler, Wilhelm/Tiedemann, Klaus/Ulsenheimer, Klaus/Weinmann, Günther: Handwörterbuch des Wirtschafts- und Steuerstrafrechts, Band 1 (5. Ergänzungslieferung) Heidelberg 1990.

Krekeler, Wilhelm/Werner Elke: Unternehmer und Strafrecht, München 2006.

Krey, Volker/Hellmann, Uwe: Strafrecht, Besonderer Teil, Band 2, Vermögensdelikte, 15. Auflage, Stuttgart 2008.

Krüger, Matthias: Zum Risikogeschäft im Untreuestrafrecht und seinen Risiken – Überlegungen zur Untreue durch Belastung mit dem Risiko zukünftiger Sanktionen am Beispiel verdeckter Parteifinanzierung, in: NJW 2002, S. 1178–1180.

Kubiciel, Michael: Gesellschaftsrechtliche Pflichtwidrigkeit und Untreuestrafbarkeit, in: NStZ 2005, S. 353–361.

Kübler, Friedrich/Assmann, Heinz-Dieter: Gesellschaftsrecht, Die privatrechtlichen Ordnungsstrukturen und Regelungsprobleme von Verbänden und Unternehmen, 6. Auflage, Heidelberg 2006.

Kudlich, Hans: Fast wie im richtigen Leben: Wo fängt eigentlich Untreue an...? in JA 2011 S. 66.

Küper, Wilfried: Strafrecht Besonderer Teil, Definitionen und Erläuterungen, 8. Auflage, Heidelberg 2012.

Labsch, Karl Heinz: Untreue (§ 266), Möglichkeiten und Grenzen einer neuen Deutung, Lübeck 1983 (zit: Labsch, Untreue).

— .: Die Strafbarkeit des GmbH-Geschäftsführers im Konkurs der GmbH, in: wistra 1985, S. 1–9.

— .: Einverständliche Schädigung des Gesellschaftsvermögens und Strafbarkeit des GmbH Geschäftsführers – BGH, NStZ 1984, 118, in: JuS 1985, S.602–607.

— .: Grundprobleme des Missbrauchstatbestandes der Untreue, in: Jura 1987, S. 343–352.

Lackner, Karl/Kühl, Kristian: Strafgesetzbuch (StGB), Kommentar mit Erläuterungen, 27. Auflage, München 2011.

Leipziger Kommentar zum Strafgesetzbuch, Heinrich Wilhelm Laufhütte/ Rissing-van Saan, Ruth/Tiedemann, Klaus (Hrsg.), 12. Auflage, Berlin u. a. 2012 (zit.: *Bearbeiter* in: LK).

Lenckner, Theodor: Vermögensschaden und Vermögensgefährdung beim sog. Eingehungsbetrug, in: JZ 1971, S. 320–324.

v. Liszt, Franz: Lehrbuch des Deutschen Strafrechts, 5. Auflage, Berlin 1982.

Lindemann, Michael: Untreue durch Aufrechterhaltung „schwarzer Kassen“ – Fall Siemens, in Status: Recht vom 15.05.2009 Heft 4/5, S. 119–120.

Luthmann, Walter: Zur Frage der Untreue im Rahmen rechts- oder sittenwidriger Abmachungen, in: NJW 1960, S. 419–420.

Lutter, Marcus: Vergleichende Corporate Governance – Die deutsche Sicht , in: ZGR 2001, S. 224–237.

— *./Hommelhoff, Peter*: GmbHG-Gesetz, 18. Auflage, Köln 2012.

Maier, Winfried: Ist ein Verstoß gegen das Parteiengesetz straflos? in: NJW 2000, S. 1006–1008.

Mathias, Carsten: Der Einfluss der Rechtsordnung auf den strafrechtlichen Vermögensbegriff insbesondere bei „Abschluss“ rechts- und sittenwidriger Geschäfte, Diss. iur. (Köln 2002).

Matt, Holger: Missverständnisse zur Untreue – Eine Betrachtung auch zum Verhältnis von (Straf-)Recht und Moral, in: NJW 2005, S. 389–392.

Matt, Holger/Saliger Frank: „Straflosigkeit der versuchten Untreue“. Über die Richtigkeit dieser Entscheidung des Gesetzgebers und dogmatische Konsequenzen, in: Institut für Kriminalwissenschaften und Rechtsphilosophie Frankfurt am

Main (Hrsg.), Frankfurter kriminalwissenschaftliche Studien, Band 69: Irrwege der Strafgesetzgebung, Frankfurt am Main 1999, S. 217–240.

Marxen, Klaus/Andrzejewski Nils/Tegtmeier, Juliane: Der Fall des Monats im Strafrecht, in: Famos 02 2009, Nr. 107, S. 1–6.

Maurach, Reinhart/Schroeder, Friedrich-Christian/Maiwald, Manfred: Strafrecht, Besonderer Teil, Teilband 1: Straftaten gegen Persönlichkeits- und Vermögenswerte, 10. Auflage, Heidelberg u. a. 2009.

Maurer, Hartmut: Staatsrecht I, Grundlagen, Verfassungsorgane, Staatsfunktionen, 6. Auflage, München 2010.

Mayer, Helmut: Die Untreue, Materialien zur Strafrechtsreform, 1. Band: Gutachten der Strafrechtslehrer, Bad Godesberg 1954, S. 333–356 (zitiert: Mayer, Untreue).

Merkel, Adolf: Kriminalistische Abhandlungen II, Die Lehre vom strafbaren Betruge, Leipzig 1867.

Meyer, Dieter: Nochmals: Ist die Begebung ungedeckter Schecks mittels Scheckkarte durch ihren berechtigten Inhaber strafbar?, in: MDR 1971, S. 893–895.

Meyer, Hugo: Lehrbuch des deutschen Strafrechts, 4. Auflage, Erlangen 1888 (zitiert: *Meyer, H.*).

Mitsch, Wolfgang: Strafrecht, Besonderer Teil 2, Vermögensdelikte (Kernbereich)/ Teilband 1, 2. Auflage, Berlin 2003.

— .: Die Untreue – Keine Angst vor § 266 StGB! In JuS 2011 S. 97–103.

Molketin, Rüdiger: Untreue durch Einkäufe zu Repräsentationszwecken, in: NStZ 1987, S. 369–370.

Münchener Anwaltshandbuch, Verteidigung in Wirtschafts- und Steuerstrafsachen Volk, Klaus (Hrsg.), München 2006 (zitiert: *Bearbeiter* in Anwaltshandbuch).

Münchener Kommentar zum Bürgerlichen Gesetzbuch, Band 1, Allgemeiner Teil, 1. Halbband: §§ 1–240 ProstG, Säcker, Franz Jürgen/Rixecker, Roland (Hrsg.), 6. Auflage, München 2012 (zitiert: MünchKommBGB/*Bearbeiter*).

Münchener Kommentar zum Bürgerlichen Gesetzbuch, Band 4, Schuldrecht Besonderer Teil II, §§ 611–704 EFRG, TzBFG, KSchG, Säcker, Franz Jürgen/Rixecker, Roland (Hrsg.), 6. Auflage, München 2012 (zitiert: MünchKommBGB/ *Bearbeiter*).

Münchener Kommentar zum Aktiengesetz, Band 3, §§ 76–117 AktG Kropff, Bruno/Selmler, Johannes (Hrsg.), 2. Auflage, München 2004 (zit.: MünchKommAktG/*Bearbeiter*).

Münchener Kommentar zum Strafgesetzbuch, Band 5, §§ 263–358 StGB, Joecks, Wolfgang/Miebach, Klaus (Hrsg.), 2. Auflage München 2014 (zit.: MünchKommStGB/*Bearbeiter*).

Münchener Kommentar zum Strafgesetzbuch, Band 4, §§ 263–358 StGB, Joecks, Wolfgang/Miebach, Klaus (Hrsg.) München 2006 (zit.: MünchKommStGB/*Bearbeiter,* 1. Auflage).

Müller-Christmann, Bernd/Schnauder, Franz: Durchblick: Zum strafrechtlichen Schutz des Gesellschaftsvermögens, in: JuS 1998, S.1080–1085.

Müller-Gugenberger, Christian/Bieneck, Klaus: Wirtschaftsstrafrecht. Handbuch des Wirtschaftsstraf- und -ordnungswidrigkeitenrechts, 5. Auflage, Köln 2011.

Nack, Armin: Bedingter Vorsatz beim Gefährdungsschaden – ein „doppelter Konjunktiv"? in: StraFo 2008, S. 277–281.

Nelles, Ursula: Untreue zum Nachteil von Gesellschaften: zugleich ein Beitrag zur Struktur des Vermögensbegriffs als Beziehungsbegriff, zugl. Habilitationsschrift (Münster1990), Berlin 1991.

Neye, Hans-Werner: Die „Verschwendung" öffentlicher Mittel als strafbare Untreue, in: NStZ 1981, S. 369–408.

— .: Untreue im öffentlichen Dienst, Diss. iur., Köln 1981.

Niehaus, Holger: Strafrechtliche Folgen der Bestechung im vermeintlichen Unternehmensinteresse, in: Der Korruptionsfall Siemens; Analysen und praxisnahe Folgerungen des wissenschaftlichen Arbeitskreises von Transparency International Deutschland, Baden-Baden 2009, S. 1–29.

Nomos Kommentar zum Strafgesetzbuch, Kindhäuser, Urs/Neumann, Ulfrid/Paeffgen, Hans-Ulirch (Hrsg.) Band 3, §§ 232–358, 4. Auflage, Baden-Baden 2013 (zitiert: *Bearbeiter* in NK).

Otto, Harro.: Anmerkungen zu BGH, Urteil v. 5.7. 1984–4 StR 255/84, in: JR 1985, S. 28–30.

— .: Die neuere Rechtsprechung zu den Vermögensdelikten – Teil 2, in: JZ 1985, S. 69–77.

— .: Betrug bei rechts- und sittenwidrigen Rechtsgeschäften, in: Jura 1993, S. 424–429.

— : Die neuere Rechtsprechung zu den Vermögensdelikten – Teil 2, in: JZ 1993, S. 652–663.

— .: Die Struktur des strafrechtlichen Vermögensschutzes, Berlin 1970 (zit.: Otto, Vermögensschutz).

— .: Die neue Rechtsprechung zum Betrugstatbestand, in: Jura 2002, S. 606–615.

— .: Grundkurs Strafrecht, Die einzelnen Delikte, 7. Auflage, Berlin u. a. 2005 (zitiert: *Otto*, BT).

Paefgen, Walter: Unternehmerische Entscheidungen und Rechtsbindung der Organe in der Aktiengesellschaft, zugl. Habilitationsschrift (Tübingen 2001), Köln 2002.

Palandt, Otto: Bürgerliches Gesetzbuch, Kurzkommentar, 73. Auflage, München 2014.

Pieth, Mark/Eigen, Peter: Korruption im internationalen Geschäftsverkehr, Bestandsaufnahme, Bekämpfung, Prävention, Neuwied u. a. 1999.

Radtke, Henning: Einwilligung und Einverständnis der Gesellschafter bei der sog. GmbH-rechtlichen Untreue (II), in: GmbHR 1998, S. 361–369.

Raiser, Thomas: Recht der Kapitalgesellschaften, Ein Handbuch für Praxis und Wissenschaft, 3. Auflage 2001.

— .: Der Begriff der juristischen Person. Eine Neubesinnung, in: AcP 199 (1999), S. 104–144.

Ransiek, Andreas: Risiko, Pflichtwidrigkeit und Vermögensnachteil bei der Untreue, in: ZStW 116 (2004), S. 634–679.

— .: „Verstecktes" Parteivermögen und Untreue, in: NJW 2007, S. 1727–1730.

Reinhold, Phillip: Der Arbeitgeber als Opfer „nützlicher Aufwendungen" seiner Mitarbeiter, in: HRRS 2009, S. 107–112.

Rengier, Rudolf: Strafrecht Besonderer Teil I, Vermögensdelikte, 14. Auflage, München 2012.

Riemann, Thomas: Vermögensgefährdung und Vermögensschaden, Heidelberg 1989.

Rönnau, Thomas: Untreue durch Einrichtung verdeckter Kassen; Bestechung im geschäftlichen Verkehr im Ausland; Bestechung ausländischer Amtsträger, in: StV 2009, S. 246–251.

— .: Untreue als Wirtschaftsdelikt, in: ZStW 119 (2007), S. 887–926.

— .: Einrichtung „schwarzer" (Schmiergeld-)Kassen in der Privatwirtschaft eine strafbare Untreue? in Festschrift für Klaus Tiedemann 2008, S.713–736 (zit. Rönnau in Tiedemann – FS).

— : Untreue zu Lasten juristischer Personen und Einwilligungskompetenz der Gesellschafter; in Grundlagen des Straf- und Strafverfahrensrechts – Festschrift für Knut Amelung zum 70. Geburtstag, Böse, Martin/Sternberg-Lieben, Detlev (Hrsg.), Berlin 2009, S. 247–268.

Rotsch, Thomas: „Schwarze Kassen bei der S – AG", in JA 2013 S. 278–284.

Rowedder, Heinz/Schmidt-Leithoff: Gesetz betreffend die Gesellschaften mit Beschränkter Haftung, Kommentar, 4. Auflage, München 2002 (zitiert: *Bearbeiter*: in Rowedder/Schmidt-Leithoff).

Rubo, Traugott: Kommentar über das Strafgesetzbuch für das Deutsche Reich, Berlin 1879.

Safferling, Christoph: Bestimmt oder nicht bestimmt? Der Untreuetatbestand vor den verfassungsrechtlichen Schranken Anmerkungen zum Beschluss vom 23.06.2010 – 2 BvR 2559/08; 105/09; 491/09 in NStZ 2011 S. 376–379.

Saliger, Frank; Gaede, Karsten: Rückwirkende Ächtung der Auslandskorruption und Untreue als Korruptionsdelikt – Der Fall Siemens als Startschuss in ein eingegrenztes internationales Wirtschaftsstrafrecht? in: HRRS 2008, S. 57–76.

Saliger, Frank: Wider die Ausweitung des Untreuetatbestandes. Eine kritische Analyse der neueren Rechtsprechung zum Begriff des Vermögensnachteils in § 266 StGB, in: ZStW 112 (2000), S. 563–613.

— .: Parteiengesetz und Strafrecht. Zur Strafbarkeit von Verstößen gegen das Parteiengesetz, insbesondere wegen Untreue gemäß § 266 StGB, Tübingen 2005 (zitiert: *Saliger*, Parteiengesetz).

— : Gibt es eine Untreuemode? Die neuere Untreuedebatte und Möglichkeiten einer restriktiven Auslegung, in: HRRS 2006, S. 10–23.

— :Das Untreuestrafrecht auf dem Prüfstand der Verfassung, in NJW 2010 S. 3195.

Satzger, Helmut: „Schwarze Kassen" zwischen Untreue und Korruption – Eine Besprechung des Urteils BGH 2 StR 587/07 (Siemens-Entscheidung), in: NStZ 2009, S. 297–306.

— *./Schluckebier, Wilhelm/Widmaier, Gunter* (Hrsg.): StGB Strafgesetzbuch, Kommentar, Köln 2014 (zit.: SSW-StGB/Bearbeiter).

Sax, Walter: Überlegungen zum Treubruchtatbestand des § 266 StGB, in: JZ 1977 S. 743–750.

Schäfer, Carsten: Strafrechtliche Verantwortlichkeit des GmbH-Geschäftsführers (II), in: GmbHR 1993, S. 780–798.

Schlösser, Jan: Der Schaden der Siemens-Entscheidung, in: HRRS 2009, S. 19–28.

— *./Dörfler, Roman:* Strafrechtliche Folgen eines Verstoßes gegen den Deutschen Corporate Governance Kodex, in wistra 2007, S. 326–333.

Schlüter, Harald: Schmiergeldzahlung und Hauptvertrag in Deutschland, England und Spanien, Diss. jur., Hannover, 2004.

Scholz, Franz: Kommentar zum GmbH-Gesetz, 10. Auflage, Köln 2006 (zitiert: Scholz/*Bearbeiter*).

Schmidhäuser, Eberhard: Strafrecht Allgemeiner Teil, 2. Auflage, Tübingen 1984.

— .: Besonderer Teil, 2. Auflage, Tübingen 1983 (zitiert: *Schmidhäuse*r BT).

Schneider, Uwe: Die Untreue nach dem neuen Aktienstrafrecht, Diss. iur., Bochum 1972.

Schönke, Adolf/Schröder, Horst: Strafgesetzbuch Kommentar, 17. Auflage, München 1974, 25. Auflage, München 1997 und 29. Auflage, München 2014 (zitiert: Bearbeiter in Schönke/Schröder).

Schramm, Edward: Untreue und Konsens, zugleich. Diss. iur. (Tübingen 2004), Berlin 2005.

Schröder, Horst: Zum Vermögensbegriff bei Betrug und Erpressung, in: JZ 1965, S. 513–516.

Schünemann, Bernd: Der Bundesgerichtshof im Gestrüpp des Untreuetatbestandes in: NStZ 2006, S. 196–203.

— : Zur Quadratur des Kreises in der Dogmatik des Gefährdungsschadens, in: NStZ 2008, S. 430–434.

— .: Organuntreue – Der Mannesmann-Fall als Exempel?, Berlin 2004.

Schüppen, Matthias: To comply or not to comply, that's the question! „Existenzfragen" des Transparenz- und Publizitätsgesetzes im magischen Dreieck kapitalmarktorientierter Unternehmensführung, in: ZIP 2002, S. 1269–1279.

Schwinge, Erich /Siebert, Walter: Das neue Untreuestrafrecht, Berlin 1933.

Schwind, Joachim: Zur Strafbarkeit der Entgegennahme von anonymer Parteispenden als Untreue (§ 266 StGB) – dargestellt am Fall Dr. Helmut Kohl, in: NStZ 2001, S. 349–354.

Seier, Jürgen: Die Untreue (§ 266 StGB) in der Rechtspraxis, in: Bochumer Beiträge zu aktuellen Strafrechtsthemen, Vorträge anlässlich des Symposions zum 70. Geburtstag von Gerd Geilen am 12./13.10.2001, Bernsmann, Klaus/Ulsenheimer, Klaus (Hrsg.), Köln u. a. 2003, S. 145–156.

Selle, Stefanie/ Wietz, Christopher: Entscheidungsanmerkung zu BGH,.

Beschl. v. 20.3.2008 – 1 StR 488/07, in: ZIS 2008, S. 471–475.

Sickor, Jens Andreas: Die sog. „schadensgleiche Vermögensgefährdung" bei.

Betrug und Untreue, in JA 2011 S. 109–113.

Soergel, Hans Theodor: Bürgerliches Gesetzbuch mit Einführungsgesetzen und Nebengesetzen, Band 1 Allgemeiner Teil (§§ 1–249) HaustürWiderrufG und Band 4/2 Schuldrecht (§§ 651 a-704), Siebert, Wolfgang. (Hrsg.), 12. Auflage, Stuttgart u. a. 2000 (zit. Soergel/*Bearbeiter*).

Sünner, Eckart: Schwarze Kassen und Untreue – ein Synonym? Zugleich Besprechung BGH v. 29.8.2008 – StR 587/07, ZIP 2008, 2315 – Siemens, in: ZIP 2009, S. 937–940.

Systematischer Kommentar zum Strafgesetzbuch, Rudolphi, Hans Joachim/Wolter, Jürgen (Hrsg.), Neuwied Stand 2007 (zitiert: Bearbeiter in SK).

von Staudinger, Julius: Kommentar zum Bürgerlichen Gesetzbuch mit Einführungsgesetz und Nebengesetze, Erstes Buch, Allgemeiner Teil, §§ 134–163;

13. Auflage, Berlin 1996, und Zweites Buch, Recht der Schuldverhältnisse §§ 657–704, Berlin 2006 (Geschäftsbesorgung (zitiert.: Staudinger/*Bearbeiter* BGB).

Strelczyk, Christoph: Die Strafbarkeit der Bildung schwarzer Kassen – Eine Untersuchung zur schadensgleichen Vermögensgefährdung sowie zur objektiven Zurechnung finanzieller Sanktionen infolge schwarzer Kassen als Vermögensnachteil i. S. d. § 266 StGB, zugleich Diss. iur. (München 2008), Herbolzheim 2008.

Tenckhoff, Jörg: Anmerkung zu BGH v. 28.4.1987 – 5 StR 566/86, in: JR 1988, S. 125–128.

Tiedemann, Klaus: Untreue bei Interessenkonflikten, Am Beispiel der Tätigkeit von Aufsichtsratsmitgliedern, in Festschrift für Herbert Tröndle zum 70. Geburtstag, Jescheck, Hans-Heinrich/Vogler, Theo (Hrsg.), Berlin u. a. 1989, S. 319–336.

— .: Wirtschaftsstrafrecht. Besonderer Teil, 3. Auflage, München 2011.

Thomas, Sven: Untreue in der Wirtschaft, in: Festschrift für Peter Riess zum 70. Geburtstag, Hanack, Ernst-Walter/Mehle, Volkmar/Hilger, Hans/Widmaier, Gunter, Berlin u. a. 2002, S. 795–809.

Tsagkaraki, Eirini: Die Bildung der sog. „schwarzen Kassen“ als strafbare Untreue gemäß § 266 StGB, Diss, iur, Berlin 2013.

Ulmer, Peter: Schutz der GmbH gegen Schädigung zugunsten ihrer Gesellschafter?, in: Strafrecht, Unternehmensrecht, Anwaltsrecht, Festschrift für Gerd Pfeiffer, von Gamm, Otto Friedrich Freiher/Raisch, Peter/Tiedemann, Klaus (Hrsg.) Köln u. a., 1988, S. 853–871.

— .: Der Gläubigerschutz im faktischen GmbH-Konzern beim Fehlen von Minderheitsgesellschaftern, in: ZHR 148 (1984), S. 391–427.

Ulsenheimer, Klaus: Arztstrafrecht in der Praxis, 4. Auflage, 2008.

Velten, Petra: Untreue durch Belastung mit dem Risiko zukünftiger Sanktionen am Beispiel verdeckter Parteifinanzierung, in: NJW 2000, S. 2852–2857.

Vollhard, Rüdiger: Die Untreuemethode – Ist die Abgabe eines unvollständigen Rechenschaftsberichts einer politischen Partei wegen Untreue strafbar?; in: Festschrift für Klaus Lüderssen, Prittwitz, Cornelius/Baurmann, Michael/Günther, Klaus/Kuhle, Lothar/Merkel, Reinhard, Nestler Cornelius/Schulz, Lorenz (Hrsg.), Baden-Baden 2002, S. 673–682.

Vonnemann, Wolfgang: Strafbarkeit von GmbH-Geschäftsführern wegen Untreue zu Lasten der GmbH bei Zustimmung der Gesellschafter? in: GmbHR 1988, S. 327–334.

Wabnitz, Heinz-Bernd/Janovsky, Thomas: Handbuch des Wirtschafts- und Steuerstrafrechts, 3. Auflage, München 2007.

Weber, Ulrich: Überlegungen zur Neugestaltung des Untreuestrafrechts, in: Festschrift für Eduard Dreher zum 70. Geburtstag, Hans-Heinrich Jescheck (Hrsg.), Berlin 1977, S. 555–571.

— .: Untreue durch Verursachung straf- und bußgeldrechtlicher Sanktionen gegen den Vermögensinhaber?, in: Festschrift für Manfred Seebode zum 70. Geburtstag, Schneider, Hendrik/Kahlo, Michael/Klesczewsi, Diethelm/ Schumann, Heribert, Berlin 2008, S. 437–448.

Wegenast, Martin: Missbrauch und Treubruch. Zum Verhältnis der Tatbestände in § 266 StGB, Berlin 1994.

Werner, Stefan: Anwendungsbereich und Auslegung des Untreuetatbestandes (§ 266 Abs. 1 StGB) im Hinblick auf Bestimmheitsgebot („Untreue Landowsky") in jurisPraxis Kommentar - BKR 3/2011 S. 1–5.

Weimann, Thomas: Die Strafbarkeit der Bildung sog. schwarzer Kassen gem. § 266 StGB (Untreue); Diss. iur, Tübingen 1996.

Wessels, Johannes/Beulke, Werner: Strafrecht Allgemeiner Teil, Die Straftat und ihr Aufbau, 42. Auflage, Heidelberg 2012.

Wessels, Johannes/Hillenkamp, Thomas: Strafrecht Besonderer Teil/2, Straftaten gegen Vermögenswerte, 36. Auflage, Heidelberg u. a. 2013.

Wiedemann, Herbert: Gesellschaftsrecht, Ein Lehrbuch des Unternehmens- und Verbandsrechts, Band I, Grundlagen, München 1980.

Wilhelm, Jan: Rechtsform und Haftung bei der juristischen Person, zugleich Habilitationsschrift (Bonn 1978), Köln u. a. 1981.

Wolf, Gerhard: Die Strafbarkeit des ehemaligen CDU-Vorsitzenden Dr. Helmut Kohl nach § 266 StGB, in: KJ 33 (2000), S. 531–356.

— .: Besprechung zu: Frank Saliger, Zur Strafbarkeit von Verstößen gegen das Parteiengesetz insbesondere wegen Untreue gemäß § 266 StGB, Tübingen 2005, in GA 2006, S. 659–662.

Wybitul, Tim: Schwarze Kassen sind strafbar in BB 2009, S. 111–112.

Gebraucht werden die üblichen Abkürzungen, vgl. *Kirchner, Hildebert*: Abkürzungsverzeichnis der Rechtssprache, 7. Auflage, Berlin/New York 2013.

www.ingramcontent.com/pod-product-compliance
Ingram Content Group UK Ltd.
Pitfield, Milton Keynes, MK11 3LW, UK
UKHW021234031026
15588UKWH00001B/81

9 783631 670408